産業・組織心理学講座

第 3 巻

PSYCHOLOGY OF ORGANIZATIONAL BEHAVIOR
SCIENTIFIC APPROACHES TO THE INTERACTION OF ORGANIZATION AND WORKER

Japanese Association of Industrial/Organizational Psychology

組織行動
の
心理学

組織と人の相互作用を科学する

産業・組織心理学会

［企画］

角山　剛

［編］

北大路書房

産業・組織心理学会設立 35 周年記念講座
刊行の言葉

　本学会は 2019（令和元）年に設立 35 周年を迎えた。1986（昭和 61）年 11 月 15 日の設立大会以来これまで，節目ごとに学会のあり方を明確化し，学会の役割として学会の知見を集約し，世に広く還元することを試みてきた。すなわち，設立 10 周年には『産業・組織心理学研究の動向　産業・組織心理学会 10 年の歩み』（1994 年　学文社）として学会のあり方行く末を模索し，設立 25 周年には『産業・組織心理学ハンドブック』（2009 年　丸善）として本学会の知見を集約し，世に広く還元する試みを行った。

　今ここに設立 35 周年を迎え，産業・組織心理学を取り巻く心理学界の情勢をみるに，さかのぼること 2015（平成 27）年 9 月，心理学領域における初の国家資格として公認心理師が法制化されたことをあげることができよう。大学における公認心理師養成カリキュラムにおいて，産業・組織心理学は必須科目（実践心理学科目）と位置づけられたのである。これを受けて，本学会は産業・組織心理学を標榜するわが国における唯一の学会として，日本心理学会の求めに応じ，公認心理師大学カリキュラム標準シラバス（2018 年 8 月 22 日版）を提案した（日本心理学会ホームページを参照）。

　このように産業・組織心理学の位置づけが注目される昨今の情勢にかんがみ，設立 35 周年においては，産業・組織心理学のこれまでの知見を集約し，初学者（公認心理師資格取得希望者含む）から若手研究者，実務家のよりどころとなることを目的として，基礎（第 1 巻）から応用（第 2 巻〜第 5 巻）までを網羅した本講座を刊行した。本講座が産業・組織心理学会の現時点における到達点を示し，今後を展望することができれば望外の喜びである。

　2019（令和元）年 9 月

編者を代表して　　金井篤子

—— 産業・組織心理学会設立 35 周年記念講座 ——
編集委員一覧

■ 企画

産業・組織心理学会

■ 編集委員長

金井篤子　名古屋大学大学院教育発達科学研究科教授

■ 編集委員

細田　聡　　関東学院大学社会学部現代社会学科教授
岡田昌毅　　筑波大学大学院人間総合科学研究科教授
申　紅仙　　常磐大学人間科学部心理学科教授
小野公一　　亜細亜大学経営学部経営学科教授
角山　剛　　東京未来大学学長・モチベーション行動科学部教授
芳賀　繁　　株式会社社会安全研究所技術顧問，立教大学名誉教授
永野光朗　　京都橘大学健康科学部心理学科教授

■ 各巻編集担当

第 1 巻：金井篤子
第 2 巻：小野公一
第 3 巻：角山　剛
第 4 巻：芳賀　繁
第 5 巻：永野光朗

はじめに

　本書は産業・組織心理学会設立35周年を記念して編まれた講座（全5巻）の第3巻であり，産業・組織心理学の4つの領域，すなわち組織行動，人事，作業，および消費者行動の中の「組織行動」に関するものである。

　集団行動に関する心理学の体系的研究は，レヴィン（Lewin, K.）が創始したグループ・ダイナミックスにその源流を求めることができるが，今日私たちが扱っている組織における人間行動研究は，歴史的にはそれほど古いものではない。その体系的な始まりは1960年代に入ってからであり，人間でいうなら現在はまだ還暦前ということになる。

　しかし，組織に働く人々の行動を探る手がかりをどこに求めるかを考えるとき，これまでに組織行動研究が蓄積してきた知見は，対象となる領域もテーマも数多く，また多くの有用な理論も生まれている。これらの領域・テーマの中から，第3巻では以下の構成で組織行動研究を解説する。

　第1章「組織行動とは」は，編者による組織行動研究の紹介であり，組織行動研究の位置づけと研究動向を概観する。さらに，応用心理学における近年の潮流であるポジティブ心理学の視点からの組織行動に関する研究，組織行動と倫理意識との関係，信頼感が組織行動に及ぼす影響など，組織行動に関する認知的な研究を紹介する。第2章「職場集団のダイナミックス」は，組織行動研究には欠かせない，基本ともいうべきテーマである。ここでは，集団のダイナミックスという視点から職場集団の特徴やチームワークの効果性を探り，創造的・創発的な職場づくりのダイナミックスを解説する。第3章「コミュニケーションの促進」では，組織におけるコミュニケーションの問題を論じる。組織は人で構成されることを考えれば，そこには従業員間の対人的葛藤や，さまざまなコミュニケーション上の問題，課題が生まれる。組織内で行われる円滑なコミュニケーションは，職場集団の効果性にもつながる。ITCが生む多様な働き方への対応も，組織コミュニケーションにおけるこれからの重要な課題である。第4章は「組織における意思決定」である。組織の中では誰もが何らかの

iii

意思決定に携わるが，意思決定の過程は現実には複雑であり，すべてが確かな合理性に基づいてなされているとは限らない。この章では意思決定という行為をどのように理解するかについて，組織領域にとどまらず広く研究を取り上げ解説する。第5章は「リーダーシップ」である。リーダーシップは，組織行動研究が分野として成立する以前から，社会心理学，産業心理学を中心に多くの研究が蓄積されてきた重要なテーマである。この章では，リーダーシップのポジティブな側面だけでなく，非倫理性や傲慢さ，ハラスメントなどにつながるネガティブな側面（リーダーシップの「ダークサイド」）にも焦点を当てながら，最近の研究動向を俯瞰する。第6章では「仕事へのモチベーション」を論じる。モチベーションはリーダーシップと並び，組織行動分野での研究の柱の1つでもある。ここでは，これまでのモチベーション研究を整理しながら，組織においてモチベーションがどのように他者に影響していくのか，モチベーションの伝播ということについて最近の研究を紹介する。第7章は「人と組織の適応」である。個人が組織に適応していく過程については，組織社会化の研究が多くの知見を蓄積している。この章では，組織社会化に関する過程アプローチと内容アプローチの枠組みから研究を概観し，人と組織の適応に関する研究の新しい方向性を探る。第8章は「組織開発・組織変革」である。グローバル化に伴い組織を取り巻く環境が大きく変わってきている中で，組織開発の問題は組織に働く人々にとって大きな影響をもたらす。ここでは組織開発と組織変革の手がかりについて論じていく。

　取り上げる分野はいずれもオーソドックスなものではあるが，組織行動研究の基本をなすものであり，紹介される新しい知見は，今後の組織行動研究の展開に資するものである。第2章以降を担当している執筆者たちは，いずれも当該研究分野ですでに多くの実績を重ねている気鋭の研究者たちである。わが国の組織行動研究も着々と成果を重ねつつあり，長年にわたって研究の最前線に立ち，現在も後進への新たな道標を示してくれている研究者も多くいるが，本書はそうしたベテラン研究者の薫陶を受けつつ独自の研究を重ねている研究者に執筆を依頼した。日本の組織行動研究ならびに産業・組織心理学のこれからを担ってくれるものと信じている。

　情報通信技術（IT）の爆発的な進展は，組織のありように，また組織に働

く人々の行動に大きな影響をもたらしている。そこからはこれまでになかった新しい課題も多く生まれており，その意味でも組織行動研究の裾野はこれからもまだまだ広がりを見せていくだろう。冒頭で触れたように，産業・組織心理学会は産業・組織心理学を構成する4つの主要な領域を部門として擁している。本書が扱う組織行動を含めて，4つの領域は排他的なものではなく相互連関的な研究も多く存在している。そうした連関や融合は今後さらに深まり，そこからは組織行動に関する新しい知見や研究課題もまた生まれてくるに違いない。本書が組織行動研究者や実務家の皆さんの知見を広げ深めることで，さらなる新しい課題に取り組む手がかりを与えるものとなれば幸いである。

第3巻編者　角山　剛

目　次

産業・организ心理学会設立 35 周年記念講座　刊行の言葉　*i*
編集委員一覧　*ii*
はじめに　*iii*

第 1 章　組織行動とは　………………………………………………………… 1

第 1 節　組織心理学と組織行動　*1*
    1. 組織行動研究の分野
    2. 組織行動研究の概観

第 2 節　組織行動研究の広がり　*4*
    1. 組織行動理論の評価
    2. 組織行動研究テーマの広がり

第 3 節　ポジティブ心理学と組織行動　*6*
    1. 楽観主義と帰属スタイル
    2. 楽観的思考と業績との関係
    3. 楽観主義と悲観主義の関係
    4. ウェル・ビーイングと仕事意欲

第 4 節　組織行動と倫理意識　*11*
    1. 組織行動と倫理意識
    2. 経営危機とビジネス倫理
    3. 道徳的束縛からの解放メカニズム
    4. 経営状況悪化と倫理的妥当化

vii

第2章　職場集団のダイナミックス ……………………………… 17

第1節　職場集団とチームの特徴　*17*
  1. 職場集団の特性
  2. 職場集団の発達

第2節　職場集団のパフォーマンス　*23*
  1. 集団生産性とチームの効果性
  2. 職場のチームワーク

第3節　チームワークの測定・評価　*29*
  1. 行動観察
  2. 質問紙尺度
  3. 非影響的測定法

第4節　チームワーク発揮の準備条件　*32*
  1. チームの編成
  2. 課題の設計

第5節　職場集団の活性化とチームの育成　*36*
  1. チーム・デザイン
  2. チーム・ビルディング
  3. チーム・トレーニング
  4. チームの学習と適応に向けて

第3章　コミュニケーションの促進 ……………………………… 43

第1節　コミュニケーションの基礎　*43*
  1. コミュニケーションの概念と基本原理
  2. コミュニケーションの基本的構成要素と相互過程
  3. コミュニケーションにおけるさまざまなチャネル
  4. 言語的コミュニケーションと非言語的コミュニケーション

第2節　コミュニケーションにおけるミス・コミュニケーション　*50*
  1. 言語的コミュニケーションに生じる抽象作用
  2. 透明性の錯覚がミス・コミュニケーションに及ぼす影響
  3. ミス・コミュニケーション事態とその原因

第3節　組織におけるコミュニケーションの特徴　*54*
  1. 職場の人間関係とコミュニケーション

2.　組織集団の機能

　　　3.　組織における分業とコミュニケーション

　　　4.　職務遂行の基礎を成すコミュニケーション能力

　　　5.　職場におけるコミュニケーションの問題

第4節　葛藤解決手段としてのコミュニケーション　　60

　　　1.　対人葛藤・組織内葛藤

　　　2.　葛藤解決方略

　　　3.　対人葛藤における意図と動機の推測

　　　4.　組織集団の発達の視点から見た組織内葛藤

　　　5.　関係葛藤と職務葛藤が職場に及ぼす影響

　　　6.　組織内葛藤のデメリット・メリット

第5節　組織コミュニケーションの新しい形　　67

　　　1.　電子メールによるコミュニケーション

　　　2.　オフィスとテレワークをつなぐ遠隔コミュニケーション

　　　3.　これからの組織コミュニケーション

第4章　組織における意思決定 ……………………………………… 71

第1節　意思決定とは　　71

　　　1.　規範的アプローチ

　　　2.　限定された合理性

　　　3.　記述的な意思決定研究

第2節　ヒューリスティック　　76

　　　1.　代表性ヒューリスティック

　　　2.　利用可能性ヒューリスティック

　　　3.　係留と調整のヒューリスティック

　　　4.　シミュレーション・ヒューリスティック

第3節　フレーミング（枠組み）効果　　80

　　　1.　リスク選択フレーミングとプロスペクト理論

　　　2.　特性フレーミング

　　　3.　目標フレーミング

第4節　意思決定における二重過程モデル　　88

　　　1.　システム1とシステム2

　　　2.　精査可能性モデル（ELM）

         3. ヒューリスティック・システム・モデル（HSM）

         4. 認知 − 経験的自己理論（CEST）

第5節　意思決定研究の産業・組織場面への応用　　*96*

第5章　リーダーシップ ··· 99

第1節　現代組織におけるリーダーシップの光と影　　*99*

         1. リーダーシップとは何か

         2. リーダーシップ構造

         3. リーダーシップの歴史的変遷と最近の主要なテーマ

         4. リーダーシップ・スペクトラム

第2節　リーダーシップのブライトサイド　　*106*

         1. リーダーシップにおける特性の役割

         2. リーダーの影響力の源

         3. 効果的なリーダー行動

第3節　リーダーシップのダークサイド　　*115*

         1. カリスマのブライトサイドとダークサイド

         2. 組織を蝕む破壊的リーダーシップ

         3. なぜリーダーはダークサイドに墜ちるのか

第4節　リーダーシップを十分に発揮しない非リーダーシップ　　*120*

第5節　最後に　　*122*

第6章　仕事へのモチベーション ································· 123

第1節　モチベーションとは　　*124*

         1. モチベーションの定義

         2. モチベーションを考える意義

第2節　モチベーションは何によって，どのように起こるのか　　*125*

         1. 内容理論

         2. 過程理論

第3節　目標とモチベーション　　*129*

         1. 目標設定理論

2. 達成動機理論・達成目標理論

　　　3. 自己効力感

第4節　職場における諸要素とモチベーション　　*133*

　　　1. キャリア形成とモチベーション

　　　2. モチベーションの自己調整

　　　3. 対人関係の重要性

第5節　モチベーションの伝播　　*138*

　　　1. モチベーションの伝播とは

　　　2. 伝播のメカニズムと影響する要因

　　　3. 職場におけるモチベーション伝播

第6節　今後の組織におけるモチベーション　　*145*

　　　1. 多様性とモチベーション

　　　2. 変化する時代におけるモチベーションの拠り所

第7章　人と組織の適応 ……………………………………………… 151

第1節　個人の組織への適応の重要性　　*151*

　　　1. 個人の組織への適応：組織社会化とは

　　　2. 組織社会化研究の分類と枠組み

第2節　組織社会化研究の展開　　*154*

　　　1. 組織要因

　　　2. 個人要因

　　　3. 社会化主体

　　　4. 一次的組織適応結果

第3節　組織社会化研究の新たな方向性　　*172*

　　　1. 組織社会化研究の統合

　　　2. 組織社会化過程の時系列変化に基づく検討

　　　3. 組織適応と組織変革の融合：創造的組織人材の育成

第8章　組織開発・組織変革 ……………………………………… 177

第1節　定義と歴史　　*177*

　　　　1．レヴィンの功績

　　　　2．1970 ～ 1980 年代

　　　　3．1990 ～ 2000 年代

第 2 節　組織変革・組織開発の代表的モデル　　*182*

　　　　1．レヴィンの 3 ステップモデル

　　　　2．アクションリサーチモデル

　　　　3．バークの組織変容プロセスのモデルとポラスとロバートソンの組織の変化プ
　　　　　　ロセスモデル

第 3 節　代表的な介入方法　　*187*

　　　　1．個人レベルの介入

　　　　2．グループレベルの介入

　　　　3．組織レベルの介入

　　　　4．対話型組織開発

第 4 節　組織開発成功のキーとなる要素　　*194*

　　　　1．経営層からのサポート

　　　　2．組織開発実践者の要件

　　　　3．変化への抵抗の克服

第 5 節　日本の現状と今後の課題　　*198*

文　献　*200*

索　引　*227*

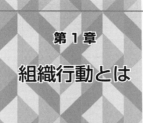

第 1 章
組織行動とは

■ 第 1 節 ■

組織心理学と組織行動

1. 組織行動研究の分野

　組織は目的を共有する複数の人々によって構成され運営されている。組織に働く人々が互いに物理的また心理的にどのように影響を及ぼし合い，組織に対してどのような感情や態度を持ち，組織からどのような影響を受けるかを探ることは，組織の効率を高め組織活動の効果を促進する上で欠かすことのできない視点である。組織における人間行動は，組織行動（organizational behavior）と呼ばれる。組織行動を研究するということは，組織に働く人々を対象に，組織内でのさまざまな行動や，それが本人や周囲の人々，組織に及ぼす影響，また組織と人との関わり方などについて究明することである。

　組織行動とそれに関連する分野との関係については，ジョージとジョーンズ（George & Jones, 1996）の説明がわかりやすい。ジョージらは，組織を対象とする研究分野を，組織行動，組織論，人的資源管理，組織開発の 4 つに大別している。組織行動は，組織における個人と集団両者の行動と態度についての体系的な研究であり，分析の基本的な焦点は個人の行動（ミクロレベル）である。組織論（organizational theory）は組織自体を分析の対象とするマクロレベルの視点からの研究である。人的資源管理（human resource management）は，行動科学的な知見を仕事の場に適用し実践する分野であり，組織と個人を結びつ

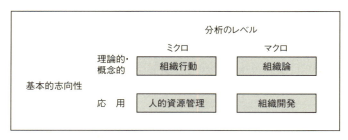

図1-1 組織科学における4分野の位置づけ (George & Jones, 1996)

ける役を担っている。4つめの組織開発 (organizational development) は，マクロな視点から組織の構造や価値に焦点を当てながら組織課題の変革に取り組む応用的な分野である（図1-1）。

組織における人間行動に関する理論的な研究という点では，組織行動論という名称があてはまるだろうし，実際この名称も多く用いられている。しかしそこに含まれる研究は，心理学をはじめ社会学や経営学，経済学など，人の行動に関する多くの研究領域からの集合的な性格を有しており，全体を貫く太い理論的な幹があるわけではない。実際，組織心理学分野でも組織行動解明のためにこれまで多くの研究テーマが生まれているが，そこには社会心理学や経営学，人間工学，近年では行動経済学なども深く関わってきている。組織行動について広く論じるという立場からは，組織行動論という名称が適当であるかもしれないが，組織に働く人々の行動を心理学的な視点に立って探るという立場からは，組織行動研究，あるいは単純に組織行動と呼ぶほうが，その性格を捉えやすいように思われる。そこで本章では，組織行動あるいは組織行動研究という呼び名で進めることにする。

2. 組織行動研究の概観

組織行動は，今でこそ組織心理学の分野で重要な位置を占めているが，心理学の歴史の中では決して古くからのテーマではなく，1960年代初期のアメリカにおいて誕生し発展してきたものである。知られている経緯として

は，メイヨー（Mayo, E.）とともにホーソン実験を指導したレスリスバーガー（Roethlisberger, F. J.）が，1957 年にハーバード・ビジネススクールの博士課程に「組織行動論」セミナーを開設し，その後 1962 年に学部が再編成される際に，組織行動論も正式な専攻分野として認められた（二村，1982；IMD International et al., 1997）。ここに至って，組織行動が研究分野としての位置づけを獲得し，その後の多くの研究の発展につながっていった。

　組織行動研究の動向は，わが国にも早くから紹介され，すでに 1970 年代には当時の主要な研究書が翻訳刊行されている。国内でも，早い時期に馬場（1976）や二村（1982）らによる組織行動研究に関する書籍が刊行されている。

　ハーバード・ビジネススクールに組織行動論が誕生した時期には，この分野の研究専門誌として，1966 年に *Organizational Behavior and Human Performance* が創刊されている。この雑誌は 1985 年に *Organizational Behavior and Human Decision Processes*（*OBHDP*）と名を変えて現在に至っている。また，1958 年には *Journal of the Academy Management*（1963 年に *Academy of Management Journal: AMJ* に改称）が創刊されており，今に至るまで多くの組織行動分野の研究が発表されている。論文掲載誌ということでいえば，1917 年創刊の応用心理学の専門誌として知られる *Journal of Applied Psychology*（*JAP*）にも組織行動分野の研究は多い。

　日本では 1985 年に産業・組織心理学会が創設され，機関誌『産業・組織心理学研究』を年 2 回刊行している。鈴木（2014）は，1987 年の創刊第 1 巻から 2014 年の第 27 巻までに掲載された 233 論文（ワークショップ採録を除く）を対象に研究動向を探っているが，キーワードから見た主な研究トピックスは，組織行動領域では職務，キャリア，コミットメントが多い。鈴木の調査以降に刊行された同誌について見ると，新型うつやメンタルヘルス，ワーク・ファミリー・コンフリクト，信頼性，チームの効果性といったキーワードの増加が見られる。

■ 第2節 ■

組織行動研究の広がり

1. 組織行動理論の評価

　組織行動研究に関しては，これまで多くの理論が提唱されている。マイナー（Miner, 2003）は，広く組織行動に関わってそれまでに提唱された73の理論を，一般的な理論（7理論），モチベーション（16理論），リーダーシップ（17理論），組織一般（27理論），意思決定（6理論）の領域に分類した。さらにこれらを歴史的な観点から，組織行動論が論じられる以前（7理論），1950年代半ばから1970年初期までの第1世代（46理論），1975年から1980年代までで第1世代と第2世代をつなぐ理論（7理論），1975年半ばから1990年代の第2世代の理論（13理論）に分けて，95名の専門家の協力を得て，その妥当性や実際的な有効性を検証・評価している。

　マイナーの評価では，対象となった73理論の中で，科学的な妥当性と応用的な視点からの有効性の双方で高い評価（5点満点で4または5）を得た理論は8

表1-1　高評価を得た理論 （Miner, 2003）

理　論	提唱者	参照された研究
リーダーシップの社会心理学的知見	レヴィン	Lewin（1947）；Lewin, Lippitt, & White（1939）
達成動機理論	マクレランド	McClelland（1961, 1975）
職務特性理論	ハックマン，ローラー，オルダム	Hackman & Lawler（1971）；Hackman & Oldham（1980）
組織行動変容理論	ルーサンス，クライトナー	Luthans & Kreitner（1973, 1975, 1985）
目標設定理論	ロック，レイサム	Locke（1968, 1970）；Locke & Latham（1990）
ロールモチベーション理論	マイナー	Miner（1965, 1993）
意思決定の規範モデル	ヴルーム，イェットン，ジャゴ	Vroom & Yetton（1973）；Vroom & Jago（1988）
変革型・交流型リーダーシップ	バス	Bass（1985, 1998）

4

理論で，うち6理論はモチベーション領域，2理論がリーダーシップ領域に分類されるものであり，モチベーション領域での理論が主要な位置を占めている（表1-1）。

マイナーの研究で評価の対象となった理論は，米国を中心とする1990年代までのものであり，21世紀に入ってからの動向は反映されていない。理論の評価という視点を離れて概観すれば，ITの爆発的な進化とそれに伴うグローバル社会の出現，経済情勢など，21世紀に入っての20年間を見ても組織を取り巻く環境は変動しており，組織の構造や組織に働く人々の行動にも大きな影響を及ぼしている。

2. 組織行動研究テーマの広がり

本書では取り上げていないテーマも，もちろん多くある。たとえば，組織市民行動（OCB: Organizational Citizenship Behavior）に関する研究は，近年多くの蓄積がなされている。オンライン・データベース EBSCOhost® での検索では，*Journal of Applied Psychology* 誌の 2000 ～ 2018 年だけでも，OCB をキーワードに含む論文は 237 編にのぼる。OCB 研究の源流をつくったオーガン（Organ, D. W.）は OCB を「（組織の）従業員が行う任意の行動のうち，彼らにとって正式な職務の必要条件ではない行動で，それによって組織の効果的機能が促進されるもの」と定義している（田中，2019）。

シチズン（citizen；市民）という概念は，日本文化の中には歴史的には存在しておらず，組織市民行動という訳もわかりづらい面がある。けれども，従業員が組織の効果性を高めるために行う自発的・自律的な行動と考えれば，周囲への気配りや，同僚への自発的な手助け，問題解決に向けた積極的取り組みなど，日本の職場の中には本来根付いていた組織行動（田中，2012）といえる。今後さらに研究の蓄積が期待される分野である。

グローバル化に伴う文化多様性の浸透ということも，組織行動研究の重要な課題となってきている。異文化間比較や異文化間の相互作用については，さまざまな領域で過去多くの研究がなされている。世界72か国IBM従業員を対象に行われたホフステードら（Hofstede et al., 2010）の研究や，ホールとホール

(Hall & Hall, 1987) による文化人類学的視点からの研究などは，わが国でもよく知られている。

　ゲルファンドら（Gelfand et al., 2017）は，1917年に創刊された *Journal of Applied Psychology* 誌の100年を振り返って，産業・組織心理学と組織行動における異文化間比較（cross cultural）研究を概観している。ゲルファンドらによれば，*JAP* 誌ではこの100年で2,000以上の異文化間比較研究が掲載されているが，近年の研究からは，国そのものはもはや最適な分析単位ではなくなっており，代わって，国の中の州，人種・民族，宗教，社会経済的レベルなどから異文化間の変動が捉えられるようになってきている。

　急速なグローバル化の進展の中で，わが国企業組織でも人種や文化を異にする従業員への対応や，従業員同士のコミュニケーションなど，取り組むべき新たな問題も生まれている。このように，組織行動研究のテーマは時代とともに広がりつつある。以降では，他の章では触れていないテーマとして，組織行動とポジティブ心理学に関する研究，および組織行動と倫理意識に関する研究を取り上げ，研究の動向を紹介する。

■ 第3節 ■

ポジティブ心理学と組織行動

　20世紀末に生まれたポジティブ心理学は，21世紀に入り大きな潮流となった。人の弱い部分だけではなく，人の持つ優れた強みや人徳・美徳（virtue）に積極的に目を向けようとする考え方であり，「人間の持つ長所や強み（strength）を明らかにし，ポジティブな機能を促進していくための科学的・応用的アプローチ」（Snyder & Lopez, 2007）として，近年多くの関心が集まっている。

1. 楽観主義と帰属スタイル

　ポジティブ心理学における主要な概念の1つに楽観主義（optimism）がある。

楽観主義の定義は研究者によって異なるところがあるが，シェイヤーとカーバー（Scheier & Carver, 1985）の「物事がうまく進み，悪い出来事よりも良い出来事が起こるという信念」は広く用いられている定義である（外山, 2010）。組織行動の視点からも，組織に働く人々が仕事に対してどのような態度で向き合うかを考えるとき，楽観主義あるいは楽観的思考ということは，モチベーションの維持促進にとって重要な手がかりとなる。

　ポジティブ心理学の提唱者であるセリグマン（Seligman, M. E. P.）は，生命保険会社営業員を対象に，楽観主義的な思考の効用を実証している（Seligman & Schulman, 1986）。セリグマンによれば，人は自分に起こった出来事をどのように説明づけるかという「帰属スタイル（説明スタイル）」を持っている。帰属スタイルの中核となる概念は，楽観的思考傾向（楽観主義）と悲観的思考傾向（悲観主義：pessimism）である。楽観的思考傾向の強い者は，自分に起こった悪い出来事に対して，その原因が自分以外のものにあり（external），その原因は一時的なものであり（unstable），その原因が他のことに及ぶことはない（specific）と考える傾向がある。一方，悲観的思考傾向の強い者は，それが自分に原因があり（internal），その原因が今後も続き（stable），自分のなすこと全般にそうしたことが及ぶ（global）と考える傾向がある（表 1-2）。

表 1-2　楽観的・悲観的帰属スタイル（Seligman & Schulman, 1986 を基に作成）

	帰属（説明）の方向	
	良い出来事	悪い出来事
楽観的 説明スタイル	原因は自分にある（internal） 今後も続く（stable） 広範囲に及ぶ（global）	原因は自分以外（external） 一時的（unstable） 範囲は限定的（specific）
悲観的 説明スタイル	原因は自分以外（external） 一時的（unstable） 範囲は限定的（specific）	原因は自分にある（internal） 今後も続く（stable） 広範囲に及ぶ（global）

2. 楽観的思考と業績との関係

セリグマンらの研究（Seligman & Schulman, 1986）では，生命保険会社営業員を対象に，帰属スタイル質問紙（ASQ: Attributional Style Questionnaire）を用いて帰属スタイルを測定した。結果は，楽観主義営業員の販売成績が，1年目では悲観主義営業員に比べて29%高く，2年目になると130%高と2倍以上の開きが出た。また，入社2年まで在職した者とそれまでに離職した者についてみると，2年間の継続者の67%は楽観主義営業員である一方，離職者の59%は悲観主義営業員であった。すなわち，楽観主義・悲観主義という帰属スタイルの違いが，実際の販売成績と仕事継続率（離職率）に差を生み出していた。

角山ら（2010）は，セリグマンらの研究を参考に，国内生命保険会社の女性営業員約400名を対象に同様の調査を行い，帰属スタイルの違いが，生命保険営業員の販売成績と定着率に影響することを検証した。結果は，調査翌月から3か月間の挙績件数（業績となった件数）と新契約高を指標とした場合，両指標ともに，楽観的思考群のほうが悲観的思考群よりも有意に高い成績を示した。たとえ悪い出来事を経験しても，楽観的に考えることのできる者のほうが販売成績は高いことを示しており，日本においてもセリグマンらの結果が支持されたといえる。

また，在職3年未満の営業員141名のうち，調査実施後に離職した者と在職中の者の間で，説明スタイルの比較を行ったところ，離職者では，悪い出来事に対する楽観的思考は，在職者よりも有意に弱かった（角山ら，2010）。生命保険の営業は，ノルマがきつい，客との対面業務で不快な思いをすることも多いといったこともあり，在職2年以内の定着率が非常に低いことがいわれている。角山らの結果は，起こりうる悪い出来事に対して楽観的に対処できない者が離職しやすい傾向を示している。

3. 楽観主義と悲観主義の関係

楽観主義と悲観主義については，両者は単極の両端に位置する概念であり，個人が両方の傾向を併せ持つことはないとする一次元的な捉え方が一般的である。

一方，両者を独立した概念とする二次元的な捉え方もある。すなわち，人は楽観主義と悲観主義の両方の傾向を有しており，それぞれについて独立にその強度を測ることができるとする考え方である（e.g., Chang et al., 1994）。

また，仕事へのモチベーションと業績に及ぼす，楽観的帰属スタイルと悲観的帰属スタイルの交互作用効果を見たゼニコウ（Xenikou, 2005）の研究では，悪い出来事に対する悲観的な帰属スタイルが仕事意欲の低下と関係していたが，この関係は良い出来事に対する楽観的帰属スタイルが併存する場合には，ある程度相殺されることが見出された。すなわち，楽観的帰属スタイルと悲観的帰属スタイルが仕事へのモチベーションに対して交互作用効果を持つことが示唆された。

角山ら（2011）は，楽観的帰属スタイルと悲観的帰属スタイルを独立の次元とすることの妥当性を検討するため，生命保険会社女性営業員を対象に，帰属スタイルの測定値をもとに，高楽観・低楽観，高悲観・低悲観の組み合わせで4群を設け，販売成績に及ぼす両帰属スタイルの影響（ジョイント効果）を探った。結果は，高楽観・低悲観群の成績が最も高く，低楽観・高悲観群の成績が最も低かったが，高楽観・高悲観群，および低楽観・低悲観群はその中間の成績であった（表1-3）。

すなわち，高楽観・高悲観群では，楽観的帰属スタイルの強さは業績に正の効果を持つものの，その効果は悲観的帰属スタイルが強いことによって中和されたと考えられる。低楽観・低悲観群では，楽観的帰属スタイルの弱いことは業績を低下させるが，その影響は悲観的帰属スタイルが弱いことによって中和

表1-3　楽観・悲観的帰属スタイルのジョイント効果
（角山ら，2011）

		悲観的帰属スタイル	
		高	低
楽観的帰属スタイル	高	業績中	業績高
	低	業績低	業績中

される。両者のこのような関係は業績に大きな変化をもたらさないため，業績は中程度の高さになったと考えられる。

　この2群の結果は，一方の帰属スタイルが他方の帰属スタイルに対して中和効果（ジョイント効果）を持つことを示しており，両帰属スタイルを独立した概念として扱うことで，業績の予測に役立てることが可能であることを示唆している。

　セリグマンや角山らの研究は，生命保険営業員という限られた職種を対象としたものであるが，帰属スタイルは働く人々全般にわたって仕事への意欲に影響するものだろうか。角山・大坊（2016）は，働く男女180名を対象に調査を行い，楽観的帰属スタイルが転職回数の多さを説明する変数として有効であることを見出した。また，楽観的帰属スタイルは積極的な仕事意欲と，悲観的帰属スタイルは仕事への意欲低下と結びついていることが示され，帰属スタイルが仕事意欲を説明する変数として有効であることが示された。

4．ウェル・ビーイングと仕事意欲

　ポジティブ心理学では主観的ウェル・ビーイング（SWB: Subjective Well-Being）も中核的な概念の1つである。SWBとは，ディーナーら（Diener et al., 2003）によれば「人々がある時点で，また長期にわたり，自分の人生をどのように評価するか」を意味する概念である。主観的幸福感，心理的安寧感などと訳され，人生に対する満足度や幸福感はその手がかりとなるものである。

　SWBの測定尺度としては，ディーナーら（Diener et al., 1985）の人生満足度尺度（SWLS: Satisfaction with Life Scale）や，一言・内田（Hitokoto & Uchida, 2014）の協調的幸福感尺度（HIS: Interdependence Happiness Scale）などがある。大坊・角山（2016）は働く男女900名を対象に調査を行った中で，楽観的帰属スタイルとこれらの尺度との関係を見ているが，楽観的帰属傾向が強い者は人生に対する満足度が高く，自己を卑下する程度も低いことが見出された。このことは，SWBを促進する上で楽観主義が効果を持つ可能性を示唆するものといえる。

　SWBについては，人生への満足や仕事満足，物事に対する肯定的（ポジティ

ブ）な感情などを含めて見た場合，SWBと従業員の個人レベルの業績，および組織としての業績とは正の相関関係を示しているが，それらの関係は強いものではない（Tenney et al., 2016）。その原因としてテニーらは，SWBを構成する要因がポジティビティという視点を含めると多岐にわたっており，研究によって測定される要因や測定方法が異なること，業績指標もさまざまであることをあげている。さらにテニーらは，SWBの高い従業員は，健康で，欠勤が少なく，自己制御が良好で，強いモチベーションを持ち，創造性に秀で，周囲と良好な関係を築き，離職が少ないが，これらの要因のそれぞれがSWBと業績との間で仲介変数として働くため，結果として両者の関係を弱めている可能性を指摘している（Tenney et al., 2016）。

SWBと組織行動の関係については，わが国では小野（2011）が組織に働く人々の生きがいという視点から，SWBと人的資源管理の有効性との関係を論じているが，業績に対してSWBのどのような要因がどのように影響するのかについては，今後の研究課題となるであろう。

■ 第4節 ■

組織行動と倫理意識

1. 組織行動と倫理意識

本章のはじめでも触れたように，組織行動研究の領域は広く，日々さまざまな研究トピックスが生まれている。そうした中で，組織成員が仕事に対して抱く倫理意識あるいは仕事の過程で遭遇する倫理的ジレンマも，組織における行動に影響する重要な要因の1つである。倫理的なジレンマの要因としては，仲間からの圧力，組織の倫理規則と基準，組織の報酬制度 などが知られている（Jansen & von Glinow, 1985；Worrell et al., 1985）。

わが国では毎年のように，企業や組織をめぐるさまざまな不正や不祥事が続発しており，そうした事例を詳細に分析した研究もある（e.g., 井上，2015；樋口，2015；日経ビジネスら，2016）が，なかには仕事に向き合う倫理意識を疑

うような事件も多い。これは日本においてのみのことではなく，欧米においても過去深刻な事件が何件も発生しており，古今東西を問わず普遍的な問題となっている。

　仕事上の倫理意識は，企業行動としての観点から「企業倫理（business ethics）」として語られることが多いが，そこには当然のことながら，企業の構成員である従業員の倫理意識あるいは行動場面での意思決定の視点も含まれる。以下では，個人の行動に焦点を当てた「ビジネス倫理」意識を取り上げて，最近の研究を紹介する。

2. 経営危機とビジネス倫理

　ビジネス倫理意識については，今日の学生は明日の企業経営者や従業員であるという視点から，ビジネス場面でのジレンマ状況に対する大学生の反応が研究されている。たとえば，ジョーンズ（Jones, 1990）やパーサとランクフォード（Parsa & Lankford, 1999）は，自分を管理者と想定した学生では，自分を一般従業員であると想定した学生よりも，倫理的志向性が強く現れることを報告している。松井ら（Matsui et al., 2003）が大学3・4年生約400名を対象に行った研究でも同様の結果を得ており，組織内でより高い地位にあると想定した学生の反応はより倫理志向性が強い傾向が見られた。

　しかしながら，報道などを通じて明らかにされた企業・組織の不祥事は，経営者や上層部の不正や従業員に対する業績向上への過度の圧力に端を発するものが多い。過去に行われた調査（経済広報センター，2009）でも，企業不祥事の原因は経営者の姿勢（倫理観）や経営方針に問題があるとする回答が76％にのぼっており，高い地位にある者ほど倫理的志向性が強いという研究結果とは一致しない。

　その原因としては，組織での地位と倫理志向性との関係が経営状態によって仲介されることが考えられる。すなわち，経営が順調な時は，経営層は一般従業員よりも高い倫理志向性を示すが，経営不調時や危機に見舞われたときには，組織を維持するため経営層の倫理志向性は一般従業員よりも低くなることが考えられる。こうした状況下では，経営層は，自分は従業員皆のために会社を支

えているのであるから，多少の倫理違反は見逃されるべきだと信じることによって，自らのビジネス倫理との妥協を合理化することが想定される。

角山ら（2005）は大学生を対象に，役員／一般社員条件と，経営順調／経営危機条件の組み合わせで4つの場面を設定し，学生たちのビジネス倫理志向性への影響を検討した。結果は，役員条件の学生の倫理志向性は，経営順調条件では他の条件の学生よりも高く，逆に経営危機条件では，他の条件の学生よりも低かった。一方，社員条件の学生の倫理志向性には，会社の経営状態による違いは見られなかった。また，不安が経営状態と倫理的志向性の間を仲介していることも明らかにされた。この結果は，わが国企業の不祥事が，従業員ではなく経営幹部によって，経営悪化や危機状態のときに引き起こされているという事実と一致している。

3. 道徳的束縛からの解放メカニズム

バンデューラ（Bandura et al., 1996）は，普段は良識的な経営者が，どのような心理的および社会的メカニズムを通してビジネス倫理違反行動をとるのかを，社会的認知理論（social cognitive theory）の枠組みを用いて分析している。社会的認知理論では，個人的要因（person），環境的要因（environment），行動（behavior）の三者間に相互作用関係があることを仮定しているが，このことは，経営者の倫理志向性，経営状態，経営者の行動がそれぞれに影響し合っていることを意味する（図1-2）。

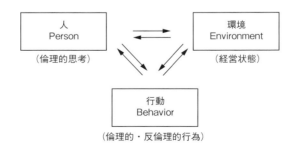

図1-2　社会的認知理論における3つの変数の関係（バンデューラ，1985に基づき作成）

バンデューラがビジネス倫理違反を分析する際に重要な役割を果たすと考えるのは，「道徳的束縛からの解放メカニズム（moral disengagement mechanism）」である。普段，人は自分の道徳基準を持っており，それによる道徳的拘束力が，道徳基準に合致した行為をとる指針となり，非倫理的な行為への抑止力ともなっている。しかし，人は常にその道徳基準に従った行動をとるのではなく，道徳的な自己規制が選択的に外されることもあり得る。このような道徳的な自己規制・束縛からの解放メカニズムにより，普段は良識的な人々が，さしたる葛藤やストレスを経験せずに逸脱行為を犯すことが可能となる（Bandura et al., 1996, 2002, 図 1-3）。

バンデューラらがあげている，道徳的束縛からの 8 種類の解放メカニズムのうち，倫理的正当化（moral justification）とは，本来非道徳的・非倫理的な行為を，それが価値ある目的（自己利益ではなく，社会や周りの人に貢献するもの）に役立つものであるから，個人的にも社会的にも受容できると正当化することを意味する。バンデューラら（Bandura et al., 1996）は，8 つのメカニズムに基づく 32 項目の尺度を作成し，小・中学生を対象に，道徳的束縛からの解放メカニズムと彼らの非行やいじめ行為との関係を探った。結果は，道徳的束縛からの解放度得点が高い生徒は，得点の低い生徒に比べて，総じていじめや非行を行う傾向が強く，他者に恩恵や援助を与える向社会的行動を行う傾向は

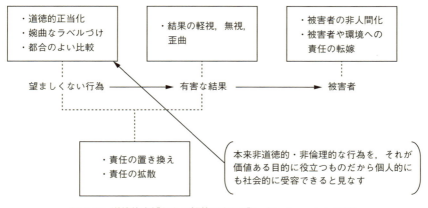

図 1-3　道徳的束縛からの解放メカニズム（Bandura et al., 1996）

第 1 章　組織行動とは

低かった。

4.　経営状況悪化と倫理的妥当化

　バンデューラら（Bandura et al., 1996）の結果を企業・組織およびそこに働く個人に当てはめてみるとどうなるか。本来の倫理意識は，顧客，株主，消費者および広く社会一般の利益のために正しいことを試みようとする意識である（Froelich & Kottke, 1991）。しかし，所属する企業・組織が不調に陥ったときには，自分個人の利益のために行えば倫理に違反することでも，組織存続のために行うのであれば許されるとする，倫理的正当化の思考も生まれうる。角山らが大学生を対象に行った実験的研究では，経営順調条件に比べて経営不調条件では，役員条件においてフローリッヒ（Froelich, K. S.）らの定義にある倫理意識が弱まり，会社存続のために許されると思えることをしようとする意識が強まることが明らかにされた（角山ら，2006；Matsui et al., 2009）。

　このことは，経営環境が悪化すると経営者は会社を維持することへの責任感や圧力が強まり，その結果，本来非道徳的・非倫理的な行為であっても，それが会社を救うことにつながれば個人的にも社会的にも受容できるとする意識が強まることを推測させる。すなわち，経営が危機的状態になったときには，会社を存続させ利益を守ろうとする行動が，本来自分の中にあるビジネス倫理との葛藤を生じ，葛藤解決の手段として倫理的正当化（「自分の行為は，自己利益や保身のためではなく，会社を存続させるための正しい行為である」など）を引き起こしやすくなると考えられる。

　これを社会的認知理論の枠組みの中で捉えるならば，経営不調下では「道徳的束縛からの解放メカニズム」が働き，倫理的正当化が強まると考えられる。角山らの一連の実験的研究では，経営不調条件での倫理的正当化は，経営順調条件での倫理的正当化よりも強く，経営不調条件のビジネス倫理意識は経営順調条件のビジネス倫理意識よりも低かった（角山ら，2009a, 2009b；Matsui et al., 2009）。すなわち，経営不調時には，経営者はビジネス倫理に反することをするために倫理的正当化をしやすいことを示唆している。角山らの一連の研究は，大学生を対象とした実験的なものではあるが，バンデューラらの指摘が日

本においても企業不祥事生起の心理学的メカニズム解明に適用できることを示唆している。

第2章

職場集団のダイナミックス

■ 第1節 ■

職場集団とチームの特徴

1. 職場集団の特性

　組織内部には部署や課が編成されており，全体の目標を達成するための機能を担っている。この基本的な職務遂行単位が職場集団（work group）である。

　一般に集団とは，共通の目標を持ち，互いに影響を及ぼし合う人々の集まりを指し，単に複数の人々が集まった状態の集合や群衆とは区別される。集団が備える基本的な特徴を図 2-1 に示す。これらの特徴は，集団のメンバーがともに活動し，相互作用を繰り返すことで次第に培われていく。

　職場集団には，図 2-1 の特徴を高度に備えることが求められる。つまり，明確な目標を共有し，その達成を目指して協力する。そのために，メンバー同士で職務に役立つ情報を交換する，仕事の負担を肩代わりする，失敗をフォローし合う，などの相互作用を交わす。さらに活動を継続していく中で，メンバーは集団の一員としての所属意識，集団としての結束力を高めつつ，効率的な指揮系統と役割分担を実現させていく。

（1）公式集団と非公式集団

　職場集団では，職務の効率的な遂行のために，役割を定めて業務分担を行い，地位・職階に基づき指揮系統を明確化する。こうした組織図や役割分担表に表

17

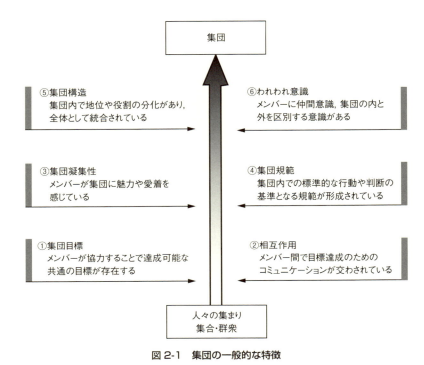

図 2-1　集団の一般的な特徴

現される公式に編成された集団を公式集団（formal group）と呼ぶ。

　一方，職場では公式な編成とは関係なく，メンバー間の親密さや社交的な関係に基づく自然発生的な集団も形成される。これを非公式集団（informal group）と呼ぶ。非公式集団の存在は，公式集団のように明瞭ではないが，休憩時間や就業後の人づき合いの場面で明らかになる。たとえば，趣味仲間や同郷仲間，組織内の権力派閥や出身大学別の学閥などがあげられる。

　職場では公式集団と複数の非公式集団が幾重にも入り組んでいる。非公式集団の仲間意識は，公式集団での活動や職務の遂行にも影響する。そのため，職場集団の動態を適切に捉えるには，双方の集団に目を向ける必要がある。

（2）集団規範

　職場集団には，公式な就業規則などに明文化されたルールとは別に，仕事の進

め方，出退勤時刻，服装，休暇の取得などについて"暗黙の掟"が存在し，メンバーはそれに従って行動している。集団内での標準的な行動や判断の基準として，メンバーが共有する価値観の枠組みが集団規範（group norm）である。

　集団規範は，メンバーが活動をともにし，互いの振る舞いを観察しながら，相互作用を繰り返すうちに徐々に確立される。確立した規範は，職場での望ましい振る舞い方を判断する基準となり，メンバーはそれに逸脱した行動をとることが難しくなる。結果として，職場全体の活動に秩序が生まれる。集団規範の影響力は，公式の規則や上司の指示よりも強く働くことがある。ホーソン研究で観察された作業量を標準以下に保とうとする生産制限規範は，その一例である（Roethlisberger & Dickson, 1939）。

（3）集団凝集性

　凝集性（cohesiveness）とは，集団の結束力を表す特性である。「メンバーを集団に留まらせる力の総体」（Festinger et al., 1950）と定義され，メンバーが所属する集団に対して感じる魅力・愛着の強さを表す。かつては凝集性を単一次元で捉える立場もあったが，現在では複数の要素で構成される多次元的な概念として扱われている（Dion, 2000）。

　近年，サラスら（Salas et al., 2015）は，従来検討されてきた凝集性の要素を，課題凝集性，社会凝集性，所属意識，集団の誇り，モラールの5つに整理した。このうち課題凝集性と社会凝集性は，実証研究で最も取り上げられることが多い。前者は集団目標や課題の達成への関心などの課題志向的側面，後者は集団内で構築する良好な対人関係や交流という社会情緒的側面の要素である（Carron & Brawley, 2012）。メタ分析では，この両方の要素が集団のパフォーマンスと正の関係にあることが報告されている（e.g., Evans & Dion, 2012）。

（4）チームの定義と分類

　近年，企業では，専門職の細分化，市場のグローバル化，企業間競争の激化など組織内外の環境変化を背景として，さまざまな形態のチーム（work team）が活用されている。チームとは，共通の目標を持ち，職務や課題を遂行するための相互依存的に協働する集団である。職場集団とチームの語を互換的に用い

る場合もあるが（e.g., Sundstrom et al., 1990），厳密には両者は区別される。職場集団を従来の部署や課を含む広義の名称とし，特別な任務や新規な課題に取り組む集団，協働の必要性が特に高い集団をチームと呼ぶことが多い。以下は，実証研究で参照されることの多いチームの代表的な定義である。

　「価値のある共通の目標・目的・職務を達成するために，動的で相互依存
　的，そして適応的な相互作用を交わす2名以上の人々で構成される識別可
　能な集合である。また，各メンバーは課題遂行のための役割や職能を割り
　当てられており，メンバーである期間には一定の期限がある」（Salas et al.,
　1992）

　この定義に基づき，山口（2008）は集団をチームと呼ぶ条件として，①達成すべき明確な目標の共有，②メンバー間の協力と相互依存関係，③各メンバーに果たすべき役割の割り振り，④チームの構成員とそれ以外との境界が明瞭，をあげている。

(5) チームの分類
　組織内に編成されるチームは，その目的によって4種に分類できる（Cohen & Bailey, 1997）。

①ワークチーム：管理職の指示に従い，製品の生産やサービスの提供を行う
　（一部の権限が移譲された自己管理型チームも含まれる）。
②パラレルチーム：組織内で発生した問題の解決や改善を目的とする。公式
　に配属された部門・部署と兼任する品質管理サークルや調査委員会などが
　これにあたる。
③プロジェクトチーム：新しい製品やサービスの開発などを目的とする。メ
　ンバーが部門横断的に招集され，各自の専門性を発揮して協働するのが特
　色である。
④マネジメントチーム：組織内の各部門の指揮と調整とを担い，事業の全体
　的責任を負う。特に，トップマネジメントチームは上級管理職で構成され，

大きな権限と責任を持つ。

2. 職場集団の発達

(1) 発達段階モデル

メンバーが一緒に活動し，時間が経つとともに，集団も発達を遂げ，雰囲気や活力が変化していく。集団発達の5段階モデル（Tuckman & Jensen, 1977）は，この一連のプロセスを示している（図2-2）。①メンバーが互いを理解する「形成期」，②意見の対立など葛藤を経験する「騒乱期」，③役割や規範が確立する「規範期」を経て，④集団は活発に課題に取り組む「遂行期」に到達する。そして，⑤目的を達成した集団は「解散期」を迎える。ただし，すべての集団が④「遂行期」に到達できるとは限らない。これ以前の段階での問題が集団の課題遂行の妨げとなり，さまざまな理由から本来の目的を達成することなく，⑤「解散期」に至ることもある。

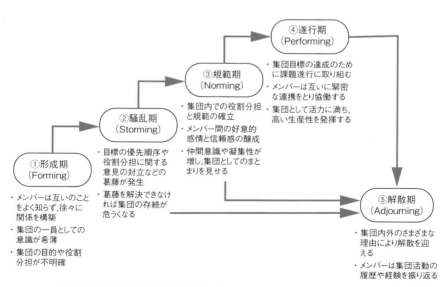

図2-2　**集団発達の5段階モデル**（Tuckman & Jensen, 1977を基に作成）

(2) 断続平衡モデル

　徐々に集団らしさを備えた姿に成長する姿を示した発達段階モデルは，直観的に理解しやすい。しかし，実際の職場集団は，順序よく段階を踏んで発達するよりは，何らかの契機に急成長を遂げることもある。ガーシック（Gersick, 1988）は，プロジェクトチームの課題遂行の経過を追跡調査し，集団の発達には平静状態の局面と急激な変化が生じる転回点が存在するという断続平衡モデル（punctuated equilibrium model）を提案した（図2-3）。

　まずメンバー招集時の初回の会合で，計画や役割分担など課題遂行の方略が決められる。それらはプロジェクトの中盤まで維持され，集団に明白な変化はみられない（第1フェイズ）。プロジェクト中盤の折り返し点で，メンバーは残り時間を意識し，それまでの経験を踏まえて課題遂行の方略を見直す。その後，試行錯誤して修正された方略はプロジェクト終盤まで継続され，最後の会合では課題達成に向けた加速が図られる（第2フェイズ）。このモデルは，直面する状況に合わせて変化するという集団発達の動的な性質を記述している。

(3) 集団の硬直化

　職場集団が成長を遂げても，一定期間は生産性を向上させるが，それ以降に機能不全に陥ることがある。カッツ（Katz, 1982）は，研究開発チームの集団年齢（形成後の経過時間）が1.5年から3.5年の時期に業績はピークに達し，その後は低下を示したことを報告している。

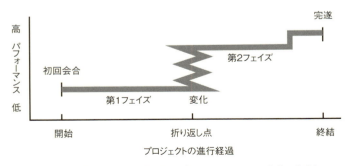

図2-3　集団発達の断続平衡モデル（Gersick, 1988を基に作成）

第２章　職場集団のダイナミックス

　古川（1990）は，集団が安定した状態で長時間経過すると活力が失われる減少を硬直化と呼び，その理由として次の５つをあげている。①メンバーの役割分担と交流の仕方が固定化する（過度の構造化），②メンバーの思考・行動様式が固定化する（過度の標準化），③コミュニケーションの経路が固定化し，仕事に関する積極的な議論が減少する（コミュニケーションの平板化），④集団外部の情報に関心を払わなくなる（興味・関心の内部化と矮小化），⑤リーダーが過去の前例と経験に縛られ，変化に抵抗を示す（自己呪縛）。職場集団の硬直化を脱し，機能不全を防ぐには，変革と再活性化が求められる。

■ 第２節 ■

職場集団のパフォーマンス

1. 集団生産性とチームの効果性

（1）プロセス・ロス

　職場集団やチームには，個人では達成困難な課題に取り組み，その解決や優れた成果をあげることが期待されている。しかし集団の生産性は，本来期待された水準には及ばないことがある。スタイナー（Steiner, 1972）は，集団生産性の性質を「実際の集団生産性＝潜在的な集団生産性－プロセス・ロス（process loss）」という定式で表した。潜在的な集団生産性は，集団の保有資源（メンバーの能力や技術など）と課題の要請により規定される。この資源を十分に備えていても，メンバーが協調するプロセスに問題があれば，生産性は損なわれる。

　プロセス・ロスの原因は，相互協調の失敗と動機づけの低下である。相互協調の失敗とは，メンバー間で活動の調整がうまくいかず，個々の努力が集団全体の成果に反映されづらくなることを指す。メンバーが協調するには，情報の伝達・共有を図りながら，互いの業務の予定や進捗状況を確認し，集団全体として活動が円滑に進むように努めることになる。その結果として，直接の職務へ割く注意や労力が損なわれてしまう。

　動機づけの低下は，個人単独の場合に比べ，集団で課題を遂行する際には，責

任が分散して努力量が低下する社会的手抜き（social loafing）として知られている（Latané et al., 1979）。社会的手抜きの主な原因は，評価可能性，努力の不要性，手抜きの同調，他者の存在による緊張感の低下である（Karau & Williams, 1993）。評価可能性とは，集団への貢献度が評価される可能性であり，個人の努力や成績が他者に知られない場合に手抜きは生じやすくなる。努力の不要性とは，他のメンバーが有能であったり，数が多いため，自身の努力が全体の成果にほとんど寄与しない場合である。手抜きの同調とは，他のメンバーの多くが手抜きをしており，自分だけが搾取されるのを避けるための同調である。他者の存在は，多くのメンバーがいることで，緊張感の低下をもたらす。

　職場集団を対象にした研究では，直属上司からの評価可能性（George, 1992）や上司－部下間の交換関係（LMX: Leader-Member Exchange）の質（Murphy et al., 2003）が，社会的手抜きを抑制することが報告されている。また，製造業の従業員を対象としたライデンら（Liden et al., 2004）は，社会的手抜きの影響要因について，個人と集団のマルチレベル分析を適用して検討している。個人レベルでは課題の相互依存性が高く，評価可能性と分配的公正感が低い場合に手抜きが増加していた。また，集団レベルでは，人員規模の大きさ，凝集性の低さが手抜きを増加させていた。

（2）チームの効果性

　組織内のチームは，明確な正解の存在しない課題や，達成度を量的に評価できない課題にも従事する。またチームは，1つの課題を遂行した後も，継続して次の課題に取り組むため，チーム内に良好な協力関係と活力を維持することも大切である。組織内のチームの効果性を課題達成度のような単一の基準で捉えることは困難であるため，複数の基準から包括的に捉える必要がある。

　ハックマン（Hackman, 1987）は，チームの効果性に関する3つの基準を提唱している。第1の生産出力とは，組織内の評価者や顧客の評価基準を満たす職務遂行の量と質，早さを指す。具体的には，製品の生産高や品質，顧客満足度などである。第2のチームの存続可能性とは，チームが職務遂行単位としてのまとまりを備え，協働する能力を維持・継続できる見通しを指す。凝集性や集団アイデンティティなどが具体的指標である。第3のメンバーの満足度は，チ

ームとして協働する経験がメンバーたちの欲求を充足し，成長と学習を促す程度である。メンバーの職務満足感や精神的健康が具体的指標の例である。

　チームの効果性が生み出される過程は，関与する変数を入力（input）－プロセス（process）－出力（output）の関係に整理した I-P-O モデルで説明される（McGrath, 1984；Hackman, 1987）。入力とは組織環境（報酬，教育，情報システムなど）やチームのデザイン（課題の構造，人員構成など）に関する変数であり，出力とはチームの効果性の変数である。これら入力と出力の関係は，チーム内のプロセス変数に媒介される。つまり，チームに利用可能な資源や課題の特徴などが，メンバーの相互作用過程を経て，さまざまな成果に転換される。

　チームの効果性に関する研究では，I-P-O モデルを指針とし，特にプロセス変数の果たす役割が探求されてきた。その代表例が，近年，めざましい発展を遂げているチームワーク（teamwork）の研究分野である。

2. 職場のチームワーク

（1）チームワークの概念定義

　チームワークは日常語としてもよく用いられており，その概念の意味にはしばしば混乱が生じている。チームで職務を遂行する際，メンバーは個人に割り当てられた課題に取り組むとともに，他のメンバーと協働するための相互作用を行う（Morgan et al., 1993）。前者はタスクワーク（taskwork）であり，個々の担当課題に特有の作業（道具の使用や機器の操作を含む），個別に完結させる活動を指す。後者がチームワークであり，メンバー間での情報交換や援助などの対人的活動を指す。ただし，チームワークは集団の心理学的な特性と密接に関連しており，行動のみに着目するだけでは，その全体像を把握できない。そのため，山口（2008）はチームワークを「チーム全体の目標達成に必要な協働作業を支え，促進するためにメンバー間で交わされる対人的相互作用であり，その行動の基礎となる心理的変数を含む概念である」と定義している。

　可視化の難しい心理的側面は創発状態（emergent state, Marks et al., 2001）と呼ばれ，既往研究からチーム全体の士気や活動意欲を左右する態度面の特徴，チーム内での知識の共有という認知のあり方が含まれることが示唆されている。

優れたチームワークを発揮するには,行動,態度,認知の3つの要素をバランスよく備えることが必要である(三沢,2012)。

(2) チームワークの行動的要素

行動的要素はチームプロセス(team process)とも呼ばれ,さまざまな行動変数が提案されてきた。ルソーら(Rousseau et al., 2006)は,行動変数を詳細かつ包括的に整理している(図2-4)。このモデルでは,チームワーク行動を課題遂行の統制管理と対人関係の維持の2つに大別し,その下位に細分化した行動変数を階層的に位置づけている。

またマークスら(Marks et al., 2001)は,チーム活動における3つの時間的位相の存在に着目し,各位相で必要な行動を整理したチームプロセス・フレームワークを提案している。第1位相はある職務の完遂から次の職務に着手するまでの移行プロセス(任務分析,目標の明確化,戦略策定),第2位相は実際

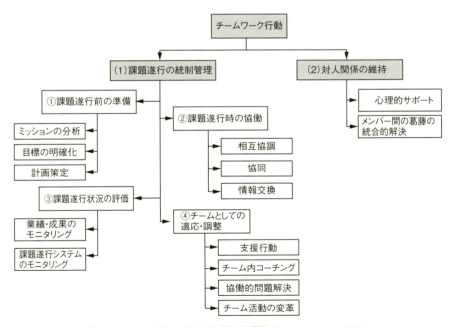

図2-4 チームワーク行動の階層的分類(Rousseau et al., 2006)

に職務を遂行する実行プロセス（目標達成の進捗監視，システム監視，支援行動，相互協調），第3位相は職務の着手前と遂行中の双方で生じる対人関係調整プロセス（葛藤解決，動機づけと自信構築，感情管理）である。この3つのプロセスは，チーム効果性の指標との関連がメタ分析で検証されており（LePine et al., 2008），行動的要素を集約したモデルとして，現時点で最も妥当性が高い。

（3）チームワークの態度的要素

　態度的要素については，メンバーの結束力や目標達成への意欲に関連する変数が検討されている。たとえば，集団の基本特性である凝集性や規範は，重要な態度的要素である。特に凝集性は，チーム内でのソーシャルサポート，コミュニケーションや協力など，チームワーク行動との正の関連が報告されている（Carless & De Paola, 2000）。近年，凝集性の概念定義の再検討や，測定方法の再吟味が行われつつ，研究が進展している（Salas et al., 2015）。

　多くのチームワークの理論的枠組みに含まれる態度的要素として，チーム効力感（team efficacy）や相互信頼感（mutual trust）があげられる。チーム効力感とは，チームとしての課題遂行能力に関してメンバーが共有する信念である（Gibson, 1999）。チーム効力感を備えたチームは，困難な事態に直面しても，粘り強くその克服に挑むことができる。この要素がチームのパフォーマンスを促進することを示す知見は多い（Gully et al., 2002）。また縦断調査により，チーム効力感がチームワーク行動に媒介され，最終的なパフォーマンスに影響するという一連の過程も検証されている（Tasa et al., 2007）。

　相互信頼感は，各自の役割の履行，および他のメンバーの利益を守ることに関してメンバーが共有する信念である（Salas, Sims et al., 2005）。互いの業務の進捗の把握，必要に応じた支援を行うために，信頼感の醸成は不可欠である。また，コミュニケーションにおいても重要であり，相互信頼感が乏しいと，誤解による衝突や対立が生じ，職務遂行を妨げることがある（Simons & Peterson, 2000）。

　近年では，メンバーが互いの考えや感情を気兼ねなく発言できるチームの雰囲気として，心理的安全性（psychological safety）に着目した研究が増えている（Edmondson & Lei, 2014）。心理的安全性とは，チームが対人的リスク（恥

をかく，拒絶・批判される）を伴う行動（たとえば，問題点の指摘，支援の要請など）を，そのリスクを懸念せずに行える安全な場であるとメンバーに共有された状態である（Edmondson, 1999）。心理的安全性の効果は，組織内の諸変数とマルチレベルの観点で検討されている。チームレベルの効果として，チームの情報共有や学習が促進され，チームのパフォーマンスを向上することが示唆されている（Frazier et al., 2017）。

（4）チームワークの認知的要素

　チームワークの認知的要素とは，メンバー間でいかに知識・理解の共有を実現しているかを表す変数である。チームワーク行動を支える基盤として，共有メンタルモデル（shared mental model, Cannon-Bowers et al., 1993），トランザクティブ・メモリー・システム（transactive memory system, Peltokorpi, 2008）をはじめ，チーム状況認識（team situation awareness, Salas et al., 1995），戦略的合意（strategic consensus, Kellermanns et al., 2005）など多彩な概念が提唱され，チーム認知（team cognition）という1つの研究領域が発展している（Salas et al., 2012）。

　共有メンタルモデルとは，チームの課題，作業手順，役割や責任などについて，メンバー間で共有された知識である。知識が共有されている程度が高いほど，メンバーは互いの行動を予測し，円滑に協調して課題を遂行できる。実証研究では，個人の知識構造を把握した上で（パスファインダー法，概念図法，多次元尺度構成法などが用いられる），そのメンバー間の類似度を共有メンタルモデルの指標とし，チームワーク行動やパフォーマンスとの関連が示されている（e.g., Mathieu et al., 2000）。

　トランザクティブ・メモリー・システムとは，チーム内でメンバーが専門分化して知識を保有し，それらを効率的に活用する集合的な記憶様式である。各自の長所や専門性に基づき，「誰が何を知っているのか」に関する共通認識が成立することで，情報交換と相互協調が促進される。実証研究では質問紙尺度（Lewis, 2003）やチーム内の専門性の相互評定（Austin, 2003）で測定した指標が，チームのパフォーマンスとの正の関連を示している（Zhang et al., 2007）。

　共有メンタルモデルが知識の「共有」状態を反映するのに対し，トランザク

ティブ・メモリー・システムは知識の「分有」状態を表している。一見すると両者は相反するように思えるが，必ずしも矛盾はしない。課題遂行の目的，計画，手続きなどの基本知識はチーム内の全員で共有すべきだが，役割や専門性に特化した知識はそれを担う各メンバーの分有されていたほうが効率的である。どちらの認知的要素もチーム内に共存しうるため，その効果性を統合的に理解する上で，今後の研究の発展が期待される。

■ 第3節 ■

チームワークの測定・評価

チームの活性化と育成を図るには，現状の強みと弱みを把握することが必要である。実証的な検討においても，チームワークの測定は不可欠である。本節では，チームワークの測定・評価に関する代表的な方法を概説する。

1. 行動観察

行動観察は，チームワークの測定に伝統的に採用されてきた手法である（Krokos et al., 2009）。航空機のクルー，軍事作戦チーム，発電所運転チームなどのシミュレータ訓練の場面で測定が実践され，その方法論が確立されている。訓練ではチームが職務遂行の過程で遭遇する異常事象について，その発生と進展がシナリオとして用意される。このシナリオに基づき，各事象への対応に必要なチームワーク行動を観察対象として具体的に定めておく（行動指標；behavioral marker）。そして，観察者（多くの場合は訓練の指導員）は，訓練でのチームの様子を観察し，実行された行動を評価する。なお，評価対象とする行動の種類や定義，評価の判断基準は，職務に精通した専門家（subjective matter experts）の協力を得て作成される。

具体的な評価においては，行動チェックリスト（時系列に従って行動の実行有無／正誤をチェックする），行動観察尺度（BOS: Behavioral Observation Scale,

観察後に行動の頻度をリッカート尺度上に評定），行動基準評定尺度（BARS:
Behaviorally Anchored Rating Scale，評価基準の行動例を付記した評定尺度
上に行動の質を評定）の形式が使用される。各評価形式には，それぞれ利点
と欠点がある。行動チェックリストは実施が容易であり，重要な手順の抜けや
省略の確認に有効だが，定量的な評価ができない（Smith-Jentsch et al., 2013）。
BOS は行動頻度を量的に把握できるが，行動の質は把握されない（Krokos et
al., 2009）。BARS は行動の質の高さを吟味するのに有効だが，事象展開に伴う
時系列的な変化は捨象される（Rosen et al., 2011）。

　行動観察の従来の評価形式が持つ欠点の改善も行われている。佐相・淡川ら
（2006）は発電所の異常事象対応のシナリオに基づき，運転チームにチームワー
ク行動が必要とされる場面を抽出した。そして，各場面で期待されるチームワ
ーク行動の達成レベルを評価するチェックリストを作成した。このチェックリ
ストを用い，観察者（訓練指導員）が場面ごとに，各行動について BARS 形式
の尺度で評価する。この手法により，事象の進展（場面）に伴う時系列的変化
を考慮しつつ，チームワーク行動の質に関する評価情報が得られる。また，佐
相・淡川ら（2006）はこの手法による観察者間の信頼性も高いことを確認して
いる。

　行動観察は，チームワーク行動を客観的に測定するために有効な方法だが，作
成されたチェックリストや評価尺度は，対象チームの業種や職務の文脈（訓練
での事象やシナリオ）に限定される。またいずれの手法でも，観察者には職務
内容やチームワークの専門的な理解，評価の経験が求められるため，行動観察
に関する事前研修や訓練を行う必要がある。加えて，行動観察のみでは，行動
の背景にある態度や認知などの心理的要素に踏み込んだ検討は困難である。

2. 質問紙尺度

　質問紙尺度は，行動観察では測定困難なチームワークの心理的側面へアプロ
ーチできる。また，訓練場面に限定せず，日常の職務遂行におけるチームの傾
向を把握できるため汎用性も高い。質問紙尺度による測定では，メンバーをチ
ームに関する情報のインフォーマントとみなし，チームワークの各要素がチー

ム全体として発揮されている程度に関して評価を求める。チームワークはチームレベルの概念であるため，評価の主体（回答者）はメンバーであるが，評価対象はメンバー自身ではなく，チーム全体であることを明示する必要がある（Tesluk et al., 1997）。加えて，チームとして想定する範囲が回答者によって異なることを防ぐため，メンバーの具体的範囲も明示しておく必要もある。

　三沢ら（2009）は看護師を対象に，チームワークの心理的要素としてチームの志向性，行動的要素としてチーム・リーダーシップ，チーム・プロセス（モニタリングと相互調整，職務の分析と明確化，知識と情報の共有，フィードバック）を測定する尺度を作成した。質問紙には，各項目がチーム全体に関して尋ねていること，チームの具体的範囲が病院内の所属病棟・部門であること，が明記されていた。2つの調査サンプルから得られたデータを分析し，因子構造の安定性と尺度の信頼性，集団アイデンティティや職務満足感との関連から妥当性が確認されている。この尺度は以後の研究で，他の業種や職種を対象とするチームワークの測定に活用されている（発電所運転：佐相・三沢ら，2006；ソフトウェア開発：田原ら，2013；高校の校務分掌：稲川・五十嵐，2016）。

　縄田ら（2015）は，三沢ら（2009）のチーム・プロセスの尺度項目をビジネスチーム向けに修正し，分析対象チーム数を十分に確保した大規模調査を実施した。この研究では，5つの企業組織の従業員から得たデータが分析され，チーム・プロセスは「目標への協働」と「コミュニケーション」の2つの下位要素に構成された。そしてマルチレベル分析により，チームレベルの「コミュニケーション」が「目標への協働」を促進し，チームパフォーマンスの指標（経常利益や販売数，上司評定，自己評定）を向上する過程が検証されている。

3. 非影響的測定法

　近年，研究者がデータ収集に直接的な関与をせず，日常の職務遂行の場でチームワーク行動を測定する非影響的測定法（unobtrusive measures）が注目されている（Kozlowski & Chao, 2018）。たとえば，電子コミュニケーションは情報の効率的な共有に欠かせない技術であり，その記録（ログ）は，チーム内のコミュニケーションの動態を探る指標として活用できる。山口（2003）は，営

業チームの過去5年間の電子コミュニケーション記録を内容分析し，高業績チームと低業績チームでは，交換されている情報の性質が一貫して異なることを報告している。また，高業績チームで交換された電子メールの数は低業績チームのそれよりも一貫して少なく，コミュニケーションの効率化が図られていた。

　ウェアラブル・センサは，最先端の非影響的測定法の技術である。ここ10年の間に，チーム内の相互作用を計測できるセンシング技術が飛躍的に発展した。スマートフォンや名刺ほどのサイズに小型化したセンサを装着することで，職務遂行時のメンバー間の物理的距離，対面相互作用の頻度・時間，身体の移動距離，発話の音高・声調などの自動計測が可能となっている（e.g., Waber, 2013）。実用化されている計測装置の例として，Humanyze 社のソシオメトリック・バッジ（sociometric badtge, e.g., Kim et al., 2012）や日立ハイテック社のビジネス顕微鏡（Hitachi Business Microscope, e.g., 矢野，2014）がある。

　田原ら（2013）はビジネス顕微鏡を用いて，ソフトウェア開発チームの10週間のコミュニケーション行動の量を測定した。そして行動量の指標と，チームワークの質問紙尺度の得点，パフォーマンス指標（開発量と開発品質）との関連を吟味した。その結果，コミュニケーションの量や緊密なコミュニケーションネットワーク構造が良好なチームワークをもたらすとは限らないこと，チーム内に中心的なメンバーが存在し，明確な指示命令系統を備えた上で，効率的なコミュニケーションを行う重要性を示唆する結果を報告している。今後，先進技術の活用により，職務遂行の進展と時間経過に伴うチームワーク行動の変化をより的確に把握できるようになる可能性がある。

■ 第4節 ■

チームワーク発揮の準備条件

　本節では，チームワークが発揮されるための準備条件として，チームの編成と課題の設計に関する知見を概観する。これらは I-P-O モデルの入力に相当するチームのデザインに関連する変数である。

1. チームの編成

（1）人員規模

チームの人員規模は，少なすぎるとメンバーへの負担が過剰となり，逆に多すぎると円滑な協働の妨げとなる（Steiner, 1972）。課題の性質に応じて，必要最低限の人数でチームを編成するのが適切である（Campion et al., 1993）。なお，確実な正解がなく，複雑な課題に取り組むプロジェクトチームでは，その解決の資源となるメンバーの数は比較的多いほうがパフォーマンスは高くなることが報告されている（Stewart, 2006）。

（2）メンバーの選抜

チームに配属するメンバーの選抜基準として，まず課題遂行に必要な能力があげられる。一般に，専門的な知識・スキルの高いメンバーで構成されたチームは，優れたパフォーマンスを示す。課題の内容や手順を理解し，チーム全体の状況を俯瞰できなければ，情報交換や支援を的確に行うことは難しい。

一方で，チームの他のメンバーと協働するための能力も求められる。チーム内での役割（Mumford et al., 2008），メンバーの特徴（長所や短所）（Cannon-Bowers et al., 1993）などの知識は，チームでの協働に役立つ。対人関係スキルは，チームワーク行動を促進し（Morgeson et al., 2005），特に活動が長期間に及ぶ場合にパフォーマンスを左右する（Bradley et al., 2003）。また，モハメッドら（Mohammed et al., 2010）は，従来の研究で提唱されてきたメンバーに求められるチームワークスキルを7つに集約・統合している（適応力，対人関係の維持構築，マネジメント／リーダーシップ，主張性，相互モニタリング，コミュニケーション，チーム外部との調整）。

チームワークに関する知識やスキルについては，状況判断型テストによる測定が試みられている（e.g., McClough & Rogelberg, 2003）。わが国でも相川ら（2012）が，一般的なチームワーク能力の測定尺度を作成しており，今後，こうした指標の妥当化が進めば，メンバー選抜に活用できる可能性がある。

（3）メンバーの多様性

　メンバーの多様性への考慮は，チーム編成における重要な論点である。メンバーの多様性は，属性（性別，年齢，人種・民族性など），職能（能力，経験，職務の専門性，在職年数など），心理的特徴（態度，性格，価値観）の観点から捉えられる。属性の多様性の効果については，チームのパフォーマンスの向上（Jehn & Bezrukova, 2004）と低下（Li & Hambrick, 2005）を示す知見が混在している。この影響の方向は，課題の性質やチーム活動の進展に伴う時間経過によって異なる。たとえば，容易な課題ではパフォーマンスを抑制し，困難な課題では向上をもたらすことが報告されている（Bowers et al., 2000）。また，時間経過とともに，属性の多様性の影響は弱くなる傾向がある（Bell, 2007）。

　職能の多様性については，部門横断的なメンバー構成のプロジェクトチームを対象に精力的な検討が行われてきた。職能の多様性とチームのパフォーマンスの間には，概ね正の関係がある（e.g., Horwitz & Horwitz, 2007）。なお，職能の多様性の効果は，時間が経過すると強くなる傾向にある（Bell, 2007）。

　心理的特徴については，パーソナリティをビッグ・ファイブ（Big Five）の枠組みで捉え，その多様性の効果を検討した研究が多い。5つの特性のうち，外向性と情緒安定性の多様性は，チームのパフォーマンスと正の関係がある（Mohammed & Angell, 2003）。ただし，外向性の多様性は，パフォーマンスとの曲線的な関係も報告されている（e.g., Neuman & Wright, 1999）。外向的なメンバーの比率は，少ないと全体的なコミュニケーションが乏しくなり，逆に多いとチームの活動方針が混乱する。そのため，外向的なメンバーが半数程度の場合に，パフォーマンスは最も高くなる。ただし，パーソナリティの多様性の効果は一貫しておらず，さらなる検討が必要とされている（Stewart, 2006）。

2．課題の設計

（1）課題の統制可能性

　課題の統制可能性とは，課題遂行とそれに関連する諸活動に関して，チームが自律的にコントロールする裁量を持つ程度を指す（Mohammed et al., 2010）。意思決定や計画立案，また変更の権限がチームへ与えられることで，チーム全

体の内発的動機づけが向上する (Wall et al., 1986)。さらに，チームが環境変化に直面した際の柔軟な対応も可能となる (e.g., Pearce & Ravlin, 1987)。

(2) 課題の相互依存性

課題の遂行体制は，チームワークの必要性を最も左右する特徴である。課題の相互依存性とは，チーム作業でメンバー間の協力・協調が必要とされる程度を指し (Stewart & Barrick, 2000)，作業の流れ (work flow) に基づいて図2-5に示す4種に分類される。

これらは集積的，連続的，返報的，集中的の順で相互依存性が高く，チーム

1. 集積型相互依存
各メンバーが他のメンバーと相互作用は交わさず，個別の作業結果の集約がチームの全体成果となる
例：文書作成やデータ処理の分担作業

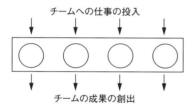

3. 返報型相互依存
あるメンバーの作業の結果が，別のメンバーの作業に必要とされ，その逆の作業の流れもあり，双方向で柔軟に調整される
例：病院の手術室チーム

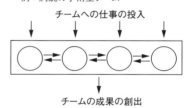

2. 連続型相互依存
あるメンバーの作業結果が別のメンバーの作業に必要とされ，一方向の順序で作業がメンバーの間を流れていく
例：製品の生産・組立ライン

4. 集中型相互依存
複数のメンバー間での協働が必須であり，作業が多方向へ同時に流れていく
例：研究開発チーム・自律管理型チーム

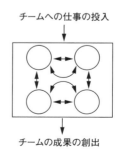

図2-5 チーム作業の流れに基づく課題の相互依存性 (Tesluk et al., 1997 を基に作成)

ワークの必要性も高くなる。課題の相互依存性が高いことが明白であれば、メンバー間でチームワークの必要性の認識は共有されやすい（Stewart & Barrick, 2000）。メタ分析の結果では、課題の相互依存性とチームのパフォーマンスとの間の正の関係が報告されている（Stewart, 2006）。ただし、課題の相互依存性は、常に高いほうが望ましいわけではない。手順が標準化されたルーティン課題では、相互依存性が高いとチームのパフォーマンスは低下する（Stewart & Barrick, 2000）。この場合には、メンバーの作業分担を固定し、相互依存性を抑えた方が、チーム全体の効率は高くなる。

(3) チーム目標の設定

課題達成の意義や重要性が高ければ、メンバーの動機づけは高まり、パフォーマンスも高くなる（Campion et al., 1993）。そのため、チームとしての全体目標の設定は、チームのパフォーマンス向上に有益である（O'Leary-Kelly et al., 1994）。チーム目標の効果の説明には、目標設定理論の枠組み（Locke & Latham, 1990）が用いられる。目標設定理論によれば、期待水準が具体的であり、かつ適度な困難さの目標が設定される場合に、達成への努力が明確な方向性を持って維持される。この予測は、チーム目標の設定の効果を検討したメタ分析においても支持されている（e.g., Kleingeld et al., 2011）。またチーム目標の設定は、計画の立案やメンバー間の協力などのチームワーク行動を促進する（Weldon & Weingart, 1993）。さらに、メンバーのチーム目標へのコミットメントの重要性も示唆されている。単に目標を設定するだけでなく、メンバーが目標を受け入れ、強く関心を持つほど、動機づけとパフォーマンスは高くなる（Aube & Rousseau, 2005）。

■ 第5節 ■

職場集団の活性化とチームの育成

職場集団の活性化とチームとしての育成を実現するための3つの原理がある

（Hollenbeck et al., 2004）。第1に，課題に適したメンバーを配属することである。つまり，適切な人材を選抜し，チームを編成する必要がある。第2に，メンバーに合わせて課題を設計することである。つまり，課題遂行の手続きや作業環境の適切な整備を行う。これら2つの原理を通じて，チームワーク発揮の準

表2-1　チームワーク向上方策の定義と要点

名称	定義	効果的な実践のための要点	主な研究例
チーム・デザイン	チームを構成するメンバーの編成，チームが取り組む課題の設計を通じて，チームワークが発揮されやすくなる準備条件を整備する方策	①チーム編成：課題に適した人員規模で，適切な人材を選抜し，チームへ配属する ②成果目標の設定：最終的に達成を期待する成果の水準を具体的に明示する ③課題の構造化：課題遂行の計画や手順を設定し，メンバーの業務分担を行う ④組織的支援策の構築：課題遂行に必要な資源や情報の提供，他部門・他部署との連絡体制の確立，教育訓練制度などを整備する	Hackman（1987） Stewart（2006）
チーム・ビルディング	チームメンバーの対人関係と社会的相互作用を改善するために考案された方策。課題や目標の達成のために，チーム内で生じる問題の発見と解決を図るためにも用いられる	①目標設定：個人とチームの双方において達成を目指す目標をメンバーたち自身で設定する ②対人関係の維持・構築：チーム内での意見の対立・葛藤の解決を目指した活動を通じて，対人関係スキルと相互信頼の構築を図る ③役割の明確化：各メンバーが果たすべき役割をチーム全体で協議し，相互理解を深める ④問題解決：職務遂行を阻害する問題点を発見し，チームとしてその解決方法（アクションプラン）を検討するとともに，改善度の評価計画を立案する	Dyer et al.（2007） Klein et al.（2009） Salas et al.（1999） Salas, Priest et al.（2005）
チーム・トレーニング	職務遂行におけるチームワークの発揮に不可欠なスキルの習得，その基盤となる知識，関連する態度の向上を目的とする方策。チームワークの理論的枠組みに基づき，複数の教授方略を組み合わせた訓練を実施する	①知識，スキル，態度の明確化：チームで取り組む課題を事前に分析し，その遂行に必要な知識，スキル，態度を明確化して，育成を目指す標的として位置づける ②実践演習と学習の転移の促進：実際の課題遂行場面に類似した環境での演習により，知識，技術，態度を活用・実践する機会を設ける ③フィードバックの提供：習熟度に応じたフィードバックの提供をし，それを踏まえた強化・修正機会を設ける	Salas & Priest（2005） Salas et al.（2001, 2008）

備条件を整備する方策が，チーム・デザインである。そして第3の原理は，課題に合わせてメンバーを変化させることである。これはチームとして協働するための研修や訓練を実施することを意味する。この研修や訓練には，チーム・ビルディングとチーム・トレーニングの2つの方策がある。

これら3つのチームワーク向上方策の定義と既往研究に基づく要点を表2-1に示す。以下に各方策の概略を述べる。

1. チーム・デザイン

チーム・デザインは，チームと課題を適切にデザインすることにより，活動を継続する中で良好なチームワークが醸成されるという基本的発想に立つ（山口，2008）。したがって，メンバーへの直接的な介入ではなく，チームに必要な人材の招集，課題遂行の手続きの改善などの方法がとられる。

自律管理型チーム（self-managing teams）の手法は，チーム・デザインの具体例である（Manz & Sims, 1993）。この手法は，1990年代に米国の製造業を中心に導入され，生産性と品質の向上をもたらした（Cohen & Bailey, 1997）。自律管理型チームでは，管理職が達成すべき最終成果の指定とチームメンバーの編成については事前に準備するが，それ以外のチームの短期的目標，リーダーの選定，役割分担，業務の進め方やルールなどは，すべてチームのメンバーが協議して決定する。つまり，チーム自体がチーム運営を自律的に管理する権限を持つことが大きな特色である。メンバーたち自身が，チームを自律的に運営していくことで，チーム全体としての目標の受け入れや，メンバー間での協調と円満な対人関係の構築が促進されると考えられている。

2. チーム・ビルディング

チーム・ビルディングは，組織開発やチームづくりの方法として広く普及している。業種を問わず，適用範囲が広いという利点を持つ。もとはチーム内におけるメンバーの対人関係や社会的相互作用を改善するために考案された方策であるが，現在ではチーム内に存在する広範な問題の発見とその解決を図る手

法として発展を遂げている（e.g., Klein et al., 2009）。

　チーム・ビルディングは，さまざまな演習を用いて実施される（e.g., Dyer et al., 2007）。たとえば，実際の職務遂行場面で直面する問題を題材にディスカッションを行うワークショップ形式や，対人関係やコミュニケーションの重要性に関して体験的に理解を促すゲーム形式の演習が実施される。また，一度の演習でチームに劇的な変化をもたらすことは難しいため，定期的に演習を実施していくことが必要となる。演習をミーティングの一部を使って短時間で行う場合もあれば，2 ～ 3 日間の合宿研修で長時間をかけて行うこともある。

　チーム・ビルディングの効果を検証した研究の多くは，チームワークの態度的要素をメンバーの主観的評定に基づいて測定し，それらが改善されたことを報告している（Salas et al., 1999）。またメタ分析の結果でも，チーム・ビルディングは，凝集性，相互信頼感，チーム効力感などの態度的要素に対し，特に促進的な影響を及ぼすことが示されている（Klein et al., 2009）。

3. チーム・トレーニング

　チーム・トレーニングは，航空と軍事の 2 つの産業領域を中心に開発が進められてきた（Salas & Priest, 2005）。実際の職務遂行場面でチームワークを発揮するためのスキルの習得を重視し，チームのパフォーマンスの改善を最終目的とする方策である。

　チーム・トレーニングでは，チームワークの理論的枠組みに基づいて，情報提供，具体的行動例の提示，実践演習の 3 つの教授方略を組み合わせて訓練が構成される（e.g., Salas et al., 2008）。情報提供とは，講義やコンピュータ教材などを通じたメンバーへのチームワークに関する知識の伝達である。具体的行動例の提示は，ビデオなどの視聴覚教材や実演によって行われ，メンバーに求められるスキルの具体的な理解を促す。実践演習とは，シミュレータ訓練やロールプレイなどを実施して，メンバーにスキルを実践する練習機会を与え，習熟度に応じたフィードバックを提供することである。

　航空界のクルー・リソース・マネジメント（CRM: Crew Resource Management）は，チーム・トレーニングの代表例である。CRM は多くの知

見が蓄積され，現在では石油・ガス，医療，電力など他産業へも普及している（Salas et al., 2001）。CRM では課題遂行上の問題点の分析に基づき，発揮すべきチームワーク行動に関連するスキルが定められている。トレーニングは，講義やディスカッションによるチームワークの重要性への気づき，異常事象対応のシミュレータ訓練での実践とフィードバック，さらに訓練の反復や映像記録に基づく振り返りなどを通じた継続的強化の 3 段階で構成される。CRM によるチームワーク行動の改善効果を報告した知見は多く，メタ分析ではチームのパフォーマンスの向上に最も効果的なトレーニング手法であることが示唆されている（Salas et al., 2008）。

　また，チーム内でのメンバーの役割と責任について，相互理解を促進する技法として，クロス・トレーニング（Volpe et al., 1996）がある。普段は他のメンバーが担当している役割の内容を知ることで，チーム全体として円滑に協調するための知識が獲得される。クロス・トレーニングには，他のメンバーの役割に関する情報の量と深さが異なる 3 つのタイプがある（Blieckensderfer et al., 1998）。第 1 の役割明示は，講義やディスカッションを通じて，担当役割に関する情報を得る。第 2 の役割モデリングは，シミュレータでの実演の観察，映像資料の視聴により，役割の詳細について学習する。第 3 の役割ローテーションは，シミュレータ訓練での課題遂行時に役割を交代し，他のメンバーの役割を実践することで，体験的に理解を深める。これらは第 1 ～ 3 の順で，他のメンバーの役割に関する豊富で深い情報が提供され，チーム内の共有メンタルモデルの醸成を促進し，的確なチームワーク行動を導く（e.g., Marks et al., 2002）。

　総じて，チーム・トレーニングは実践的な演習を通じて，メンバーが共通理解に至る重要な機会を提供する。チームワークの行動的要素の改善だけでなく，その基盤となる共有メンタルモデルやトランザクティブ・メモリー・システムなどの認知的要素も促進することが，メタ分析の結果で示されている（e.g., Salas et al., 2008）。

4. チームの学習と適応に向けて

　3 つのチームワーク向上方策の重視点をもとに，その主な標的を整理すると，

チーム・デザインはチーム編成と課題の設計（第4節），チーム・ビルディングはチームワークの態度的要素（第2節2.(3)），チーム・トレーニングはチームワークの行動的要素（第2節2.(2)）と認知的要素（第2節2.(4)）に対応づけられる。どの方策も万能ではないため，適宜，組み合わせてチームの育成を図る必要がある。

　また，いずれの方策も，既知の環境や課題を前提としたチームの育成に留まっている点に限界がある。現代の組織では，さまざまな環境や課題の変化が生じている。その変化に対応し，チームのメンバーには新しい知識やスキルを自律的に学習していくことが求められている。こうした変化に対するチームの適応力（team adaptability）の理論（Burke et al., 2006）が提案されており，実証的検討の必要性が指摘されている。

　チームの適応力は多くの変数を含む複雑な理論であるが，その一部を実証しているのがチーム・デブリーフィング（team debriefing）の研究である。デブリーフィングとは，チームで直近に従事した職務遂行の過程と結果を省察し，今後の協働での改善の方針と見通しをつける活動である（Tannenbaum et al., 2013）。シフト交代時，ミーティング，訓練後やプロジェクト終結時など，さまざまな場面を活用して，メンバーはチームワークの自己修正と改善に取り組める。その効果として，チームのパフォーマンスを約20 ～ 25% 向上するというメタ分析の報告もある（Tannenbaum & Cerasoli, 2013）。

　今後，チームの環境変化への適応と自律的な学習を実現するための諸条件について，さらに研究が進展することが期待される。

第3章

コミュニケーションの促進

■ 第1節 ■

コミュニケーションの基礎

　思い返してほしい。あなたは昨日，どれだけの人と，どのような目的で，どのような事柄についてコミュニケーションを取ったであろうか。わたしたちは，日々多くの人と接し，さまざまな役割のもとで，多種多様な社会的関係を築いている。他者の存在は，個人の感情・思考・行動に影響を与える。同時に，自分も他者に何らかの影響を与える存在である。このような社会的関係において，他者と自分との相互作用を円滑にし，両者の目的を達成する手段がコミュニケーションである。組織目標を達成するためには，円滑なコミュニケーションの促進が不可欠といえる。組織には明確な目標と役割が存在する。組織メンバーは各人の役割のもと，組織目標を効果的に達成するための目的に応じたコミュニケーションを求められる。組織内の円滑なコミュニケーションがなければ，それぞれの仕事の進捗や工程を共有・調整することができず，連携のないまま仕事を進めることになる。当然，多くの部署・役割の分業はうまくいかず，目標の達成はおろか，感情のもつれも生じかねない。また，日々の仕事を通じて組織内にはさまざまな知識が蓄積されていくが，互いのコミュニケーションがなければ，この知識も伝達されないままになってしまう。

　本章では，組織におけるコミュニケーションの促進について，コミュニケーションの基礎をはじめ，コミュニケーション事態におけるミス・コミュニケー

ション，組織におけるコミュニケーションの特徴や組織内葛藤，ICTを活用したコミュニケーションに着目する。これらのトピックスから，組織におけるコミュニケーションを促進するための手がかりを探る。

1. コミュニケーションの概念と基本原理

Oxford Advanced Learner's Dictionary（7th）をひくと，communicationとは「the activity or process expressing ideas and feelings or of giving people information."考えや感情を表現したり，人々に情報を与えたりする活動あるいは過程"」であると記されている。すなわち，コミュニケーションには「伝達行為」だけではなく「伝達過程」も含まれる（磯，2009）。コミュニケーションの語源はラテン語の"communis"であり，これは"common（共有の）"に近い意味を持つ。語源から考えると，コミュニケーションの根底には，情報を伝達するだけでなく，コミュニケーションに関わる人々の間での情報の共有や分かち合いが含まれている。さらに言えば，伝達され共有された情報を理解することがコミュニケーションの成立に必要であるという（磯，2009）。

コミュニケーションの研究は極めて学際的な性質を持っている。そのため，その意味内容は非常に複雑で，多くの側面を含んでいることから，概念定義も多岐にわたる。石井（1993）は，人間のコミュニケーションについて一般的に認められている代表的な基本原理として以下の6点をあげている。

①コミュニケーションは，相互行為の過程であり，過程は送り手，受け手，メッセージ，チャネル，ノイズのような構成要素で成り，各構成要素は個別ではなく全体として組織的に機能する。

②コミュニケーションは意識および無意識の両レベルで成立する。たとえば，コミュニケーション場面において，言葉では肯定的なメッセージを送っていても，表情は冷ややかで相手から視線を逸らすなど，無意識に本音が漏れだすようなこともある。

③コミュニケーションは不可逆的である。コミュニケーションにおいて一度発してしまったメッセージを取り戻すことはできない。発したメッセージ

を訂正した場合は，すでに新たなメッセージになってしまう。

④コミュニケーションは動的である。コミュニケーションは常に変化し，変化するコミュニケーションの動きを停止することはできない。

⑤コミュニケーションは組織的である。コミュニケーションには様々な要素や条件が関与するが，それらは全体として有機的に関連しあった組織として機能する。

⑥コミュニケーションは適応の性格を持つ。コミュニケーションに関わる人間は，意図的または非意図的に，相手や条件等に適応しようと努める。

2. コミュニケーションの基本的構成要素と相互過程

石井（1993）の基本原理のとおり，コミュニケーションは「相互作用の過程」であり，その過程は以下の要素によって成り立つ。

①送り手：伝えたい内容を言語的・非言語的なメッセージとして記号化する発信者

②受け手：送り手が発信した言語的・非言語的なメッセージを解読する受信者

③メッセージ：送り手が受け手に伝えたい内容そのもの

④チャネル：メッセージを伝える伝達経路

⑤ノイズ：コミュニケーション環境における雑音や言い間違い，語彙力や理解力の低さなど，メッセージの記号化と解読に影響を及ぼす諸要因。

コミュニケーションにおいて，送り手と受け手は一方向ではなく双方向の連続した過程であり，送り手のメッセージの記号化と受け手の解読とが相互に交換される。このようなコミュニケーションにおける特徴は，少数の人々で交わされる対面時のコミュニケーションほど強い。しかし，少人数でのミーティングと大人数の会議とでは，同じ対面時でもコミュニケーションの方向や流れは異なる。コミュニケーションに関わる人数が増えるほど，コミュニケーションの双方向性は低くなり，送り手から受け手への一方向的な特徴が強くなる。特

に，テレビや新聞等のマス・コミュニケーションは，対人場面におけるコミュニケーションとは異なり，コミュニケーションは送り手から受け手へ一方向へ流れる。組織内における社報や一斉送信メールにおいてもこの特徴が見られる。

3. コミュニケーションにおけるさまざまなチャネル

コミュニケーションにおけるメッセージは，さまざまなチャネルを通して送り手から受け手に伝達される（図3-1）。

送り手が受け手に対して謝罪の気持ちを伝えようとする場面を思い浮かべてほしい。対面であれば，そのメッセージは，「ごめんなさい」という言葉（音声的な言語的チャネル）によって伝えられる。この「ごめんなさい」という言葉には，声の抑揚や強さ，アクセント，発話速度など，音声的な近言語的チャネルが付随する。近言語はパラ言語（para-language：近言語，準言語ともいう）とも呼ばれ，音声的な言語チャネルに必ず付随し，メッセージの内容を効果的に伝える役割を持つ。

対人コミュニケーション・チャネル

音声的
- 1）言語的（発言の内容・意味）
- 2）近言語的（発言の形式的属性）
  - a. 音響学的・音声学的属性
    （声の高さ，速度，アクセントなど）
  - b. 発言の時系列的パターン
    （間のおき方，発言のタイミング）

非音声的
- 3）身体動作
  - a. 視線
  - b. ジェスチャー，姿勢，身体接触
  - c. 顔面表情
- 4）プロクセミックス（空間の行動）
  対人距離，着席位置など
- 5）人工物（事物）の使用
  被服，化粧，アクセサリー，道路標識など
- 6）物理的環境
  家具，照明，温度など

注：2）以降が非言語的コミュニケーションである

図3-1　対人コミュニケーション・チャネルの分類（大坊，1998）

第3章　コミュニケーションの促進

　また，メッセージの伝達は言葉によってなされるとは限らない。相手を前に言葉にならず，深々と頭を下げることによって謝意を表すこともあるだろう。通常，対面時は図3-1の音声と非音声双方のチャネルを通してメッセージが伝達されるが，送り手の言語スキルや意図，コミュニケーション状況によって，メッセージの伝達経路として選択されるチャネルは異なる。たとえば，親しい相手の近くに座り，日ごろ関わりのない相手とは適度な距離を保って座ることがある。これは，非音声的な対人距離のチャネルを用いて，暗に親疎関係を表しているといえる。

　なお，メッセージの伝達手段は「メディア」と呼ばれる。メディアには，対面，電話，メール，FAX，手紙，社内報，近年ではSNSなどがある。コミュニケーションにおけるメッセージ，メディア，チャネルとの関係を整理すると，伝えたい情報（メッセージ）を，どのような手段（メディア）を用いて，どのような経路（チャネル）で伝えるか，ということになる。電話では音声的なチャネルは使用できても，表情のような非音声的チャネルは使用できない。また，手紙や電子メールでは，メッセージを伝える経路として非音声的な文字言語以外のチャネルを使用することはできず，コミュニケーションにおいて受け手が送り手の感情や意図を推測する手がかりが乏しくなる。コミュニケーションにおけるメッセージ伝達経路としてのチャネルは，対面時ほど多く，手紙や電子メール等の文字言語によるコミュニケーションほど少なくなる。

4．言語的コミュニケーションと非言語的コミュニケーション

　言語的チャネルと非言語的チャネルを用いたコミュニケーションは，それぞれ言語的コミュニケーション（verbal communication），非言語的コミュニケーション（nonverbal communication）と呼ばれる。以下では，それぞれの特徴と両者の独立性，コントロール性について記す。

（1）言語的コミュニケーション

　言語的コミュニケーションは，音声言語（話し言葉）と文字言語（書き言葉）に分けられる。前項チャネルにおいて述べた通り，わたしたちが誰かと対面や電

話で会話をするような音声言語による言語的コミュニケーションには，必ず言語に非言語的な側面が付随する。たとえば，声の高さや速度，アクセント，会話時の間の置き方や発言のタイミングなどのパラ言語などである。「ありがとう」という言葉を伝えるとき，甲高くアクセントの利いた早口で伝える場合と低音でゆったりと抑揚をつけて伝える場合とでは，それぞれ「ありがとう」という言葉は同じであっても，伝わる感情や印象は異なる。

(2) 非言語的コミュニケーション

　言語を用いないコミュニケーションの代表的なものとして身体動作があげられる（図3-1）。身体動作には，視線やジェスチャー，姿勢，顔面表情などがあげられ，言語を強調したり補完したりする機能を持つ。「ありがとう」という謝意を伝える際に，目を潤ませて相手を見つめることもあれば，言葉とは裏腹の浮かない表情や「目が泳ぐ」こともあるだろう。相手との意思疎通のためのアイコンタクトや，言葉にできない不満を伝えるために相手をにらみつけるなど，非言語的コミュニケーションにおける視線は，送り手の意図や感情を表現するための主たるチャネルになる。挨拶時の会釈，面接や商談場面における姿勢を正した座り方，言葉では表現しづらい形をジェスチャーや身振り手振りで伝えるなど，非言語的コミュニケーションにおける身体動作は，送り手のメッセージを伝達し，送り手と受け手の共有・理解を促す。

　また，コミュニケーション時の受け手の反応も重要である。受け手の送り手に対する頷きや相槌は共感を表し，送り手の受け手に対するポジティブな対人感情や評価，送り手・受け手双方のコミュニケーションに対する満足度などを促進する。その反面，受け手の無表情や関心のない表情，頷きや相槌などの乏しさは，送り手の受け手に対するネガティブな対人感情や評価をまねく。

　このように，言語そのものの使用，選び方だけでなく，言語表現を豊かに彩るパラ言語や感情を効果的に伝える視線，表情，ジェスチャーなどを同時に使用しながら，コミュニケーションはマルチチャネルによって成立する。

(3) 言語・非言語的コミュニケーションの独立性

　言語と非言語には独立性があり，コミュニケーション内で言語と非言語の表

す意味が異なることもある。たとえば，昇進して「おめでとう」と言われた際に，相手が笑顔で握手を求めていたら言語と非言語の表す意味は一致し，相手は自分の昇進を喜んでくれたと認知されるであろう。しかし，「おめでとう」と言いながらもどことなく冷ややかで視線が合わないようであれば，言語と非言語との間には，言語的に表出されたメッセージとは矛盾する非言語的なメッセージの2つが存在することになる。そのような場合，たいていは言語よりも非言語的なメッセージに本音が反映されやすい。このようなダブルバインドのコミュニケーションは，社交辞令や本音と建前をはじめ，ビジネスシーンでの駆け引きなど，日常的に見られる。

　また，言語と非言語とでは，同じことを伝えた場合でもその伝わり方，受け手に与える影響は異なる。発言内容といった言語的コミュニケーションよりも顔面表情とパラ言語といった非言語的コミュニケーションのほうが印象形成に及ぼす影響が強く，全体の印象の93％を決定することが実験によって明らかにされている（Mehrabian & Wiener, 1967）。

（4）言語・非言語的コミュニケーションにおけるコントロール性

　コミュニケーション時におけるコントロールのしやすさの観点から見ると，言語は非言語に比べてコントロールしやすい。言語は頭の中で思考し組み立ててから発することができるため，本音とは異なることでも言葉を選び当たり障りのないことを言うことができる。しかし，うわさ話をしていたところに本人が突然現れて動揺したときなど，言葉は取り繕うことができても，咄嗟の驚いた表情やいつもより早口な話し方など，非言語のコントロールは容易ではない。相手に対する否定的な感情を悟られないように努めていても，視線や表情，相手との対人距離の取り方，体の向きなどから，送り手の否定的感情が漏れ出すこともある。

■ 第 2 節 ■

コミュニケーションにおけるミス・コミュニケーション

「誤解はつきもの」と言われるように，コミュニケーション場面では，十分な
コミュニケーションをしたつもりでも誤解やコミュニケーションの不具合が生
じる。送り手の意図や伝えたい内容が受け手に適切に伝わらないコミュニケー
ション事態は，ミス・コミュニケーションと呼ばれる。以下では，ミス・コミ
ュニケーションにつながる要因について，言語の抽象作用に着目し，説明する。

1. 言語的コミュニケーションに生じる抽象作用

　成毛（1993）は，言語的コミュニケーションの特徴を「抽象作用」から考察し，
言語的コミュニケーションの伝達する意味内容を説明している（図 3-2）。言語
は抽象的なものである。たとえば，ペットの猫の愛くるしさや旅先で心を奪わ
れた美しい新緑の山々について，語彙豊かにどれだけ言葉を尽くしても，対象
に対する感情や物理的現実を正確無比に伝えることはできないであろう。言語
が抽象的なものであるということは，物理的現実をありのままに伝えられるわ
けではなく，言語化の過程で伝達内容の取捨選択が行われたり脱落が生じたり
する。コミュニケーションの過程でどのように「抽象作用」が生じているのか，
図 3-2 の I から VI のステップごとに，A から E および 1 から 3 の各要素を概説
すると次のようになる。

　　　I - A：送り手の生活する環境
　　　I - B：送り手が五感で知覚できる範囲
　　　II - C：送り手が注意を向ける対象範囲（話したい内容）
　　　III - D：送り手の話したい内容の言語による思考
　　　IV - D：送り手の話したい内容の言語化
　　　IV - E：受け手が受け取る情報
　　　V - 1：受け手に伝わった意味

第3章 コミュニケーションの促進

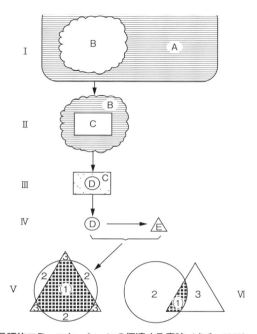

図 3-2 言語的コミュニケーションの伝達する意味 (成毛, 1993)

Ⅴ-2：受け手に伝わらなかった送り手の意図する意味
Ⅴ-3：話し手が意図していないのに，受け手が付け加えてしまった意味
Ⅵ ：価値観の非常に異なる人同士のコミュニケーション例（1の重なりが小さい）

　図3-2のステップを追っていくと，われわれが生活する物理的環境はすべて知覚できるわけではない。誰かの話し声（聴覚）や目にしている文書や部屋の様子（視覚），ホットコーヒーのにおいや味（嗅覚・味覚），部屋の温度（触覚）など，送り手が知覚できる環境はほんの一部であり，物理的環境とは異なる（ステップⅠ）。このような中で，送り手が手にした文書に注意を向け（ステップⅡ），同僚に伝えようと頭の中で思考する（ステップⅢ）が，この時点でもとの情報は取捨選択され，文書全体の中でも送り手が注意を向けた情報が切り取ら

51

れる。さらに送り手が伝えたい内容を言語化する過程で情報はまるめられるため，言語化した情報は曖昧で不確実さを伴いながら受け手に伝わる（ステップⅣ）。ステップⅤとⅥは送り手の意図が受け手に伝わった程度を表すが，いずれも網掛けされた１部分の重なりが大きいほど，情報が共有され，理解されたことを表す。

　１の部分を大きくするためには，両者の「共通の基盤」が重要な役割を果たす。共通の基盤とは，経験によって蓄積された両者の共有理解のよりどころとなるものである。たとえば，送り手が「決算報告準備」について伝えた場合，これまでに決算報告の準備を経験しているか否かによって，送り手が受け手に送った情報の伝わり方，受け手が理解できる範囲，送り手の情報から受け手が推測を広げる内容などに違いが生じる。情報がどのように共有・理解されるかということは，最終的には受け手次第ということになる。共通の基盤が少ないほど，お互いの共有を促すための「擦り合わせ」を要するため，労力の多いコミュニケーションになる。一方，共通の基盤が多いほど，少ない情報から相手の意図を理解したり推論したり共有がされやすく労力は少なくなるが，一方では情報理解における受け手の「先走り」や情報を細部まで伝えなくても「伝わると思った」という送り手の油断が生じやすい。そのような場合は，コミュニケーション事態が適切に伝わらないミス・コミュニケーションを起こしやすくなる。

2. 透明性の錯覚がミス・コミュニケーションに及ぼす影響

　岡本（2011）は，ミス・コミュニケーションにおける誤解に影響を与える要因として，透明性の錯覚をあげている。透明性の錯覚（illusion of transparency）とは，自分の心の中が相手にも知られている，理解されていると過剰に思い込む認知的バイアスのことである。送り手と受け手のコミュニケーションを成立させるためには，送り手のメッセージを受け手が理解しなければならない。このとき，受け手に送り手のメッセージを理解してもらうためには，受け手の視点に立って，受け手が情報を十分に理解できるようなメッセージを送る必要がある。すなわち，情報伝達の前提となる「共通の基盤」を持たない他者が理解しやすくなるよう受け手へのチューニングを行う必要がある。しかし，透明性

の錯覚により，送り手がメッセージを送信する際に，受け手が事情をわかって
いると過信してしまい，受け手の視点を十分に念頭に置いたメッセージを送ら
なかった場合は，誤解が生じやすくなるという。また，透明性の錯覚が働くと，
受け手が誤解していることに送り手が気づきづらくなる可能性もあるという。

3. ミス・コミュニケーション事態とその原因

　先述した通り，言語化の過程では抽象作用が生じるため，言語を用いたコミ
ュニケーションでは，送り手の伝えたい内容を網羅して完全に言語化すること
はできない。送り手がどんなに豊かな語彙や表現を用いたとしても，受け手が
それを理解できるとは限らず，言葉に対する感性が異なれば，いっそう相互理
解は難しくなる。したがって，言語を用いたコミュニケーションは，そもそも
送り手と受け手間の認識のズレが生じやすいという前提があり，そのズレをで
きるだけ小さくするようなコミュニケーションを心がける必要がある。
　岡本（2011）は，ミス・コミュニケーションが生じる要因として以下の8つ
をあげている。

　①非伝達：送り手が伝えるべきことを伝えようとしない。
　②誤伝達：送り手が事態を誤って伝える。
　③欺瞞・誤誘導：送り手が事態を故意に歪めて伝える。
　④看過・無視：受け手がメッセージに気づかないか，気づいても無視する。
　⑤理解不能：受け手が何も推論できない。
　⑥誤解：送り手の意図と受け手の推論が異なり，事態が正しく伝わらない。
　⑦過剰推論：送り手が何も意図していないのに受け手が勝手に推論する。
　⑧曲解：送り手が意図したことを受け手が故意に歪めて推論する。

　ミス・コミュニケーションが生じる要因（岡本，2011）を見ると，ミス・コ
ミュニケーションは言語の抽象化作用や共通の基盤の影響だけでなく，送り手
と受け手のネガティブな意図も関連するといえよう。

■ 第3節 ■

組織におけるコミュニケーションの特徴

1. 職場の人間関係とコミュニケーション

　職場や職場における人間関係は，1日の3分の1を職場で費やすわたしたちにとって重要なものである。社会には，官庁や民間企業，研究機関，学校，NPOなど，さまざまな組織が存在する。多くの人が，何らかの組織に所属し，そこを職場として，仕事に従事している。

　馬場（1983）は，「明確な目的・目標をもち，その達成をはかる活動」，「共通の目標達成のために持続性をもって協働する人々の集まり」，「目標達成のための地位・役割の分化，権限の階層などの構造」を組織の特徴としてあげている。すなわち，組織における人間関係とは，お互いの親密さによって形成されるのではなく，共通目的のもとに組織された社会的契約のもとに成り立つといえる。

　職場という組織において，多くの人々が協働し，目標を効率よく達成するためには，仕事とそれを調整するための十分なコミュニケーションが必要である（Barnard, 1938）。組織におけるコミュニケーションの主たる目的は，情報の伝達と共有である。一般的に，組織には，上司と部下のようなタテの関係，同僚間，部署や職種間の連携のようなヨコの関係が存在し，コミュニケーションは複雑なものになりやすい。そのため，正確で的確な情報の伝達は，たやすく達成されるものではない。また，ホーソン研究（Mayo, 1933）によって明らかにされたように，仕事への動機づけは，職場の人間関係，とりわけインフォーマルな人間関係に影響される。

　しかし，厚生労働省（2019）によると，仕事や職業生活に関する強いストレスを感じている労働者の割合は58.2％であり，そのうち「対人関係（セクハラ・パワハラを含む）」に起因する強いストレスや悩みを抱える労働者が30.6（男性26.0，女性36.4）％であることが報告されている。先述したミス・コミュニケーションの要因（岡本，2011）からもわかるように，コミュニケーションの相手に対してネガティブな感情を持っている場合は，コミュニケーションが抑制されたり，情報が歪められたり，職務を遂行するための十分なコミュニケーシ

ョンが妨げられることもある。個人的な感情がコミュニケーションに影響を及ぼすのであれば，組織目標を達成するための円滑で積極的なコミュニケーションは，重要であるからこそ難しいともいえる。

2. 組織集団の機能

　山口（1994）は，集団が成立するための特性として，①メンバーに共通の目標，②役割が分化されていると同時に全体として統合されている，③集団目標達成のためのコミュニケーションと協力関係，④集団への魅力や愛着を感じる，⑤規範（メンバーが共有する価値観・態度）の存在，⑥仲間意識があり，集団の内と外を区別する意識がある，の6つをあげている。ウィーク（Weick, 1969）や久米（1993）は，コミュニケーションは組織の中の多くの現象の一部なのではなく，コミュニケーションによって組織が作られているという見方を示し，コミュニケーションは組織化のプロセスそのものであると捉えている。また，集団の機能は，「メンバーの注意を目標に向けておく」，「問題をはっきりさせる」，「手続き・計画を進める」などの集団の目標達成に関する目標達成機能と「対人関係を快適なものに保つ」，「紛争を仲裁する」，「励ます」などの集団自体の維持と強化に関する集団維持機能に大別することができる（Cartwrite & Zander, 1953）。これらの観点から，集団を成立させ，集団を効果的に機能させるためにはメンバー間のコミュニケーションが不可欠であることは明らかであろう。

　コミュニケーションの機能的側面に着目すると，コミュニケーションは何らかの目的を達成する手段としての道具的コミュニケーション（instrumental communication）と，雑談を楽しむようなコミュニケーションを行うこと自体が目的である自己完結的コミュニケーション（consummatory communication）に分類することができる（小川, 2010）。組織におけるフォーマルなコミュニケーションは基本的には前者であり，情報共有や課題解決などの目標志向性を持った道具的コミュニケーションといえる。これに対し，ランチでのおしゃべりや仕事の合間の息抜きなどでなされる情報交換などは自己完結的コミュニケーションといえる。

　また，大坊（1998）は，ソーシャル・スキルの構成要因として，①対人コミ

ュニケーション（記号化・解読），②察知・推測（メタ・コミュニケーション），
③対人認知・状況理解，④自己表現（開示・呈示），⑤対人関係の調整，⑥社会
そして組織にある文化規範・規則，⑦個人属性をあげている。ソーシャル・スキ
ルの中心は対人コミュニケーションとしての記号化と解読であるというが，組
織におけるコミュニケーションにおいては，いっそう⑥の要因が強くなる。会
議における発言1つをとっても，新人の発言が許されるか否か，職場や組織に
ある文化規範・規則に則り記号化と解読をしなければ，メンバーからの受容や
職場集団への適応は難しくなる。職務達成を目指すフォーマルな道具的コミュ
ニケーション，コミュニケーションそのものを楽しむインフォーマルな自己完
結的コミュニケーションのいずれにおいても，組織の文化規範・規則がメンバ
ーのコミュニケーションに影響を及ぼす。

3. 組織における分業とコミュニケーション

ロビンス（Robbins, 1997）は，組織におけるコミュニケーションの役割とし
て，①統制，②動機づけ，③感情表現，④情報の4つをあげている。組織にお
けるコミュニケーションは，組織の目標達成のために公式・非公式に統制され，
目標に向けて動機づけられ，不満や満足といったさまざまな感情を表現し，仕
事に必要な情報を提供する役割を持つのである。シャイン（Schein, 1978）の
組織の3次元モデルのとおり，組織には水平方向の職能や垂直方向の階層があ
り，それぞれの役割に応じて分業がなされる。水平方向の次元は，効率的に仕
事をするための「水平方向の分業」，垂直方向の次元は，組織を統合するため
の「垂直方向の分業」と呼ばれる（山口，2007）が，分業によってコミュニケ
ーション形態にも特色が見られる。水平方向の分業では，効率よく連携するた
めのコミュニケーションがなされ，垂直方向の分業では，上位者と下位者の間
で指示・命令をする，されるというコミュニケーションがなされる。以下では，
それぞれの分業に応じたコミュニケーションについて述べる。

（1）垂直方向における上位者から下位者へのコミュニケーション

これは，組織目標達成のための職務を管理する上位者から下位者に向けられ

るコミュニケーションである（下方向のコミュニケーション）。松原（2008）によると，カッツとカーン（Katz & Kahn, 1978）は下方向のコミュニケーションの特徴について以下の5点をあげている。すなわち，①特定の課業に関する指示，②仕事の手続きや実践に関する情報，③仕事あるいは，他の仕事との関係を理解させるための情報，④部下の仕事の結果のフィードバック，⑤組織目標を教え込むための情報である。①から③は職場適応の基本であり，④と⑤はメンバーの仕事に対するモチベーションや企業へのコミットメントを醸成する点において，重要な役割を果たすという。これらは，明確な地位や上下関係に基づいた公的勢力を持ち，職場全体としての機能をまとめるためのコミュニケーションといえる。しかし，コミュニケーションが行き過ぎ，相手が何らかの苦痛を感じる場合は，パワーハラスメントとして受け取られるおそれがある。職業教育としてのOJT（On-the-Job Training；現任訓練）や仕事におけるメンターからのアドバイス，指導上のコミュニケーションも，下方向のコミュニケーションといえる。

（2）垂直方向における下位者から上位者へのコミュニケーション

　これは，下位者から上位者に向けられた上方向のコミュニケーションである。業務に関連したいわゆるホウ（報告）・レン（連絡）・ソウ（相談）がこれにあたる。仕事の進捗状況や業績，効果，チーム内の人間関係にまつわる問題など，下位者から上位者へなされる報告や相談の内容は多岐にわたる。一般的に，上位者になるほど現場や末端の仕事に携わることはなくなり，進捗状況や問題に直接関わる機会は少なくなる。そのため，上位者が職務全体を把握し，組織目標の達成に向けて職場を管理・統括するためには，部下からの上方向のコミュニケーションが必須になる。

（3）水平方向のコミュニケーション

　チームメンバーだけでなく異なる部署や職種間の人々など，比較的同じレベルの人々との間で交わされるコミュニケーションである。垂直方向の分業における下方向・上方向のコミュニケーションでは，命令・指示をする，されるという明確な方向のもとで情報共有と方向性の確認・修正等に関するコミュニケ

ーションが主となるが，水平方向のコミュニケーションではそれぞれの役割の
もとで仕事を割り振り，その内容に応じた連携・共有がなされる。商品を市場
で販売するためには，企画・製作・営業・経理・流通・販売など，さまざまな
職能と役割がある。部門間での連携がスムーズにいくよう，お互いの役割を確
認し，互いに仕事を分担し，それぞれの進捗や納期，人的・物理的資源等を共
有しなければならない。その過程では，複数の部署や役割，人が協働するため
に，互いの利害や期待を調整するためのコミュニケーションが必要になる。水
平方向のコミュニケーションでは，「説得的内容」というコミュニケーションの
特徴が見られる（馬場，1983）。水平方向のコミュニケーションは，下方向のコ
ミュニケーションのように公式の正当性勢力や明確な上限関係を持たない。そ
のため，同等の相手から情報を引き出したり，意向に応じてもらったりするた
めには，情報自体に魅力を持たせ，送り手としてもその情報の持つ魅力を効果
的に伝達しなければならないという。

　また，水平方向の分業では，組織や職場にはいくつものチームが存在する。そ
れぞれのチームにおける良好なチームワークは，組織目標の達成を促進させる。
チームワークの良好さを捉える3つのレベルにおいて，各自が適切に職務を報
告，連絡，相談を通して密なコミュニケーションをとり，協力的な人間関係の
中で円滑な連携が取れている状態がチームワークの基礎になる（古川，2004）。

4. 職務遂行の基礎を成すコミュニケーション能力

　日本経済団体連合会（2018）は，新卒採用に関するアンケートの中で，新卒
採用選考にあたり特に重視した要素（5つまでの複数回答）を企業に尋ねてい
る。その結果，2003年度調査から15年連続で，最も重視されていることはコ
ミュニケーション能力であることが明らかにされている（図3-3）。2007年度調
査以降，80％前後の企業が選考採用時にコミュニケーション能力を最も重視し
ているが，同2位の主体性との間には，毎年20ポイント前後の差があり，コミ
ュニケーション能力は，すべての職務において基礎を成すことがうかがえる。

　コミュニケーション能力は，新卒採用者のみに重視されているわけではない。
日向野・小口（2003）は，「高ストレス下で健康を保つ人が有するパーソナリ

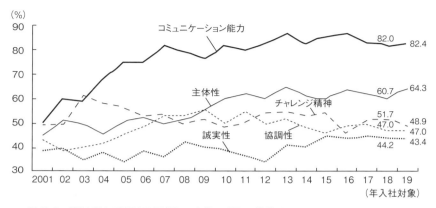

図 3-3 「選考時に重視する要素」の上位 5 項目の推移（日本経済団体連合会, 2018）

ティ」(Kobasa, 1979) と定義され，コミットメント，コントロール，チャレンジの 3 つの側面から構成されるハーディネス (Kobasa, 1979；Orr & Westman, 1990) の観点から，管理職適性を探っている。同研究では，40 代の職位（管理職・非管理職）と人事考課に基づいた 30 代の今後の管理職としての期待度（期待度高・期待度中・期待度低）により，ハーディネスの差異を検討した。主たる結果として，30 代期待度高群は中群よりも，30 代期待度高群は 40 代管理職よりも，対人コミットメントが有意に高かった。対人コミットメントとは，顧客や仕事仲間などの周囲の人間関係にコミットメントする傾向である。現職の管理職よりも今後の管理職として期待される 30 代のほうが対人コミットメントが高かったということは，管理職として，内外の人間関係に積極的に関わる，すなわちコミュニケーションを築ける人材が求められるといえる。

5. 職場におけるコミュニケーションの問題

職場におけるコミュニケーションの問題として，田原 (2009) は次の 3 点をあげている。第 1 に，部門間，上司 − 部下間の情報伝達には，経験や職種内容の差異によるギャップがある。第 2 に，部下は上司からの評価を恐れて，都合の悪い情報や，上司に対する批判を伝達しない。第 3 に，嫌われたくないという

心理から，相手にとってネガティブな情報を伝達したがらない。これらのコミュニケーションの問題は，ミス・コミュニケーションの原因にもなり得る。コミュニケーションにおける伝達の歪みを防ぐために，①送り手と受け手の信頼関係，②役割分担や職務課題の明確な理解，③情報伝達のためのシステムの整備が重視されている（田原，2009）。特に，人間関係に起因するコミュニケーションの問題については，信頼する相手には，ネガティブな情報であっても正確に伝える傾向があること，上司－部下間の関係においては，上司が伝達した情報をきちんと活用し，より上位の意思決定において利用してくれるであろうと確信が持てるときに，部下から上司への情報伝達は促進され，歪みのないものになるという。

■ 第4節 ■

葛藤解決手段としてのコミュニケーション

1. 対人葛藤・組織内葛藤

　組織の効率よい目標達成は，成員のさまざまな分業とそれを支えるコミュニケーションによって成り立っている。同一組織内でも，職種や部門，職位等により，それぞれが担う役割は異なるため，組織内でも同一案件において重視する項目や優先事項が異なることもある。たとえば，できるだけコストカットをしたい経営陣の方針と，多少割高でも機能的でより良いものを造りたい現場の思い，また機能性よりもデザイン性を求める営業との間では，意見がぶつかることもしばしばである。それだけでなく，上司の方針や指示と部下の仕事の進め方が一致しないことや，職場における配置，勤務時間，業績や給与評価，役割などが個人の価値観や期待とそぐわない場合など，さまざまな要因が職場内葛藤の原因になり，コミュニケーションに緊張をもたらす。

　また，ネガティブな個人的感情は，職場におけるコミュニケーションの問題で述べたとおり，円滑で必要十分なコミュニケーションを妨げる要因にもなる。相手に対して否定的感情が存在する場合，相手の行動や行動の意図がネガティ

ブに歪められやすくなってしまう（e.g., 岡本, 2011）。互いに売り上げ業績を高めたいという共通の目的がありながら，お互いの主張や立場が対立してしまうこともある。

　対人間や集団間など，人と人との間で生じる意見や利害の対立を対人葛藤（interpersonal conflict）という。対人葛藤は対人間のさまざまな問題について生じるが，トーマス（Thomas, 1992）は，対人葛藤の原因を願望や期待，要求などの目標の相違から生じる「利害葛藤」，意見や見解などを含む判断の相違から生じる「認知葛藤」，道徳や正義，倫理などの行動基準の相違から生じる規範葛藤に分類している。このような対人葛藤は，「見解の相違」，「妨げ」，「否定的感情」の3つに分類することができる（Barki & Hartwick, 2004）。「見解の相違」とは，他者の間に生じた意見の相違のことであり，価値観，意見，態度，関心，目的や目標の不一致も含まれる。「妨げ」は，他者によって個人の目標や関心ごとの達成を妨害されたり，反対されたりするような状況を指し，「妨げ」は対人葛藤の中核とみなされることが多い。「否定的感情」は，対人場面において他者との間に見解の相違や妨げを知覚したときに生じるものであり，怒りや不満などの否定的感情によって特徴づけられる人間関係の衝突を意味する。

　大西（2002）は，企業に勤務する423人を対象に，同じ職場のメンバーとの間に対人葛藤を経験したことがあるか回答を求めている。その結果，対人葛藤の経験が思いつかなかった人は4人のみであり，419人は職場における対人葛藤の経験があった。対人葛藤の内容について尋ねたところ，「礼儀作法・言葉遣いに関すること」（48％）や，「仕事に対する姿勢や努力に関すること」（45％）が多くあげられた。また，藤森（1994）によると，対人葛藤は，上司との間にもっとも多く（50％），同僚（36.7％），部下（11.3％）の順に低くなることが明らかにされている。

2. 葛藤解決方略

　対人葛藤が生じた場合，どのような方略をとれば，互いに満足できる解決につながるのであろうか。対人葛藤を知覚すると，個人は対人葛藤の解決に動機づけられる。対人葛藤を解決するための方法は，葛藤解決方略と呼ばれる。ト

ーマス（Thomas, 1976）は，葛藤解決において自己の利益や願望を優先させたり，自分の主張を押し通したりする「自己主張性」と相手の利益や願望にも配慮する「協調性」の高低により，「協働」，「競争」，「譲歩」，「回避」，「妥協」のいずれになるか，葛藤解決方略の5類型を提唱した。このうち「協働」は，葛藤解決にあたり他の方略以上に忍耐と労力を要するが，最も建設的で互いの利益を最大化する方略である。

　大西（2002）は，対人葛藤発生時における解決方略を，「統合方略」（双方が受け入れられるよう協力的で建設的な方略），「消極的方略」（相手に合わせた服従的な方略），「第三者介入方略」（第三者に解決の手助けをしてもらう方略），「支配方略」（自分の主張を押し通すような方略）に分類している。これら4つの方略うち，統合方略のみが，対人葛藤の結果に対する満足感と，相手との関係の良好性を高めることを明らかにしている。また，対人葛藤の発生時には葛藤をどのように解決したいかという葛藤解決目標が関係しており，組織内の利益や関係性がよくなることを目指す「組織目標」が統合方略に最もつながりやすかった（大西，2002）。この結果から，組織内における対人葛藤においては，職務上の目標を達成するためにはどうしたらよいのか，どのようなコミュニケーションをとれば問題解決につながるのかを意識することによって，葛藤の当事者双方が納得しやすいポジティブな葛藤解決が促進されると考えられる。

　また，相手のミスを指摘する場面は，対人葛藤を生じやすい状況の1つといえる。日向野・小口（2002）は，苦手な部下のミスを指摘する場面における苦手意識を検討し，対人苦手意識のうち，相手の自分に対する反応や否定的評価を気にする傾向である「懸念」は，年齢にかかわらず職位が高いほど低いことを明らかにしている。一般的に，上位職についている者の年齢は高いことが予想され，年齢が上がるほど職場でのコミュニケーションも経験豊富であろう。しかし，苦手な部下のミスを指摘する際の懸念について年齢による差異がないということは，そのような苦手意識をコントロールできるものほど，上位職についていると考えられる（日向野・小口，2002）。このような結果は，葛藤場面において私的感情をコントロールしながら対処できる者ほど，上位職につきやすいことを示唆すると考えられる。

3. 対人葛藤における意図と動機の推測

　人が葛藤に直面したとき，葛藤相手と対決するか協調するかは相手の意図と
動機の推測次第といえる。小嶋ら（2017）の実験では，対人葛藤場面において，
相手の発言内容が好意を示し向社会的であった場合（宥和的発言条件）には，
相手の心的状態として宥和性が強く推測され，葛藤解決方略として協調方略が
多く用いられた。また，相手の発言内容が敵意を含み利己的であった場合（敵
意的発言条件）には，相手の心的状態として敵意性が強く推測され，葛藤解決
として対決方略が多く用いられることが示唆された。したがって，葛藤時には，
相手の意図と動機をどのように判断するのかによって，それに応じた葛藤対処
がなされるといえよう。

　しかし，葛藤時には意見の相違を相手の利己性に結びつけやすい傾向
（Reeder et al., 2005）や，他者の利己性を自己以上のものと誇張してみなすナ
イーブ・シニシズム傾向（Kruger & Gilovich, 1999）が示されていることから，
葛藤時の相手の意図と動機の推測は，ネガティブに歪みやすいと考えられる。さ
らに，よく話し合えば効果的な解決方法があるにもかかわらず，お互いの利害が
対立していると思い込む認知的バイアスは，固定和知覚（fixed-pie perception,
Thompson & Hastie, 1990）と呼ばれ，葛藤解決を妨げることも明らかになっ
ている。

4. 組織集団の発達の視点から見た組織内葛藤

　タックマン（Tuckman, 1965）は，集団の形成から衰退までを5つの段階で
捉える集団の5段階モデルを提示している。このモデルでは，時間経過ととも
に形成期，騒乱期，規範期，遂行期，解散期をたどるが，第2段階にあたる騒
乱期では，目的の優先順位や役割分担に関する意見対立が生じやすく，葛藤を
うまく解決できなければ集団の存続が危ぶまれるという。すなわち，第3段階
である規範期（集団内での規範や役割分担の確立，メンバー間の好意的感情と
信頼感の獲得等，集団として機能し始める時期）への移行は，騒乱期における
組織内葛藤を解決できるか否かが鍵を握る。

また，集団年齢と業績との関連を調べたカッツ（Katz, 1982）によれば，集団が形成されてから3.5年を過ぎると，集団の業績は低下するという。古川（1990）は集団年齢が上がると集団が機能不全に陥る理由について，集団における5つの硬直化現象をあげている。その中で，古川（1990）はメンバーが互いに情報を伝達する相手を選択するようになり，コミュニケーションのルートが固定化するという硬直化を指摘している。このような傾向は，職場における選択的なコミュニケーションの促進と抑制につながり，葛藤の根源や葛藤解決を妨げるミス・コミュニケーションを増加させる恐れがある。

5. 関係葛藤と職務葛藤が職場に及ぼす影響

　組織集団の発達的視点からも，組織内葛藤の生起は必然であり，その対処次第でその後の組織発達に影響が生じることは明らかである。組織内葛藤の経験は，具体的にはどのような影響を及ぼすのであろうか。

　ブレークとムートン（Blake & Mouton, 1964）は，組織内の対人葛藤が集団にもたらすネガティブな影響について，次の4点を指摘している。①集団のメンバーが閉鎖的になり，活発な意見交換がなされなくなる。②適切な協力，協働作業ができなくなる。③対人葛藤が生じる恐れがある問題は，回避される。④集団全体の目標を犠牲にするような行動が多くなる。

　また，組織内の葛藤では，職務上の問題から生じる職務葛藤と主として個人的な問題や人間関係の問題から生じる関係葛藤との双方が生じる。関係葛藤とは，個人の好みや価値観の違いといった個人的な問題，あるいは「反りが合わない」など人間関係上の確執で，感情的な面が強く，職務葛藤とは，仕事や職務に関連して生じる意見の相違や議論のことである（大渕, 2008）。組織内葛藤について多くのチームから質的データを収集し分析した研究（Jehn, 1995）から，業績のよいチームでは職務葛藤はたびたび生じるが関係葛藤はほとんど起こらないこと，職務葛藤の経験は，メンバーのチームに対する満足度やコミットメントを高める一方，関係葛藤の経験はマイナスの影響を及ぼすことが明らかになっている。大渕（2008）は，職務葛藤と関係葛藤が及ぼす影響について複数の研究（Amason & Schweiger, 1994；DeDreu, 1997；Jehn, 1995, 1997）を

レビューし表 3-1 のようにまとめている。表 3-1 のとおり，職務葛藤は関係葛藤に比べ建設的な影響が多く，関係葛藤はその逆といえる。職務葛藤は，葛藤後に集団目標の達成を促すと考えられる認知的処理能力や問題の理解，積極的相互作用，集団業績などを高めるが，関係葛藤は，葛藤後に個人の不快感情やス

表 3-1 職務葛藤と関係葛藤の影響（Amason & Schweiger, 1994 ; DeDreu, 1997 ; Jehn, 1995, 1997 ／大渕，2008 より）

水準	影響の種類		影響の有無	
			職務葛藤	関係葛藤
個人水準	認知・感情	認知的処理能力	＋	－
		問題の理解	＋	－
		不快感情	－	＋
		ストレス	－	＋
	行動・態度	積極的相互作用	＋	－
		集団決定の受容	＋	－
		集団コミットメント	＋	－
集団		集団決定の質	＋	－
		集団業績	＋	－

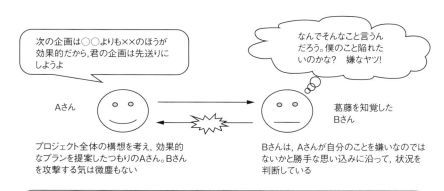

図 3-4 職務葛藤を関係葛藤と歪めて知覚する日常例（筆者作成）

トレスを増す一方，集団の生産性を高めるようなポジティブな効果は低下する。

　また，関係葛藤と職務葛藤は個別で生じるとは限らない。職務葛藤が関係葛藤として歪めて知覚される例を図3-4に示した。実際には職務葛藤状態であるにもかかわらず，状況や相手の意図を歪めて知覚し，関係葛藤として認知されてしまうこともある。

6. 組織内葛藤のデメリット・メリット

　葛藤の解決がなされなければ，新たな葛藤や十分なコミュニケーションがなされずミス・コミュニケーションを生じかねない。そもそも，意見の対立や不一致は気持ちのよい状態ではないため，対人葛藤や組織内葛藤を起こさないことが最善であると思われやすい。しかし，解決の糸口を探り，対人葛藤に前向きに対処することは，対人葛藤を起こさないことよりもポジティブな効果をもたらすことが指摘されている。藤森（1992）は対人葛藤がもたらすポジティブな効果として次の3点をあげている。第1に，自分自身や他者，そしてその関係性についての理解を深める。第2に，相互の新しい考えや優れた視点を発見する機会を提供する。第3に，将来の対人葛藤を効果的に処理する調整能力の発達を促進する。組織や職場集団が人の集まりであり，相互影響関係にある以上，対人葛藤はつきものである。しかし，対処の如何によっては，対人葛藤はネガティブな影響を及ぼすばかりではなく，職場集団の結束力や創造的思考を向上させるなど，組織全体の成長を促すきっかけにもなる。

　トーマス（Thomas, 1976）によれば，葛藤そのものは悪ではなく，それが建設的に働くか，それとも破壊的に働くかが問題であると述べている。また，ロビンス（Robbins, 1974）は，葛藤はあらゆる組織に対して有意味な価値を持っているとしている。つまり，組織における葛藤とは，ある立場に対して対立する立場があるということであり，それは組織に対して新しい価値の導入でもあり，革新の可能性を開くといえる（田尾，1997）。

第3章　コミュニケーションの促進

■第5節■

組織コミュニケーションの新しい形

1. 電子メールによるコミュニケーション

　電子メールやリアルタイムに会議や対話を行うことを前提としたチャットなどのICT（Information and Communication Technology）によるコミュニケーションは，現代社会において職務遂行に欠かせないコミュニケーションツールである。電子メールを利用した文字言語による双方向のコミュニケーションでは，時間の制約，送り手と受け手の同期性の制約，空間の制約から解放されるというメリットを持つ。電子メールを送信する前には，自他の共有・理解を促し，スムーズな連携を得られるよう，言語的メッセージを十分に推敲することも可能である。その一方で，前出のとおり，言語は抽象的（成毛，1993）であり，送り手の注意や関心をもとに送り手の言語化できる範囲で「切り取られて」伝達される。コミュニケーションにおける共有・理解の前提になる共通の基盤も異なるため，自分の理解と相手の理解度は完全に一致しえない。

　山口（2000）は，総合電機メーカーにおいて5年間にわたりチームのメンバー間で交換された電子メールのメッセージ内容を分析している。その結果，業績を急速に伸ばしている好調チームでは，営業情報交換と活動方略相談に関するメッセージが，苦戦チームでは情緒的支援と形式的情報伝達に関するメッセージが，それぞれ多く送受信されていることを見出している。このような分析から，業績を伸ばす好調なチームでは，能率を良くし，業績を高めるための具体的なコミュニケーションがなされているといえる。

2. オフィスとテレワークをつなぐ遠隔コミュニケーション

　近年では，人手不足による人材確保や女性のライフサイクルにとらわれない活躍などを念頭に置いたダイバーシティ経営の考え方，働き方改革の気運の高まりなどにより，テレワークに対する注目が集まりつつある（総務省，2018b）。テレワークは，「ICTを利用し，時間や場所を有効に活用できる柔軟な働き方」

67

（総務省，2018b）とされ，サテライトオフィス勤務，外出先等でのモバイル勤務，在宅勤務などがこれにあたる。「平成 29 年通信利用動向調査報告書（企業編）」（総務省，2018a）によると，公務を除く産業に属する常用雇用者規模 100人以上の企業のうち，2017（平成 29）年時点でテレワークを導入している企業は 13.8％（有効回答数 2,592，有効回答率 43.0％）であった。また，「平成 29 年版情報通信白書」から，従業員 300 人以下の企業におけるテレワーク導入にあたっての問題点を見てみると，情報セキュリティの確保（50.0％），対象業務が絞られる（39.3％），適正な労務管理（36.9％）等の導入における実質的な問題に次いで，社員同士のコミュニケーション（23.8％）という社内コミュニケーションへの不安が問題視されている（総務省，2018b）。

　組織の目標達成において十分なコミュニケーションが必須であることはすでに述べたが，テレワーク従事者は，コミュニケーションについて実際にどのような対策をしているのであろうか。国土交通省（2018）が実施したテレワーク制度等の内容，運用方法等についての調査によると，テレワークをする際のコミュニケーションの工夫として，「Web 会議システムが利用でき，同僚・上司等の間でコミュニケーションができる」（31.2％），「常時チャットシステムが利用でき，同僚・上司等の間でコミュニケーションができる」（23.3％），など，離れていても ICT を利用した遠隔コミュニケーションが機能することが求められている。さらに，「テレワーク実施者も含め，従業員の現在の状況（在席中，会議中，外出中，電話での対応の可否等）がオンラインでわかる」（18.4％）ことも求められており，このような希望をかなえるシステムとして，離れていても場を共有できること，同じオフィスにいるという臨場感を得られることを目指した超臨場感テレワークシステムも開発されている。超臨場感テレワークシステムとは，多チャンネルの音や映像，各種のセンサ情報を活用したマルチメディア・コミュニケーションシステムである（徳満・野中，2009）。このようなシステムにより，人を含むオフィスの雰囲気を音や映像で常時感じさせたり，実際に向き合っているようなコミュニケーション環境を提供したりすることで，離れていても一緒に働いている感覚，すなわち一体感を感じることができる（櫻井ら，2016）。また，山口ら（2015）は，離れたオフィスの俯瞰映像を入口（ポータル）にすることで，映像や音から遠隔の同僚の存在を感じ取り，様子をう

かがって気軽に話しかけることを実現するオフィスコミュニケーションポータルを提案している。山口ら（2015）は，離れた職場で働く人々が，離れた相手の存在を常に緩く意識しながらも，必要なときに手軽に，密にコミュニケーションできることで，あたかも1つのオフィスにいるかのような臨場感を持った働き方ができると述べている。離れた場所で働く者同士が，離席中や誰かとの連絡・相談等の最中，至急の業務にあたっている様子など，テレワーカーが相手の様子をリアルタイムに確認することができれば，間の悪いタイミングでコミュニケーションを始めることは減り，コミュニケーションをよりスムーズに始めることができる。

3.　これからの組織コミュニケーション

　超臨場感コミュニケーション・システムやオフィスコミュニケーションポータルなどを利用した遠隔コミュニケーションでは，画面を通したface to faceのコミュニケーションだけでなく，対話をしていないときでも勤務中の動きや様子を互いに目視することができる。そのため，電子メールやチャット，電話のみのコミュニケーションよりも，ともに働いている感覚や一体感につながり，コミュニケーションも取りやすくなる。十分なコミュニケーションは組織の目標達成において必要不可欠（Barnard, 1938）なだけでなく，個人のワーク・モチベーションにも影響を及ぼす。すなわち，組織やチームの中で，仕事における個人の目標や各自の仕事内容，仕事の進捗状況等を共有することによって，個人の仕事に対する動機づけは高くなる（多田, 2007）。このような効果を促進するためにも，離れた場所で協働する仲間をつなぐ遠隔コミュニケーションは，有用であると考えられる（櫻井ら, 2016）。総務省は，テレワークの積極的な導入を勧めており，今後テレワークを導入する企業は増える見込みである。多様で柔軟な働き方に対応しながら組織のよりよいコミュニケーションを築き，組織目標を効率よく達成するためには，新しいICTによるコミュニケーション・システムの導入は必然である。従来の対面によるコミュニケーションに加え，このような新しいコミュニケーション・システムを取り入れながら，組織の活性化と目標達成のための円滑なコミュニケーションの促進が期待される。

第4章

組織における意思決定

■ 第1節 ■

意思決定とは

　意思決定（decision making）とは，「何かを決める」ことであるが，より正確には「何かを選び取る」ことである（広田, 2018）。

　意思決定研究は，数学，経済学，政治学，心理学など幅広い分野で研究が進められている。このように膨大な意思決定研究を分類するために，規範的（normative），記述的（descriptive），処方的（normative）と3つのアプローチに分けて論じられる（広田, 2018；竹村・藤井, 2015；山岸, 2009）。規範的研究は，合理的な意思決定をするとはどのようなことかを探索するアプローチである。記述的研究とは，実際に人々が行っている意思決定を説明するためのアプローチである。処方的研究は，現実の意思決定を規範理論が示す合理性に近づけるための支援を目標とする応用的実践アプローチである。

　3つのアプローチの中で，記述的研究が心理学と関わりが深い。これらは，行動論的意思決定研究と呼ばれることもある（Edwards, 1961；竹村, 2009）。本章では，記述的研究を中心に論じていく。

　組織の運営やマネジメントは，何かを選択する活動そのものであり，さまざまな意思決定の連続によって支えられている。そして，実際に下されるさまざまな意思決定は，合理的に導かれるものばかりではなく，直観的に導かれるものも多いだろう。つまり組織における意思決定を理解するためには，規範的研

究が主に扱う合理的な側面と記述的研究が論ずる直観的な側面の両者の理解が欠かせない。こうした意思決定の基本的メカニズムを理解することは，個人のモチベーション管理やマネジメントをどのように行うべきかを診断したり，考察したりするための有用な考え方の枠組み（frame of reference）を提供すると思われる。そこで本章は，個人の意思決定メカニズムに関する認知的な心理学的概念や理論を紹介する。

1. 規範的アプローチ

最も単純な規範的意思決定とは，個人が個々の選択肢の期待値を計算して，期待値の最も大きい選択肢を選ぶというものである（山岸，2009）。つまり，ある選択肢が実現する見込み・確率pとそれによって得られる利得xの積である$p*x$によって合理的な意思決定は表現されるという考え方である。

しかし，現実の人間の意思決定は，金銭のような利得xの客観的価値ではなく，xの主観的価値に強く影響される。xの主観的価値は，効用（utility）と呼ばれるが，心理的な"満足感のようなもの"である（広田，2018）。しかし現実の意思決定状況は，不確実である。ある行為を選択すると効用を確実に得られるとわかることは稀であり，行為の選択の結果は不確実である。そこで行為を選択した場合に生じる結果を確率で表現して，この確率と効用を掛けた$p*u(x)$が期待効用である。期待効用の最大化を目指す意思決定が，合理的な意思決定であるとされる（山岸，2009）。フォン・ノイマンとモルゲンシュテルン（von Neumann & Morgenstern, 1944）は期待効用を精緻化させ，期待効用理論（expected utility theory）として定式化した。行為 A の効用を$u(A)$と表すと，確率pにおける期待値は$p*A$であり，期待効用は$p*U(A)$となる。効用理論において，意思決定者は期待効用の最大化を目指す存在と位置づけられており，これが規範的アプローチの基盤となっている。

しかし，現実の人間は，そのような合理性に従わない意思決定を下す傾向がある。期待効用理論に一致しない例として，アレ（Allais, 1953）のパラドックスが有名である。連続する 2 回のくじに関するもので，どちらのくじを選ぶかを被験者[注1]に答えてもらう実験である（山岸，2009）。

第4章　組織における意思決定

【1回めのくじ】

　A：100％で100万円もらえる。

　B：89％で100万円，10％で500万円，1％で何ももらえない。

　　1回めのくじの場合，多くの被験者が選択肢Aを選択するだろう。

【2回めのくじ】

　C：11％の確率で100万円もらえて，89％で何ももらえない。

　D：10％の確率で500万円もらえて，90％で何ももらえない。

　　2回めのくじの場合は，Dを選択する被験者が多いだろう。

1回めと2回めのくじは以下のように書き換えられる（竹村，2009，2015）

【1回めのくじ（書き換え）】

　a：1％で100万円，10％で100万円，89％で100万円をもらえる。

　b：1％で0円，10％で500万円，89％で100万円をもらえる。

【2回めのくじ（書き換え）】

　c：1％で100万円，10％で100万円，89％で0円をもらえる。

　d：1％で0円，10％で500万円，89％で0円をもらえる。

　下線を引いた部分は，aとbの間そしてcとdの間で共通なので期待効用理論の「独立性の公理」[注2]に従えば選好判断に影響を与えない。よって選好判断においては，考慮外とする。そうするとA vs BとC vs Dは，同じ構造のくじであることがわかる。しかしながら，1回めのくじでは，Aが選好され，2回めのくじではDが選好される。この選好逆転の現象は，期待効用の考え方に反する。これをアレのパラドックスと呼ぶ（Allais, 1953）。

　アレのパラドックスが示すように規範的アプローチだけでは，現実の意思決定現象を十分に説明できない。そこで，記述的アプローチや処方的アプローチが必要になるが，サイモン（Simon, 1957）は，限定合理性（bounded rationality）という考えを提起して記述的アプローチの重要性を主張した。

73

2. 限定された合理性

　実際の日常生活においては，決定に際して考慮するべき属性や情報が無数に存在し，またその大部分は不確実性をはらんでいる（Fiske & Tayler, 2013）。もし，仮に完璧な「合理的人間」が存在するとするなら，日々の生活の時間のほとんどを期待効用の計算に費やすことになるだろう。しかし，現実の意思決定は，時間的な制約がある上に膨大な情報量を処理することが求められ，参照できる情報も不確実である。これらの現実の状況を考慮すると，綿密で合理的な意思決定者を仮定することは現実的とはいえないだろう。

　こうした現実を踏まえて，サイモンは，限定合理性（bounded rationality）という概念を提起した。人間は，利用可能なあらゆる選択肢から最良のものを選ぶ「最適化」原理ではなく，最低限度の条件や基準を上回る選択肢を選ぶ，「満足化（satisficing）」原理に従って意思決定をしていると考えられる。たとえば，人は，ある問題を同定すると，その解決の基準や選択肢を探索するが，この探索は決して網羅的に行われるわけではない。われわれは，再認しやすい複数の選択肢に注目するが，それらは，有効であると実証されている，たまたま目についた選択肢かもしれない。次に，それらの複数の選択肢や案を査定して，好ましさを判断する。そして"まずまず良い"選択肢や案にたどりついた時点で探索は終了する。こうした過程を経てたどり着いた解決策は，最適解ではなく，

表 4-1　合理的な意思決定と限定合理性の特徴（Colquitt et al., 2017 に基づいて作成）

合理的な意思決定の特徴	限定合理性の特徴
状況を徹底的に検証をして，関心のあるあらゆる事象のさまざまな側面を考慮して問題を洗い出す。	問題を容易に理解しようとするために，要点のみを洗い出して整理する。
選択肢を網羅するリストを作成して，解決策を考える。	現在，生じている事態に直接的に関連して，なじみのある解決策を思いつく。
同時にあらゆる選択肢を診断する。	各選択肢を思いつくままに診断する。
選択肢を診断するために正確な情報を用いる。	診断しているプロセスにおいては，偏った情報を使う。
価値や利益の最大化する選択肢を選びとる。	最初の受け入れ可能な選択肢を選びとる（満足化）。

個人が（たまたま）たどり着いた，受け入れ可能で満足できる代案ともいうべきものである。表4-1に合理的な意思決定と限定合理性を対比的に整理した（Colquitt et al., 2017）。

3. 記述的な意思決定研究

　合理的な意思決定に依らない，人が実際に日常生活において行っている意思決定に焦点を向けた研究が，記述的研究である。

　限定合理性が説明するように，満足化原理に従う個人の意思決定の特徴も記述的な意思決定と考えられるが，第2節以降では，記述的意思決定に関する理論ならびに関連する研究を，以下の観点から解説する。

　第1が，ヒューリスティックである。ヒューリスティックは，迅速で多くの場合は適切な解決をもたらすが，時に誤った解を導く判断・決定方略を意味する。現実の人間は，なるべく認知的な労力を必要としない判断や決定を好む認知的倹約家であるので，こうした"ショートカット"に依存した情報処理を行う。認知的倹約家とは，ランチで何を食べるかを選ぶときに，メニューから何を食べるかを選ぶ面倒を避けるために，日替わり定食や今日のおすすめ料理を注文するといった意思決定行動に近いといえるだろう。ヒューリスティックは，その不正確性や不完全性が強調されるが，ヒューリスティックを利用するからこそ不確実性下における意思決定を可能にしてくれるものともいえる。

　第2は，フレーミング効果である。これは，意思決定問題を記述する文章の表現を変更して，回答者の視点を変えると，意思決定の選好が逆転するなどの現象を指す。この現象は，規範的な意思決定における効用理論の観点からは説明ができない。

　第3は，2種類の情報処理様式である。ヒューリスティックやフレーミングは，どちらかといえば直観的で，自動的な情報処理様式であるが，一方で，人は合理的で，分析的な情報処理様式も有している。つまり人の情報処理は2種類からなるが，これらを二重過程モデルという括りで論ずることも可能である。二重過程モデルに関わる理論についても紹介する。

　最後に，産業・組織心理学領域における意思決定研究の今後について論ずる。

■ 第2節 ■

ヒューリスティック

　人ができるのは最適な意思決定ではなく，限られた情報を参照し，簡便な方略を使って満足のいく推論や意思決定を導くことである。こうした簡便な方略を導くルールやショートカットは，確実な正解を導く規範的な方略ではないが，全く誤りというわけではない。人は，不確実性に満ちた日常生活の中で，このような簡便な方略を駆使している。このように簡略化された推論や意思決定の方略が，ヒューリスティックである。

1. 代表性ヒューリスティック

　代表性ヒューリスティック（representative heuristic）とは，ある出来事の生起確率を考える際に，特定のカテゴリーに典型的と思われる事項の確率を過大に評価する意思決定プロセスをいう。たとえば，物静かで，ワインを飲みながら，教会音楽を鑑賞することが好きな人物がいるとする。この人物の職業は，作家かそれとも地方公務員という問いに対しては，作家が選ばれる傾向が多いとする。これは公務員よりも作家の典型に近いことから作家が選ばれたと解釈されるが，これが代表的ヒューリスティックである。作家よりも地方公務員の人数のほうが多いという現実（生起確率）が度外視されて，典型に近いものが選択されている。

　代表性ヒューリスティックを示す例の1つとして「リンダ問題」がよく知られている（Tversky & Kahneman, 1983）。リンダ問題は次のようなものである。

　リンダは，31歳，独身です。率直に意見を言う性格で，非常に聡明です。彼女は学生時代に哲学を専攻しておりました。学生時代は，差別問題や社会正義に深く関心を持ち，反核デモにも参加していました。

　【問】彼女について最もありそうな選択肢は次のどれでしょうか？

第 4 章　組織における意思決定

【選択肢】
A. 「リンダ」は銀行の出納係である。
B. 「リンダ」は銀行の出納係であり，フェミニスト運動の活動家である。

　この問題では，約 90% の人が B を選んだ。しかし，確率の理論で考えると正解は A である。なぜなら，銀行員だけの確率は，銀行員とフェミニストが同時に生起する確率よりも高いと考えられる。ベン図を思い浮かべれば，よりわかりやすいが，フェミニスト銀行員の集合は，銀行員の集合にすっぽり収まる。フェミニスト銀行員は，銀行員の部分集合である。この例も，正確な確率判断ではなく典型に近い選択が好まれる傾向を示している。なお，2 つの事象が重なって起きる事（フェミニストであり銀行員）と単一の事象（銀行員）を比較したところ，前者の確率のほうが高いと（誤って）判断される現象を，特に，連言錯誤（conjunction fallacy）と呼ぶ。

2.　利用可能性ヒューリスティック

　利用可能性ヒューリスティック（availability heuristic）とは，思い出しやすい事象や事例に基づいて判断や決定を行おうとする傾向を指す。たとえば，トヴェルスキーとカーネマン（Tversky & Kahneman, 1973）は，次のような実験を通して利用可能性を見出した。

　この実験は，被験者に「r が最初に（1 文字目）に来る語と，3 文字目に来る語のどちらが多いと思いますか」を推定させた。結果は，r が 1 文字目に来る語のほうが多いとする回答が多かった。これは，r が 3 文字目に来る語を再認するよりも，r が最初に来る語を思い出すほうがより容易であるからであると解釈される。また，人々が統計が示す以上に飛行機による移動を恐れる傾向があるとすれば，これも利用可能性ヒューリスティックから説明可能であろう。飛行機の墜落事故は，メディアによるニュースを通じて衝撃的に報道されるので，飛行機が無事に着陸したということよりも記憶から引き出しやすいと考えられる。墜落事故の思い出しやすさが，飛行による移動の怖れにつながっているのかもしれない。

77

利用可能性ヒューリスティックスは，責任帰属や自己中心バイアス（egocentric bias）など社会心理学のさまざまな領域に影響を与えた。たとえば，人の行動の原因を考える際，外的な要因を軽視して，行為者の内的な要因に過度に帰属する傾向を基本的帰属の錯誤（fundamental attribution error）というが，これも行為者自身の行動のほうが理解しやすいことに起因するのかもしれない（広田，2018）。

また，共同作業における自己貢献を過大に見積もる自己中心バイアスも利用可能性ヒューリスティックの働きによると考えられる。たとえば，ロスとシコリー（Ross & Sicoly, 1979）は，夫と妻の両方に「家の掃除・整理整頓に対するあなたの貢献度はどれくらいですか？」と質問をした。回答者はその問いに対してパーセンテージで答える。この他にも，「ゴミ出し」や「社交的な行事」などについても同様の質問を投げかけた。夫と妻が答えた貢献度を合計すると，100% を上回った。自分のやった家事は，配偶者のやったことよりもはっきりと思い出すことができる。この利用可能性の差が，貢献の差として現れたと解釈される。

3. 係留と調整のヒューリスティック

人は，はっきりとした答えがわからない問いに答えるとき，しばしば係留点（とりあえず，あたりをつけるための基準値・錨）を設定し，そこから調整することで結論に到達しようと試みる。たとえば，先日の大学野球の対抗戦の観戦者数を推定する課題を考えてみよう。昨年の優勝がかかった重要な試合の人数が 10,000 人くらいだったと記憶していた場合，10,000 という数字を係留点として，先日の対抗戦はそれほど重要な試合ではないから 8,000 だろうか，それとも 7,000 くらいだろうかと調整をして推定値を導く。これが係留と調整のヒューリスティック（anchoring and adjustment heuristic）の考え方である。

係留と調整のヒューリスティックの興味深い点は，判断対象とは無関係な情報も係留点として機能する点である。トヴェルスキーとカーネマン（Tversky & Kahneman, 1974）は，被験者に「国連加盟国におけるアフリカ諸国の割合はどれくらいでしょう？」という問題を提示して数値を推定させた。被験者は，

推定を行う前に，0 から 100 までの数字が書かれた円盤を回して，止まったときの数字をメモするように求められた。円盤には仕掛けが施されており，1 つの円盤は必ず 10 で，もう一方で必ず 65 で止まるようになっていた。つまり被験者は，（相対的に）小さい数字（10）あるいは大きい数字（65）が提示されるグループのどちらかに割り付けられた。円盤の数値は，当然ながら国連加盟国に占めるアフリカ諸国の比率とは無関連であるが，この数値が解答に影響を与えたかどうかが注目された。10 を提示されたグループの被験者が推定した国連加盟国に占めるアフリカ諸国の比率を平均すると 25% であった。一方で，65 をメモしたグループの被験者が推定した比率の平均は 45% であった。このように判断対象と無関連な情報であっても，それが一種のプライミング（先行刺激）として後続の判断や意思決定に影響を与える可能性が示唆される。

4. シミュレーション・ヒューリスティック

　人は，自分が得た結論や現在の状況とは別の帰結や状況を心に描くことを，シミュレーションするという。思い描かれた別の帰結や状況が手がかりとして（判断のショートカットを利用して），現状の結果を判断して，診断することがある。この判断や診断の一連の過程をシミュレーション・ヒューリスティック（simulation heuristic）と呼ぶ。シミュレーションされた別の帰結が個人の感情に大きな影響を与えることは，反実仮想（counterfactual thinking）に焦点を向けた研究を通して証明されてきた。反実仮想とは，現実や事実とは異なる（counterfactual）帰結や状況を思い描く，仮想する（thinking），思考プロセスを指す。シミュレーション・ヒューリスティックと反実仮想が，個人の感情に与える影響を示す例として以下のシナリオがよく使われる（Kahneman & Tversky, 1983）。

　クレイン氏とティーンズ氏は，同時刻の別の便に搭乗をして空港から出発する予定であった。2 人は，ダウンタウンから空港に向かう同じリムジンに乗り合わせた。しかし，2 人を載せたリムジンは渋滞につかまり，空港に着いたときには出発時刻を 30 分過ぎていた。クレイン氏の便は定刻通

り 30 分前に飛び立った後であった。一方で，ティーンズ氏の便は遅れて出発をしたものの，5 分前に飛び立った後であった。より狼狽したのはクレイン氏とティーンズ氏のどちらであったろうか。

　ほとんどの人がティーンズ氏だと答えるが，なぜだろうか。クレイン氏はどう頑張っても間に合わないが，ティーンズ氏はあと一歩のところで間に合ったかもしれないと感じさせるからである。間に合わなかった（事実）と間に合った（反事実・反実）との乖離が少ない。それゆえ，ティーンズ氏の場合のほうが，「もう少しで間に合ったのに……」と，残念に思う気持ちがより顕著に体験されるのかもしれない。このようにシミュレートされる反事実が一種の参照点となって現実を診断し，その結果としていらだちや後悔，喪失感や憤りが生じる。

　なお，シミュレーション・ヒューリスティックは，不公正感が生じるプロセスを説明するためにも用いられている。フォルジャー（Folger, 1986, 1993）は，準拠認知理論（referent cognitive theory）を提唱し，人は，現実の結果とシミュレートされた反事実を比較して，不公正さを知覚すると主張した。そして現実が反事実を下回っている程度に応じて，不公正が知覚される。

■ 第 3 節 ■

フレーミング（枠組み）効果

　不確実な状況において，個人は簡便な方略に頼り，直観的に情報を処理する傾向がある。そうした情報処理傾向が反映された現象としてフレーミング効果（framing effect）がある。フレーミング効果とは，提示された条件が客観的には全く等価でも，条件を提示する表現の仕方が変わるだけで意思決定が大きく変化する現象を指す（Levin, 1987；佐々木，2010）。

　フレーミング効果は後述するプロスペクト理論の観点から説明されることが多いが，さまざまな類型があることが知られている。レビンら（Levin et al.,

第 4 章　組織における意思決定

表 4-2　リスク選択フレーミング，特性フレーミング，目標フレーミングの特徴
（Levin et al., 1998 を基に作成）

類　型	何が操作されるのか	何に影響するのか	どのように測定される のか
リスク選択フレーミン グ	リスクが異なるオプ ション	リスク選好	オプションの選択
特性フレーミング	対象・事象の属性	評価項目の評定値	好ましさの評価
目標フレーミング	行動の目標や結果	説得の受容	行動の採用率

1998）は，これまで提唱されてきたさまざまなフレーミングを整理して，3つの
類型に区分した。3類型とは，リスク選択フレーミング（risky-choice framing），
特性フレーミング（attribute framing），そして目標フレーミング（goal framing）
である。彼らは，フレーミング効果を「何が操作されるのか」，「何に影響する
のか」，「どのように測定されるのか」という観点から整理した（表 4-2）。

1.　リスク選択フレーミングとプロスペクト理論

　リスク選択フレーミングは，フレーミングの原型と考えられている。トヴェ
ルスキーとカーネマン（Tversky & Kahneman, 1981）は，「アジアの疾病問題」
という選択問題を開発したが，これは典型的なリスク選択フレーミングとして
知られている。アジアの疾病問題とは以下のような選択課題である。

アジアで発生した恐い病気で，600人が死亡するという予測が出された。
この病気から市民を守るために次の2つの治療法から1つを選ばなければ
なりません。あなたならどちらの対策法を選びますか。選んだほうのアル
ファベットに○をつけて下さい。

A．この対策法では600人のうち200人の命が確実に助かる。
B．この対策法では，600人全員が助かる確率は3分の1で，誰も助から
　　ない確率は3分の2である。

この選択問題においては，72%の回答者がAを選んだ（Tversky & Kahneman, 1981）。リスクを伴うギャンブルではなく，確実な結果を選好した。

この問題の結果は，次のようにフレーミングを変えることもできる。

a. この治療法では600人のうち400人が確実に死亡する。
b. この治療法では，誰も死なない確率は3分の1で，600人全員が死亡する確率は3分の2である。

この選択問題においては，78%の回答者がbを選んだ（Tversky & Kahneman, 1981）。逆に，リスク志向でギャンブル的な治療法を選好した。

選択肢をよく見れば，AとaそしてBとbも結果は同じである。違いは，選択の言語表現の違いである。つまり選択がポジティブに表現されるのか（生存≒利得），あるいはネガティブに表現されるか（死≒損失）という違いである。すなわち，ポジティブ・フレームにおいては（選択肢のAとB）においては，確実な結果が得られるオプションが選ばれやすい。一方で，ネガティブ・フレーム（選択肢のaとb）ではリスクを伴うオプションが選ばれやすい。このようなフレーミングによる選好逆転（choice reversal）が生じるという点が，リスク選択フレーミングの特徴である。選考逆転が生じる理由は，主にプロスペクト理論から説明される（Kahneman & Tversky, 1979）。つまりフレーミングとは，アウトカム（帰結）を損失の観点から評価するのか，それとも利得の観点から評価をするかの違いによって操作される。

プロスペクト理論は，リスク選択フレーミングにとどまらず，記述的な心理学的な意思決定理論を支える中心的な理論であると考えられる（Kahneman & Tversky, 1979；Tversky & Kahneman, 1992）。この理論を理解するための骨子は，価値関数と加重関数である（奥田，2008）。

価値関数の要点は，以下の3点に要約される（図4-1も参照）。

①心理的な価値判断は，数学的な原点ではなく心理的な原点（参照点）からの距離によって定義される。
②利得と損失ともに参照点から離れるほど，関数の傾きがなだらかになる。

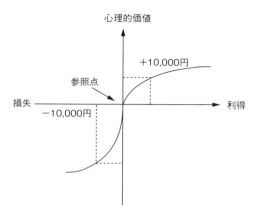

図 4-1 プロスペクト理論における価値関数
横軸は，財（金銭価値など）の客観的価値を指し，縦軸は主観的価値（心理的インパクト）を指す。同じ 10,000 円でも参照点の左右で主観的価値が異なる。

　つまり利得と損失ともに，その絶対値が大きくなると，一単位の利得や損失の増加が価値に与えるインパクトが小さくなることを指す。これを感応度逓減（diminishing sensitivity）と呼ぶ。利得を例にとれば，1,000 円の元手が 2,000 円に増えた場合と 10,000 円の元手が 11,000 円に増えた場合を考えてみよう。どちらも 1,000 円の利益であるが，感応度逓減によって，後者のほうが 1,000 円増加のインパクトは弱い。
③利益より損失の傾きのほうが急である。1 万円をもらうことより 1 万円を損することのほうが心理的なインパクトが大きいというものである。これが，損失回避（risk aversion）である。

　リスク選択フレーミングにおいて見出される選好逆転（choice reversal）の現象は，損失回避の傾向が反映されたものと解釈される。
　加重関数は，図 4-2 のようなグラフで示される。図 4-2 の 45 度の直線は，客観的な確率と加重された確率（主観的な確率）が一致している状態を示す。一方で，s を反転させたような曲線が確率加重関数である。これが，人が主観的に感じる確率であるとされる。0.35 の近傍では客観的確率と加重された確率は一致しているが，それより低い確率は本来の確率よりも高く見積もられ，それ

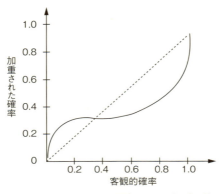

図 4-2　プロスペクト理論における加重関数

よりも高い確率は本来よりも低く見積もられる。

2. 特性フレーミング

　特性フレーミングは比較的シンプルなフレーミング様式である。記述の誘意性（valence）が，情報処理にどのように影響するかを理解するために有効な方法である。レビンら（Levin et al., 1998）がこの単純なフレーミング様式を特性フレーミングと命名したのは，所与の文脈の中で，ただ1つの特性のみがフレーミング操作の対象となっているからである。従属変数は独立したオプションの選択ではなく，対象・事象に対する評価である。よって特性フレーミングが扱えるケースはシンプルな内容に限定されるが，それゆえにポジティブ・フレーミングとネガティブ・フレーミングの影響を明快に検証できる利点がある。

　評価の様式は，リッカート尺度を用いるような形式と「はい／いいえ」の二者択一形式に区分される。ある対象や出来事に対して「良い〜悪い」や「完全に受け入れられる〜受け入れられない」という段階で評価を求めるのであれば，リッカート形式である。一方で，ある出来事を支持するかどうかを「はい／いいえ」で回答するのであれば二者択一様式である。

　特性フレーミングの典型的な例は，消費者判断に関わるものである。たとえば，次のような問題がよく知られている（Levin & Gaeth, 1988）

第4章　組織における意思決定

> あなたは前回の健康診断の結果が気になり，野菜や魚を中心として食生活
> を心がけています。しかし，食べ盛りの子どもたちは肉料理だと喜びます。
> そこで，今日の夕食は，ハンバーグにすることにしました。近くのスーパー
> に行くと2種類の挽肉が売られています。どちらも100gあたりの値段は
> 一緒です。
> ラベルには次のように表示されていましたが，あなたは，AとBのどち
> らを買いたくなるでしょうか。
>
> 　A．赤身75%　　　B．脂身25%

　このような課題に直面すると，人は，ポジティブな特性を強調したAを選
択する傾向がみられた。実際の実験において，被験者は，A（赤身75%）とB
（脂身25%）のどちら一方のラベルが提示される条件に無作為に割り付けられ
た。そして，牛挽肉の味見を行った。牛挽肉は，赤身75%と表記されたほうが，
味が良く，脂っこくないと評価されたのである。この選択問題がフレーミング
操作している情報は，リスク選択の結果ではなく，牛挽肉の評価を左右する特
性である点に注目してほしい。この例は，特性フレーミング効果の本質的特徴
がリスク知覚ではないことを示している。
　特性フレーミングのもう1つの適用例は，成功率と失敗率に関する状況を記
述したものである。この場合も，成功率を示してポジティブな表現をした方が，
失敗率を示してネガティブな表現をするよりも，好ましく評価される。たとえ
ば，手術などの医療行為に関していえば，生存率が提示されたときのほうが，死
亡率が提示された場合よりも，その医療行為は承認されやすいことが確認され
ている（Krishnamurthya et al., 2001；Marteau, 1989）。
　特性フレーミングも，リスク選択フレーミングと同様，その効果は比較的頑
健である。レビンら（Levin et al., 1998）は，ポジティブ・フレームのほうが
好ましい評価を受けやすいという一貫した現象を，「フレーミングの誘意性に
合致したシフト（valence-consistent shift）」と呼んだ。この一貫したシフトは，
強固な態度や自己関連度合いの強いトピックを扱った場合に弱まるとされてい

85

る。たとえば，人工中絶に関する問題については特性フレーミング効果が消失してしまう（Marteau, 1989）。人工中絶という生命倫理に関わる問題については，個々人が強い信念や態度を抱いているからと推測される。また，極端なケースを扱う場合にも属性フレーミング効果は減少する傾向にあり，ギャンブル評価におけるフレーミング効果は，勝敗の確率が極端なときよりも中程度のときに大きくなる（Levin et al., 1986）。

　ポジティブ・フレーミングがより好ましい評価に結びつき，ネガティブ・フレーミングがより好ましくない評価に結びつくという特性フレーミングが生じるメカニズムは，プロスペクト理論ではなく，誘意性に関連した符号化（encoding）という観点から説明される（Levin & Gaeth, 1988）。すなわち，ポジティブなラベル付けをする，ポジティブ・フレーミングの条件においては，好ましい連想を引き起こす符号化が生じる。一方で，ネガティブなラベル付けをする，ネガティブ・フレーミング条件においては，好ましくない連想を呼び起こす符号化が生じる。牛挽肉の赤身と脂身の記述の操作によって，肉質から連想される味の次元にもフレーミング効果が波及する現象は，その例証といえよう。

　符号化の観点から特性フレーミングを説明する立場は，印象形成の研究で適用されるプライミングの概念とも通ずると思われる。一般的な印象形成の実験は，ポジティブなあるいはネガティブな誘意性を持つ刺激によってプライミングが生じ，それが後に続く印象評価に影響を及ぼすとされる（Decoster & Claypool, 2004）。つまり印象形成をする段階（あるターゲットを評価する段階）において，プライミングによってポジティブな情報あるいはネガティブな情報が活性化されると，活性化されている情報によりアクセスされやすくなり，アクセスされた情報が印象評定に影響を与える。よって，ポジティブなプライミング条件は，ネガティブなプライミング条件に比して，ターゲットに対してより好意的な印象評定となる。なお，プライミング刺激は，多くの場合，評価を求められるターゲットとは無関連であり，より周辺的な刺激である。これに対して，特性フレーミングは，ターゲットの特性に関して記述する文章の一部を変化させるので，より安定した効果を示すと考えられる。

3. 目標フレーミング

　目標フレーミング効果は，特に，説得的コミュニケーションにおいて注目されてきた形態である。目標フレーミングは，提示される説得的なメッセージを，行動したときのポジティブな結果を強調した文章と，行動しなかったときのネガティブな結果を強調する文章という違いによって操作する。ポジティブ・フレームはポジティブな結果を得るという目標に注意を向けさせ，ネガティブ・フレームはネガティブな結果を避けるという目標に注意を向けさせることになる。目標フレーミング操作の特徴は，ポジティブ・フレームもネガティブ・フレームも同じ行動を促進するという点にあり，どちらのフレーミングがより説得効果を持つかを探る点に特徴がある。

　目標フレーミングの典型的な例に，メヤロビッツとチェイキン（Meyerowitz & Chaiken, 1987）による乳房自己診断（BSE: Breast Self-Examination）に関する問題がある。下記のような課題である。

> A. 乳房自己検査を行えば，治療が容易な初期段階で腫瘍を見つけるチャンスが増える。
> B. 乳房自己検査を行わないと，治療が容易な初期段階で腫瘍を見つけるチャンスを逃す。

　被験者は，AとBのどちらのメッセージを受けたほうが実際に乳房自己診断を受診する傾向が見出されたであろうか。選択肢Aは，肯定的な帰結を強調しているのでポジティブ・フレーミングであり，選択肢Bは，否定的な帰結を強調しているのでネガティブ・フレーミングである。検査する女性の割合を実際に検証したところ，ポジティブ・フレーミング条件よりも，ネガティブ・フレーミング条件のほうが高かった。ネガティブ・フレーミングのほうがより強い説得効果のあることが示唆された。

　目標フレーミングは他のフレーミングに比べると不安定で，フレーミング効果が生じないこともある。レビンら（Levin et al., 2002）は，3類型のフレーミング・タイプの独立性・関係性を3つのフレーミング・タイプを被験者内要因

とする実験で検討したところ，リスク選択フレーミングと特性フレーミングではフレーミング効果が認められたが，目標フレーミングではフレーミング効果が現われなかった。また，状況によっては結果のパターンが逆転することさえあり，たとえば，問題に対する自我関与が低い場合や自尊心が高められた場合には，むしろポジティブ・フレームのほうが承認されやすくなる（Maheswaran & Meyers-Levy, 1990；Robberson & Rogers, 1988）。あるいは，女性では定型的にネガティブ優位の結果が見られたのに対し，男性では逆にポジティブ・フレームで説得の効果が高まったという報告もある（Huang & Wang, 2010）。

目標フレーミング効果は，プロスペクト理論からではなく，主にネガティビティ・バイアス（negativity bias）の観点から説明される（Levin et al., 1998）。プロスペクト理論からの説明が有力でない理由は，BSE を例にして考えると，BSE を行わないことによるリスクが個人によってばらつきが大きく，必ずしもリスクと認識されない可能性があるからといわれている（Levin et al., 1998）。ネガティビティ・バイアスとは，個人はポジティブ情報よりもネガティブ情報のほうに注意を向けるので，結果としてネガティブ情報がより強い影響力を示すという現象である（Baumeister et al., 2001；Rozin & Royzman, 2001）。

ネガティビティ・バイアスは，プロスペクト理論における損失回避（loss aversion）に似た概念である。しかし，ネガティビティ・バイアスは，損失回避が強調するように，個人は損失により敏感に反応する，つまり損失領域のほうが傾きが急であるという個人の選好の傾きに関する仮定を置いておらず，この点がプロスペクト理論との大きな違いである。ネガティビティ・バイアスは，人が自動的にネガティブな情報に注意を向ける認知過程を強調した考え方である。

■ 第4節 ■

意思決定における二重過程モデル

近年，心理学における意思決定研究においては，二重過程モデルが注目され

ている（Kahneman, 2011；阿部，2017；広田，2018）。二重過程モデルは，広範な概念であり，これまでさまざまな理論が提起されている。本節でははじめに，二重過程モデルの考え方を象徴するシステム1とシステム2を取り上げ，続いて，産業・組織心理学に関連が深いと思われる，精査可能性モデル，ヒューリスティック・システム・モデル，認知－経験的自己理論を取り上げる。

1. システム1とシステム2

　二重過程モデルは，心のはたらきを，素早く無意識的で自動的なプロセスと，遅く意識的で統制されたプロセスから成ると仮定して，両者を対比的に捉えるアプローチである。前者の無意識的で自動的な情報処理プロセスがシステム1と呼ばれ，後者の意識的で統制された情報処理プロセスがシステム2と呼ばれる。阿部（2017）は，システム1とシステム2の特徴を表4-3のように整理して，システム1を「遅いこころ」，システム2を「速いこころ」と呼んだ。

　システム1とシステム2が拮抗し，せめぎ合う例としてストループ効果がよく知られている。ストループ効果とは，ストループ（Stroop, 1935）が発見した現象であり，文字の意味と印字された文字色という2つの属性が競合しているような刺激を提示した場合に生じる現象である。たとえば，文字の色を答える課題に取り組んだ場合，赤で印字された「赤」の色名を答える課題よりも，青

表4-3　システム1とシステム2の特徴（阿部，2017から転載）

システム1	システム2
速い	遅い
自動的・無意識的	制御的・意識的
情動的・直感的	合理的・論理的
非言語的	言語的
努力を必要としない	努力を必要とする
一般的知能とは無関係	一般的知能と密接に関係
処理能力に影響されない	処理能力の制約を受ける
主に短期的な利益を追求	長期的な利益を勘案
進化的に古い	進化的に新しい

で印字された「赤」の色名（答えは，"あお"）を答える課題のほうが，応答に時間のかかる現象を指す。一方で，文字の意味を答える課題に取り組んだ場合，赤で印字された「赤」の意味を答える場合より，青で印字された「赤」の意味（答えは，"あか"）を答える課題のほうが，応答により時間がかかる。これは逆ストループ効果と呼ばれる。色を使ったものではないが，ストループを実感できる刺激は図 4-3 のとおりである。

　また，カーネマン（Kahneman, 2011）は，システム 1 とシステム 2 が衝突する例としてミュラー・リヤー錯視をあげている。この錯視は，2 本の線が上下に水平に並んでいる（図 4-4）。どちらの線も両端に矢羽のような斜めの線が加えられているが，矢羽の向きが異なる。上の線は外向きであり，下の線は内向きである。一見したところ上の線のほうが明らかに長く見えるのだが，それは

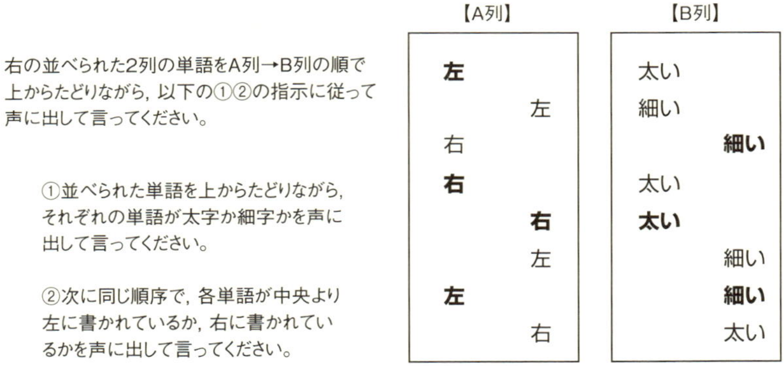

図 4-3　2 つのシステムの衝突の例（ストループ効果）
（Kahneman et al., 1982 を参考に広田，2018 が作成したものを転載）

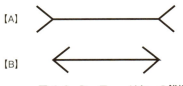

図 4-4　ミュラー・リヤーの錯視
A と B の水平の線分の長さは同じである。

錯覚であり2本の水平線の長さは実は同じである。意識的な主体は，2本の線の長さが同一であるという認識を持ったとしても（システム2），上の線のほうが長く見えてしまうことを止められない（システム1）。

これらの現象は，われわれ人間の心の働きが，システム1とシステム2が示すような2種類の対照的なプロセスによって支えられていることを示唆する。この心の二重過程に注目した理論やモデルを紹介する。

2. 精査可能性モデル（ELM）

精査可能性モデル（ELM: Elaborated Likelihood Model）の骨子は，説得的コミュニケーションが態度変化を与える方法には2種類あるというものである（Petty & Cacioopo, 1986a, 1986b）。1つは中心的ルートと呼ばれるモードである。人はこのモードに入ると，説得内容に注意深く吟味して，時間をかけて"精緻に"情報を処理する。これとは対照的なモードが周辺的ルートである。個人はこのモードに入ると説得内容を注意深く吟味することなく，表面的なもっともらしさに頼り，ショートカットやヒューリスティックスに基づいた情報処理を行う。中心的ルートと周辺的ルートのどちらか選択されるかは，内容を精査しようという動機づけ（説得内容の重要性）と情報処理能力の2つの変数によって決定される。

図4-5が示すように，説得メッセージが重要である場合や受け手の情報処理

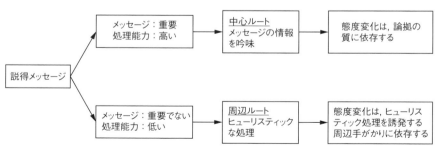

図4-5　精査可能性モデルの概要（Branscombe & Baron, 2017；唐沢, 2010を参考に作成）

能力が高い場合は，周辺ルートによる態度変化が生じる傾向にある。一方で，説得メッセージがそれほど重要ではない場合や情報処理能力が低い場合に，周辺ルートによる態度変化が生じる傾向にある。たとえば，新しい掃除機を買うときに，コードレス型かそれともコード型か，サイクロン型か紙パック型か，スティック型かあるいはキャニスター型などさまざまに吟味をして購入するのは，中心ルートによる処理である。一方で，テレビの CM でよさそうな感じだったからとか，家電量販店の店員が感じのいい人で親身に商品説明をしてくれたから，といった理由で購入を決めるのは周辺ルートによる処理である。

3. ヒューリスティック・システム・モデル（HSM）

ヒューリスティック・システム・モデル（HSM: Heuristic System Model）は，ELM に類似したものであり，両者とも説得の 2 過程モデルと称される。HSMは，被説得者が行う情報処理と態度変容のプロセスを 2 つに分けた（Chaiken, 1980；Chen & Chaiken, 1999）。

1 つは，システマティック処理である。個人は，ある情報が正しくて妥当かどうかを判断するために手に入る情報を注意深く精査する。被説得者は，事実を注意深く検討した結果として態度を形成する。これは分析的・包括的な態度変容過程に重きを置いたプロセスであり，認知的努力を要するプロセスである（中村・三浦，2018）。

ヒューリスティック処理とは，被説得者がメッセージ内容に対して詳細な情報処理をせず，過去の経験や観察を手がかりとした簡便な処理を表す。文字通り，ヒューリスティックな処理に重きを置いた態度変容のプロセスといえる。これは，認知的努力をあまり必要としない情報処理プロセスである（中村・三浦，2018）。たとえば，専門家が述べているから正しいだろうという判断はヒューリスティック処理に合致する。

HSM によると，人とは認知的倹約家（cognitive miser）であり，必要なときのみ，複雑で努力を要する情報処理を行う。基本的には，最小努力原理に従って情報処理を行う存在である。したがって，通常は，説得メッセージを精緻にシステマティックに処理をすることはせず，ヒューリスティック処理が優位で

あると考えられている。

　一方で，HSM は，システマティック処理とヒューリスティック処理が独立に生起するメカニズムだけでなく，共起して互いに影響をし合うメカニズムも仮定する点が特徴である（Chaiken et al., 1989；Chaiken & Maheswaran, 1994；Chen & Chaiken, 1999；Maheswaran & Chaiken, 1991；伊藤，2002）。2 つの処理モードが相互に影響し合う様相として，減弱効果（attenuation hypothesis）と加算効果（additive hypothesis）が知られている。

　減弱効果とは，システマティック処理がヒューリスティック処理を抑制する作用を指す。この場合，ヒューリスティック処理は最終的な態度や判断にあまり影響を与えない。

　加算効果は，システマティック処理とヒューリスティック処理が加算的に態度や判断に影響を与えることを指す。これはシステマティック処理に作用する論拠とヒューリスティックな手がかりの処理による情報が矛盾（あるいは圧倒）しない場合に生じると考えられている。たとえば，強い論拠と弱い論拠が混在して，論拠が曖昧になるとシステマティック処理とヒューリスティック処理の食い違いも目立たなくなるので加算効果が生じるといわれている。厳密には，ヒューリスティック処理とシステマティック処理の両方が反映される処理を加算効果と呼び，はじめにヒューリスティックな手がかりによる処理が行われて，これが後続するシステマティック処理を促す場合をバイアス効果と呼ぶこともある（Chaiken & Maheswaran, 1994；Chen & Chaiken, 1999；中村・三浦，2018）。

　ELM と HSM は，2 つの対照的な情報処理様式を仮定するなど，とても似ている理論であるが，次のような相違点を指摘できるだろう。すなわち ELM は，周辺ルートと中心ルートを独立した互いに干渉しない心理プロセスであると捉えたのに対して，HSM は，システマティック処理とヒューリスティック処理を分離させず，お互いの相互作用を仮定している点が異なる。

4. 認知－経験的自己理論（CEST）

　二重過程理論をパーソナリティにまで拡大したものが認知－経験的自己理

論（CEST: Cognitive-Experiential Self-Theory）である（Epstein, 1994, 2003；Epstein et al., 1996；Pacini & Epstein, 1999）。提唱者のエプスタイン（Epstein, 2003）は，CEST とは，学習理論，認知科学，心理力動理論，パーソナリティを包含する統合理論であると主張している。CEST によれば，人は 2 つの情報処理様式（合理的処理と経験的処理）を持つとされている。合理的処理とは，意識的，分析的，主として言語を介したものであり，ロジックに基づく処理を行う様式である。経験的処理とは，直観的，全体的，自動的，具体的であり，ヒューリスティックスに基づいた処理を行う様式である。進化の歴史で見ると，合理的処理は比較的最近になって出現したものと考えられている。

また，経験的処理は情動によって駆動するとされる。エプスタイン（Epstein, 2003）は，振動（vibes）という用語を使って，情動が経験的処理を駆動させるプロセスを説明した。振動が生じると，個人は，はっきりとは意識はされないが，ぼんやりとした不明瞭な気持ちを体験すると考えられている。心にちょっとしたさざ波が立つような感覚や胸騒ぎのような感覚だと考えられる。そして振動は，ポジティブなものとネガティブなものに区分される。ポジティブな振動は，安寧，満足，平穏，期待，楽しさなどをぼんやりと随伴する。

一方，ネガティブな感情は，焦燥，緊張，不安といった気持ちをぼんやりと随伴する。振動が生じると経験的処理が発動して，個人は過去の記憶の貯蔵庫から類似した気持ちや経験をサーチする。そして類似した気持ちや体験がポジティブな性質であれば，その気持ちを再生産できるように行動を起こす。逆に，ネガティブな性質であれば，それらの気持ちを回避するように行動をする。ここまでの一連のプロセスは，基本的に経験的処理が担う。次に，それぞれの行動をなぜとったかを理解するために，人はその理由について合理的な説明を試みるが，このプロセスは，合理的処理が担う。

エプスタインら（Epstein et al., 1996）は，CEST の考え方に基づいて，分析的で合理的な思考スタイルと直観的で経験的な思考スタイルの個人差を測定する尺度を開発した。この尺度は，合理 − 経験的目録（REI: Rational-Experiential Inventory）と呼ばれている。REI は，認知への欲求（NFC: Need For Cognition）と直観への信頼（FI: Faith in Intuition）という 2 次元からなる。NFC は，カシオッポとペティ（Cacioppo & Petty, 1982）が作成した同一名のスケールを修

正して，短縮化したものである。認知活動への取り組みとその楽しさを測定しようとして作成されたものである。FI は，エプスタインらが独自に項目を作成した。NFC と FI の間に有意な相関は見出されなかったが，これは 2 種類の独立した情報処理様式が存在するという CEST の仮定を支持する結果を示した。

　パチーニとエプスタイン（Pacini & Epstein, 1999）は，REI の修正版を開発した。彼らは，個々の項目を合理的能力（rational ability），合理的態度（rational engagement），経験的能力（experiential ability），経験的態度（experiential engagement）のという 4 つの下位カテゴリーに再編成して，項目表現を修正した。その上で，合理尺度と経験（直観）尺度の 2 次元構造を見出して，その信頼性と妥当性を証明した。内藤ら（2004）は，「情報処理スタイル尺度」と呼ばれる REI 修正版の日本語版を開発した。なお，REI の下位次元の "engagement" を「態度」と訳したのは，内藤らの訳に従ったものである。彼女たちは，パチーニとエプスタインの研究を追試する形で日本語版の信頼性と妥当性を証明した。内藤らは，確率推論の課題を指標として合理尺度と直観尺度[注3]の妥当性を検証した。合理尺度の得点の高い者は，低い者に比べて連言錯誤[注4]を犯す者が少なかった。一方，直観尺度の高い者は，連言錯誤を犯す者が多かった。

　連言錯誤の測定にあたっては，先に述べたリンダ問題を改変したものに加えて，次のような事象問題を使用した実験を実施した。はじめに，「過去の結果によると，A は起こりやすい出来事であり，B は起こりにくい出来事であることがわかっている」という説明が被験者に与えられた。次に，被験者は，下記の 3 つの選択肢から正解を選ぶように求められた。（a）出来事 A が起こる，（b）出来事 B が起こる，（c）出来事 A と出来事 B の両方が起こる。回答者はすべての問題を読み，（a），（b），（c）について起こる確率の高い順に 1 〜 3 まで番号をつけるように要請された。確率的に考えると，（c）の生起確率が最も低くなるはずなので，（c）に 1 あるいは 2 という順位を割り当てた者は連言錯誤に陥っているということになる。

■ 第 5 節 ■

意思決定研究の産業・組織場面への応用

冒頭で述べたように，本章が取り上げた意思決定に関する理論や考え方は，組織における個人の心理や行動を直接に説明するものではない。しかし，人事アセスメント，ワーク・モチベーション，リーダーシップなど組織固有の問題を研究する際の基本的な土台を提供するものといえる。

その中でも，二重過程モデルは，産業・組織心理学がさらに発展をするために必要な視点であると考えられる。産業・組織心理学において，二重過程モデルに基づく研究はあまり行われてこなかった。従来の研究は，個人の意識的な心理プロセス（システム2）に焦点を当てたものが多い。今後は，システム1に焦点を向けた研究やシステム1とシステム2の相互作用を扱った研究が求められる。

最後に，産業・組織心理学領域における二重過程モデル研究の可能性について論じた上で本章を締めくくりたい。

第1に，人は，熟考して判断するよりも，別のことを考えてから判断をした方が，正解に近づくという考え方がある。これは，注意なき熟考効果と呼ばれる（Dijksterhuis et al., 2006）。この傾向は，熟達者により顕著に見出されるという知見も存在する（Dijksterhuis et al., 2009）。実際，直観的な専門知識や技能（intuitive expertise）という用語が存在する（Kahneman & Klein, 2009 ; Salas et al., 2010）。職場ではさまざまなアセスメントが行われる。たとえば，面接などはハロー効果や初頭効果などバイアスの観点から研究が進められてきたが，むしろ経験者の洞察や慧眼といった観点からの研究があってもよいかもしれない。また，仕事の熟達とは，まさに意識的に行っていた活動を無意識的・自動的に行えるようになるプロセスと捉えることもできる。システム2からシステム1への移行という観点から職場の学習を捉える試みもありえるだろう。

第2に，感情と道徳に関する研究である。たとえば，トロッコ問題と歩道橋問題という2種類の道徳ジレンマのシナリオがある。両者とも5人を助けるために1人を犠牲にするかという構造は同じであるが，自我関与の程度に違いが

あり（実際に自分が手を下して1人を犠牲にする），前者よりも後者のほうが高い。トロッコ問題においては，5人を助けるために1人を犠牲にするという功利主義的な解決が選ばれやすいが，自我関与の高い歩道橋問題においては，5人を助けるために1人を犠牲にするという選択が選ばれにくい。期待値で合理的に考えればどちらも同じ構造だが，このような選考逆転が生じる（相馬・都築，2013）。歩道橋問題において1人を犠牲にする選択を躊躇する心のはたらきは義務論的な考え方の表れだと解釈される。義務論とは，行為が人々に与える結果の善し悪しにかかわらず，世の中には守るべき義務や倫理原則があり，それらを守ることが善であるという考え方である。

　脳科学に基づく研究は，義務論判断は自動的な情動反応に基づき（システム1），功利主義判断は合理的な認知コントロール反応（システム2）に基づく可能性を示唆した（Greene et al., 2001）。組織における非倫理行動（unethical behavior）に関する研究についても，二重過程モデルの点からのアプローチが有効だと思われる。

　第3に，産業・組織心理学において主要な研究トピックであるワーク・モチベーションに関しても二重過程モデルの観点から研究する試みがあってもよいだろう。たとえば，林・佐々木（2017）は，リーダーがフォロワーのやる気を向上させるために，制御焦点（促進志向と予防志向）に合致したフレーミングを選択することを示した。すなわち促進志向のメッセージにおいてはポジティブ・フレーミングが選択され，予防志向のメッセージにおいてネガティブ・フレーミングが選好された。このプロセスは，無意識に処理されている可能性が示唆された。

　二重過程モデルの観点を導入することは，産業・組織心理学の研究に新しい地平をひらくと期待される。二重過程モデルに基づく研究を進めるためには，調査による相関研究だけではなく，実験的な手法を使った研究が必要になるだろう。また，より学際的な視点から研究を進める姿勢も求められよう。

注）
1.　日本心理学会の倫理規程によれば，実験に参加する人物を「被験者」ではなく「実験参加者」と表記するように求めている。しかし実験を行う主体である「実験者」，あるいは「実験協力者」や「実験補助者」などとの区分が不明確になるので，本ケースでは「被験者」という表記を用いる。

2. 「独立性の公理」とは，簡単に述べると，ある 2 つの選択肢のどちらを選好するか定まっている場合，それらの選択肢に結果が等価であり各結果を得る確率が等しい別の選択肢をそれぞれに複合した場合（付け加えた）場合にも，元の 2 つの選択肢への選好関係は保存される（不変である）という公理である。
3. パチーニとエプスタイン（Pacini & Epstein, 1999）による原版は，合理－経験的目録（Rational-Experiential Inventory）であるが，内藤ら（2004）は経験的を直観と言い換えている。
4. 連言錯誤は，代表性ヒューリスティックの項を参照。

第5章 リーダーシップ

■ 第1節 ■

現代組織におけるリーダーシップの光と影

　リーダーシップは組織の成長や存続，あるいは業績を左右する重要な概念である。そのため，産業・組織心理学では古くから主要なテーマとして関心を集め続け，組織内外の環境や要請に応えうるさまざまなリーダーシップ理論が提唱されてきた。しかし，リーダーシップが脚光を浴びる一方で，近年，リーダー（管理者や経営者）によるネガティブな問題事象も数多く発生している。たとえば，リーダーによる不正や違法行為，あるいはハラスメントの問題もわが国で大きな社会的問題となっている。これらは，リーダーシップのダークサイドの側面を如実に表している。

　リーダーシップのダークサイドの問題は，近年，リーダーシップ研究において着実に研究成果が蓄積されつつある。同時に，リーダーシップのダークサイドの問題は，決して特定の人物だけに見受けられる問題ではなく，リーダーを取り巻く種々の環境によっては，誰もが多かれ少なかれダークサイドに陥る危険性があることも示唆されている。

　こうした現状を踏まえると，リーダーシップを包括的に理解するためには伝統的に検討されてきた効果的な側面だけでなく，否定的な側面にも同時に考慮する必要があるだろう。本章では，リーダーシップのブライトサイド（明るい面，効果的な側面）とダークサイド（影の側面，否定的な側面）の両価性を意

識しながら，現在におけるリーダーシップに関する最新の知見をレビューする。

1. リーダーシップとは何か

　リーダーシップに関する最新の知見をレビューする上で，まずはリーダーシップの定義を明確にしておく必要がある。周知の通り，リーダーシップは，心理学や経営学，政治学などさまざまな学問分野で研究されているためさまざまな定義が用いられている。したがって，リーダーシップを議論する上でその定義を明確にしておく必要がある。

　リーダーシップ研究で著名なストッディル（Stogdill, 1974）は，リーダーシップの定義はその研究者の数だけあることを認めながらも，リーダーシップを"集団目標の達成に向けてなされる集団の諸活動に影響を与える過程"であると包括的に定義している。すなわち，集団は，目標を達成するためにさまざまな活動が求められるが，メンバーのさまざまな活動を方向づけ，やる気を引き出し，メンバー同士の協力・連携を促すように導く（リードする）影響力のことをリーダーシップと呼んでいる。

2. リーダーシップ構造

（1）垂直型リーダーシップ

　リーダーシップの議論の多くは，図5-1のaに示すように，管理者やマネジ

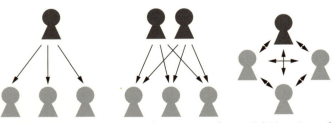

図5-1　リーダーシップの形態（池田，2017を基に作成）

ャー，経営者などある特定の公式的な地位にいる人物によるリーダーシップを想定したものである。これは，垂直的リーダーシップ構造と呼ぶことができる。ただし，ストッディル（Stogdill, 1974）の定義は公式的な地位にいる人物だけでなく集団のメンバーも発揮しうることも暗黙に示している。

（2）分有型リーダーシップ

事実，特定のリーダーだけでなく，サブリーダーやインフォーマル（非公式）リーダーなど複数のリーダーがリーダーに求められる役割を分担して発揮する「分有型リーダーシップ（distributed leadership）」（Gronn, 2002）の重要性が指摘されている（図 5-1 の b）。高口ら（2005）は，組織現場における複数リーダーによるリーダーシップの補完的な機能について実証的に検討している。それによると現場監督者が単独でリーダーに求められる役割を十分に発揮している場合には従来の研究と同様に効果的であった。ところが，従業員の組織に対する帰属意識や対人ストレスについては，現場監督者だけでなく，複数リーダーでリーダーに求められる役割を補完的に発揮している場合のほうがより効果的であることを示している。

（3）共有型リーダーシップ

さらに，図 5-1 の c に示されるように，特定の公式的リーダーだけでなく，チームメンバーもリーダーに求められる役割を共有し，そしてリーダーおよびメンバーが分け隔てなくお互いにリーダーシップを発揮し合う「共有型リーダーシップ（shared leadership）」の有効性も確認されている（Pearce & Conger, 2002）。ピアースとコーガー（Pearce & Conger, 2002）は，共有型リーダーシップを「集団や組織，またはその両方の目標達成に向けて集団内の複数の個人による動的で双方向の影響過程」と定義している。

共有型リーダーシップは，昨今，多くの組織においてチーム制（たとえば，プロジェクトチーム）が導入されていることから多くの実践的な意義をもたらしている。また，学術的にも，問題解決チームやトップマネジメントチーム，あるいは医療チームなどのメンバーがお互いに高質な連携や知的刺激を要するチームにおいて共有型リーダーシップの有効性が確認されている。

101

3. リーダーシップの歴史的変遷と最近の主要なテーマ

リーダーシップ研究は，大きく特性論（1900 〜 1950 年頃）から行動論（1940 〜 1960 年代），状況論（1960 〜 1980 年代），変革論（1980 年以降）と歴史的な変遷を遂げてきた。ところで，2000 年以降はどのようなテーマが検討されてきているのであろうか。

リーダーシップをテーマとする国際的な学術誌 *The Leadership Quarterly* では，1990 年の刊行以来，10 年ごとに研究テーマの動向を分析している。ディンら（Dinh et al., 2014）は，2000 年から 2012 年の 12 年間にわたって，主要なジャーナル（*The Leadership Quarterly* や *Journal of Applied Psychology* など）に掲載されたリーダーシップ研究 752 本の論文を分析している。その結果，すでに確立されている理論と新しく登場した理論ごとに研究数を表 5-1 のように整理している。

表 5-1 を見ると，既存の理論では，変革型リーダーシップをはじめとする「ネオ・カリスマ理論」が全体の 39％を占め，現在も主要なテーマであることがわかる。他方，新たに誕生した理論は，トップやエグゼクティブを対象とした戦略的リーダーシップが全体の 24％を占めていた。その他，2000 年以降には，3 つの特徴的なテーマが関心を集めるようなっている。

1 つは，リーダーシップ開発などの「リーダーの発生と開発」である。特に，1990 年代末頃からは，従来の研修とは一線を画して，リーダーの成長を促す「一皮むける経験」（McCall, 1998）や，リーダーに求められるスキルや知識を習得する「リーダー開発」とリーダーとフォロワーとの影響過程や関係性を形成する「リーダーシップ開発」を区別した議論（Day, 2000）が展開されている。

そして残り 2 つは相互に関連したテーマである。1 つは，リーダーシップにおいて倫理感や道徳性を考慮した理論である。倫理的リーダーシップ（Brown et al., 2005）やオーセンティック・リーダーシップ（Avolio & Gardner, 2005），サーバント・リーダーシップ（Greenleaf, 1970）が該当する。最後の 1 つは，倫理性とは逆にリーダーシップのダークサイドに着目した「破壊的リーダーシップ（destructive leadership）」である。これら 2 つは，2000 年以降，多くの不祥事が発生したことに伴って，組織リーダーがなぜダークサイドに陥り，不正

第 5 章　リーダーシップ

表 5-1　2002 〜 2012 年にトップ 10 ジャーナルに掲載されたリーダーシップ研究
（Dinh et al., 2014 を基に作成）

ランク	既存の理論	研究数	％	新しく生まれた理論	研究数	％
1	ネオ・カリスマ理論 （変革型，カリスマ的，自己犠牲的リーダーシップ）	294	39	戦略的リーダーシップ （トップ・エグゼクティブ，パブリックリーダーシップなど）	182	24
2	リーダーシップと情報処理 （リーダーとフォロワーの認知，暗黙のリーダーシップ論など）	194	26	チーム・リーダーシップ （チームと意思決定集団におけるリーダーシップなど）	112	15
3	社会的交換／関係性リーダーシップ理論 （LMX，関係的リーダーシップなど）	156	21	文脈的，複雑系パースペクティブ （文脈理論，社会的ネットワーク理論など）	110	15
4	特性理論 （特性論，リーダーシップスキルなど）	149	20	リーダーの発生と開発 （リーダーシップ開発など）	102	14
5	リーダーシップと多様性 （ダイバーシティ，多文化的リーダーシップなど）	81	11	倫理／道徳的アプローチ （サーバント・リーダーシップ，倫理的リーダーシップなど）	80	11
6	フォロワー中心アプローチ （フォロワーシップ理論，リーダーシップロマンスなど）	69	9	創造性と変革のためのリーダーシップ （組織変革のためのリーダーシップなど）	72	9
7	行動理論 （共有型リーダーシップ，エンパワーメント，報酬・懲罰行動など）	64	8	アイデンティティベースの理論 （社会的アイデンティティ理論など）	60	8
8	状況論 （パス—ゴール理論，SL リーダーシップなど）	55	7	他の萌芽的アプローチ （破壊的リーダーシップなど）	101	

やモラルハザード，ハラスメントの行為に及んでしまうのか，またリーダーに求められる資質として倫理感が重視されるようになってきた背景を表している。

4. リーダーシップ・スペクトラム

　このように 2000 年以降，リーダーシップ研究においても倫理性を重視した理論や組織や部下に有害な影響をもたらした研究に関心が寄せられてきている。しかし，これらの多様なリーダーシップ理論の全体像をどのように理解すればよいのだろうか。各理論によって重視する側面が異なるものの，1 つのリーダ

ーシップ理論やスタイルで，組織の管理者のリーダーシップを網羅的に説明することはできない。また，ある管理者のリーダーシップが，どの理論に合致するか否かという類型論的な議論にも意味がない。なぜなら，それぞれのリーダーが，それぞれのリーダーシップ理論の側面を多かれ少なかれ備えているからである。

　最近の10年ほどのリーダーシップ研究の動向を概観したが，それを含めて従来の研究を概観すると，リーダーシップの理論やスタイルは図5-2に示すように3つに大別することができる。1つめは，集団や組織の目標達成に寄与し，かつ倫理性を備えたリーダーシップである。これらをリーダーシップのブライトサイド（明るい側面）と呼ぶことにする。この側面には，変革型リーダーシップを始め，サーバント・リーダーシップや倫理的リーダーシップがこれらに該当する。2つめは，ブライトサイドの対極に位置し，組織や部下に悪影響を及ぼし，自己利益を追求するリーダーシップである。これをダークサイド（影の側面）と呼ぶことにする。これには破壊的リーダーシップや侮辱的管理，有害なリーダーシップなどが含まれる。

　そして，3つめは，効果的なリーダーシップを十分に発揮していない，あるいはリーダーとしての役割を十分に遂行していない（できていない）側面である。これを，「非リーダーシップ」と呼ぶことにする。これには，特にリーダーシップを発揮しない自由放任型リーダーシップや怠慢型リーダーシップが含まれる。自由放任型リーダーシップは，レヴィンとリピット（Lewin & Lippitt,

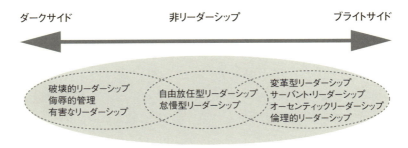

図5-2　リーダーシップ・スペクトラム

第5章　リーダーシップ

1938）の古典的な実験やアボリオ（Avolio, 1999）のフルレンジ・リーダーシップでも取り上げられていたが，特にそのリーダーシップの機能を真正面から取り上げられることはなく，あくまでもリーダーシップのブライトサイドの重要性や機能を引き立たせるために取り上げられていた。しかし，近年，非リーダーシップに特化した研究（Hinkin & Schriesheim, 2008）では，適切な場面や必要な局面で，リーダーシップを発揮しないことは，かえってネガティブな効果をもたらすことが明らかにされている。

　こうして，リーダーシップの機能の点から3つに大別したものの，それぞれは完全に切り離すことはできない。たとえば，カリスマ的リーダーシップも効果が混在しており，ハウスとハウェル（House & Howell, 1992）は社会化されたカリスマと自己利益を追求する個人化されたカリスマに分けている。このことはカリスマ的リーダーシップもブライトな側面もあれば，時にダークサイドも秘めていることを示唆している。また，ブライトサイドのリーダーシップであっても，リーダーは常に求められる役割行動を発揮しているとは限らない。たとえば，集団やチームに必要とされる目標設定や課題の構造化を行っていたとしても，各メンバーが望ましい成果を上げたときに有形無形の報酬を確実に付与していないこともあるだろう。メンバーの優れたパフォーマンスに対して適切な報酬を付与しないことは，かえってメンバーの満足感を低下させることも明らかにされている（Hinkin & Schriesheim, 2008）

　以上のことを考えると，これまで蓄積してきたリーダーシップ理論を包括的に理解するためには，それぞれの多様なリーダーシップ理論をスペクトラム（連続体）で整理する必要があるだろう。以下では，リーダーシップにはスペクトラムが存在することを十分に意識しながら，それぞれ3つのリーダーシップの側面を代表する理論と最新の知見について概観する。

105

■ 第2節 ■

リーダーシップのブライトサイド

　従来の伝統的なリーダーシップの研究の大半は，集団や組織の目標達成やそこにつながる集団活動に対して効果的なリーダーシップを探究していたと位置づけることができる。

1. リーダーシップにおける特性の役割

　リーダーになる人とそうでない人にはどのような違いがあるのだろうか。あるいは，高い成果を上げるリーダーとそうでないリーダーでは何が違うのだろうか。かつて社会心理学では，その答えをリーダーが内的に保有する「個人特性」（知能やパーソナリティなど）に求めてきた。このリーダーの個人特性を探る試みは，リーダーシップ研究の初期のアプローチでもあるが，ストッディル（Stogdill, 1948）はそれまでの研究成果をレビューした結果，一貫した効果を持つ特性は見当たらず，むしろどのような特性が有効であるかは状況に依存すると結論づけている。それ以降，特性論研究は影を潜めるようになったが，ロードら（Lord et al., 1986）によるメタ分析研究を境にリーダーの特性が持つ機能が再び脚光を浴びるようになっている。

　リーダーの個人特性は曖昧かつ複雑な仮説構成概念である。それが多くの混乱を招いてきた一因といえる。たとえば，個人特性を，比較的安定したものか，あるいは状況によって変動するものなのか，いずれを想定するかによって，個人特性がリーダーシップに果たす機能について大きく考え方が異なってくる。そのような中で，最近，ホフマンら（Hoffman et al., 2011）は，個人特性を「安定特性」と「状態特性」の2つに整理している。安定特性には，パーソナリティや知能，達成動機，支配性，創造性などが含まれる。それに対して，状態特性には対人的スキル，オーラルコミュニケーションスキル，記述スキル，管理スキル，問題解決スキルなど後天的に学習される特性が含まれる。ホフマンら（Hoffman et al., 2011）の「安定特性」と「状態特性」の分類をさらに発展させ

ると，それらはリーダーシップ・プロセスに対してどの程度直接的あるいは間接的に関わるかを意味する。ザッカロら（Zaccaro et al., 2004）は，リーダーシップの基準（結果）変数としてのリーダーの出現や効果性，そしてそれに先立つプロセスとしてのリーダー行動にどれだけ直接的な影響力を持っているかについて，個人特性を「遠因特性」と「近因特性」に分けて，図5-3のようなモデルを提示している。

遠因特性は，リーダー行動やリーダーシップの基準変数に対してやや間接的な影響を与える。具体的には，認知スキルやパーソナリティ，動機・価値が含まれる。それに対して，近因特性とは，リーダー行動に直接的に影響する特性であり，社会的評価スキルや問題解決スキル，暗黙知を意味する。

こうして，個人特性を複数の次元で整理してみると，多くのことを理解することができる。まず，1つは，個人特性は，比較的先天的に形作られる素質などの特性だけではなく，後天的に学習や経験によって形作られる特性も数多く存在することである。また個人特性によっては，リーダーシップ過程に対して複数のプロセスを経て影響する「遠因特性」もあれば，リーダー行動に直接影響を与えるような「近因特性」も存在する。この視点は，個人特性がリーダーシップ過程に果たす役割を位置づける上でも重要な視点である。

さらに比較的安定した個人特性として位置づけられるパーソナリティのビッグファイブ（McCrae & Costa, 1987）とリーダーシップとの関連性も明らかにされている。ジャッジら（Judge et al., 2002）は，1967年から1998年までにパーソナリティとリーダーシップとの関係について検討した78の研究論文を

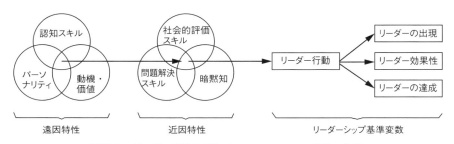

図5-3　リーダー特性モデル（Zaccaro et al., 2004を基に作成）

もとに，パーソナリティのビッグファイブ（外向性，開放性，調和性，誠実性，神経症傾向）とリーダーシップとの関係についてメタ分析を行っている。その結果，ビッグファイブ全体とリーダーの発生（出現）およびリーダーシップ効果性との重相関係数はそれぞれ $R=.53$ と $R=.39$ を示している。さらに，ビッグファイブの個々の特性についてメタ分析を行ったところ，ビッグファイブとリーダーシップとの間には予想よりも強い関係を示し，外向性と経験への開放性はリーダーシップの効果性およびリーダーの発生（出現）と正の関連性を示していた。

　こうしたジャッジらの研究グループによる研究を皮切りに，ビッグファイブの他にも情動知能（Goleman, 1995）などさまざまな個人特性が検討されている。しかし，指摘するまでもなく，リーダーは1つの特性のみを保有しているわけでなく，さまざまな個人特性を保持し，なおかつそれぞれの個人特性の程度にも個人差が存在している。

　たとえば，リーダーシップにおいて「知能」はリーダーの発生や効果性に頑健な効果を持っていた（Lord et al., 1986）。しかし，リーダーの知的能力が高く，なおかつ外向的であれば，集団のメンバーに理念や目標が浸透し，また課題遂行などの手続きも共有されやすいと想像される。一方で，たとえリーダーの知的能力が高くとも，外向性が低ければ（内向的），メンバーに目標や手続きが十分に伝わらないことが考えられる。したがって，今後は，いずれかの個人特性を取り上げ，それの単独の効果ではなく，リーダーシップに関わる重要な個人特性を同定し，それらの組み合わせの効果を明らかにする必要があるだろう。

　これに関する先駆的な研究として，フォティとハウェンスタイン（Foti & Hauenstein, 2007）は士官学生を対象に，認知能力，支配性，一般的自己効力感，セルフモニタリングの個人特性を取り上げ，それらの個人特性の高さに応じて3つのグループに分類している。1つめはすべての個人特性が低いグループ，2つめはすべてが高いグループ，そして3つめはそれぞれの個人特性の程度が混在しているグループであった。この3つのグループごとに，リーダーの発生／出現およびリーダーシップ効果性との関連性を検討したところ，すべての個人特性が高いグループにおいて最も効果が高かったことを明らかにしている。

2. リーダーの影響力の源

　リーダーシップが機能するためには，リーダーの働きかけに対して，メンバーがそれを受け入れる必要がある。では，メンバーはどのようにリーダーやその働きかけを受け入れるようになるのだろうか。

（1）集団の典型的な人物になる

　1つは，リーダーが集団を代表する典型的な人物であるとメンバーから認識される必要がある。これについて，最近，ハスラムら（Haslam et al., 2011）は，社会的アイデンティティ理論を基盤としたリーダーシップ理論を展開している。

　社会的アイデンティティとは，自己概念の一部であり，自分自身を集団の一員として同一視することである（Tajfel & Turner, 1986）。自分自身を，○○社や△△部のような集団のメンバーの一員と考えることで，それに相応しい行動をとるようになる。そして，自分たちの集団（内集団）に相対する集団（外集団）の存在が顕在化すると，自分たちの集団のことを過大に評価（内集団びいき）し，そして外集団を否定的に考えるようになる（外集団差別）ことが実験的に明らかにされている。

　ハスラムら（Haslam et al., 2011）は，この社会的アイデンティティ理論をリーダーシップに適用している。それによると，集団において社会的アイデンティティが共有されているときには，その集団において最も典型的な人物が集団のメンバーに対して最も影響力を持つようになる。つまり，集団のメンバーと同じ立場の"一員"でかつ最も集団を代表する人物こそがリーダーとして集団のメンバーから信任を得て，影響力を行使することが可能になるといえる。

（2）信頼を得る

　リーダーシップは，メンバーからの受け入れがあってはじめて成立する現象であることからクーゼスとポスナー（Kouzes & Posner, 1993）は，リーダーに対する「信頼」こそが重要な要件であることを指摘している。また，メンバーが抱くリーダーに対する信頼についてマクアリスター（McAllister, 1995）は，リーダーの有能さや責任感などに基づく「認知的信頼（cognition-based trust）」

とリーダーとメンバーとの情緒的な絆を基盤とする「情緒的信頼（affect-based trust）」に整理している。

(3) リーダーとメンバーとの良好な関係性を築く（LMX）

　リーダーシップの影響力は，リーダーとメンバーとの関係性の質によっても左右される。従来のリーダーシップ研究のほとんどがリーダーからメンバーへの単一方向的な働きかけであった。それに対して，リーダーとメンバーとの二者関係の質に着目したのが，グレーンとウール=ビエン（Graen & Uhl-Bien, 1995）によるリーダー－メンバー交換関係（LMX: Leader-Member Exchange）理論である。LMX 理論では，リーダーシップの基本体系をリーダーとメンバーとの二者関係を基本とする。そして，リーダーと二者関係のそれぞれの総体によって職場集団が構成されると考える。

　ただし，リーダーはすべてのメンバーと良好な関係を築くようになるとは限らない。リーダーは，メンバーとの初期の関係において，能力や態度，パーソナリティなどの情報をもとに，有能で信頼できるメンバーかどうかを判断する。そして，リーダーとの関係が良好なメンバーは内集団（in group），そして関係が良好でないメンバーは外集団（out group）へと大きく 2 つの集団に分かれるようになる。リーダーとメンバーが良好な関係を築いている高質な LMX 関係では，相互によるサポートや信頼関係，忠誠心などを抱くようになる。一方で，質が低い LMX 関係では，一方的な指示命令や社会的距離，不信などを抱くようになる（e.g., Schriesheim et al., 1999）。

3. 効果的なリーダー行動

　リーダーの特性論アプローチが，ストッディル（Stogdill, 1948）らの文献展望をきっかけに衰退の一途をたどるようになると，1950 年代から次第に有効なリーダーとそうでないリーダーとの違いは，彼らが備えている特性から，実際に観察可能な「リーダー行動」へと焦点が当てられるようになった。

（1）リーダーシップ機能に関する不動の2次元

　リーダーの行動を探る研究は，米国の各地で取り組まれるようになった。代表的な研究として，ストッディルらのオハイオ州立大学のグループ（Halpin & Winer, 1957）は，まず職場の管理者（リーダー）の行動を部下から多数収集し，それを基に150の質問項目からなる「リーダー行動記述調査票（LBDQ: Leader Behavior Description Questionnaire）」を開発している。そして，そのデータについて因子分析を行ったところ，リーダー行動は職務活動を明確化し，部下の役割や責任を定義する「構造づくり」行動とリーダーと部下との相互の尊敬や信頼をつくり出す「配慮」行動が存在することを明らかにしている。その他の研究でも名称こそ異なるものの，いずれも多様なリーダー行動は最終的に2次元に集約できることが明らかにされている。すなわち，集団の目標を達成することや課題の取り組みに志向した「課題志向的行動」，そして集団内の人間関係の維持や，チームワークや雰囲気の醸成，さらにはメンバーの満足感を充たすことなど主として人間関係の配慮に志向した「人間関係志向的行動」である。これら2つを「リーダー行動の不動の2次元」と呼ぶ（金井，2005）。

　これら2つのリーダー行動のどちらが効果的かについて数多くの検証がなされたものの，一貫した結果が得られず，その後，大きく2つの進展を見せている。1つは，2つのリーダー行動を組み合わせた理論の提唱である。たとえば，構造づくり（課題志向的行動）と配慮（人間関係志向的行動）との関係性は比較的低い（たとえば，Judge et al., 2004のメタ分析では両者の相関は .17）ことから，2つのリーダーシップ機能を組み合わせて，双方ともに高い水準で発揮しているリーダーシップスタイルが最も効果的であると説いたPM理論（三隅，1984）はその代表的な理論といえる。もう1つは，2つのリーダー行動について一貫した結果が得られない原因を，状況要因に求めるコンティンジェンシーアプローチの流れである。

（2）組織変革とリーダーシップ

　1980年代になると，米国では不況が影響し，多くの組織で変革の必要性が叫ばれるようになる。こうした動向に呼応するように，バス（Bass, 1985）は，組織を変革することを目指した「変革型リーダーシップ（transformational leadership)」を提唱している。なお，これまでのリーダーシップ理論は，基本的に組織内部に関心があり，メンバーとの相互交流を通じて，目標や課題を確実に遂行することを目指したものであった。これを「交流型リーダーシップ（transactional leadership）」と呼ぶ。

　バス（Bass, 1985）は，変革型リーダーシップをメンバーに影響を及ぼすリーダーの効果性の観点から定義している。それによると，変革型リーダーは，メンバーに明確かつ理想的な目標の重要性や価値を気づかせて，組織のために私欲から抜け出させ，そしてより高いレベルの欲求を活性化させることで，メンバーの意識を変革すること目指している。変革型リーダーシップは次の4つの行動から構成されている。すなわち，「理想的影響（idealized influence）」（組織やメンバーにとって何が最も望ましいかを問いかけながら動機づけるリーダーの行動），「モチベーションの鼓舞（inspirational motivation）」（リーダーがフォロワーに対して刺激的で魅力的なビジョンを示すこと），「知的刺激（intellectual stimulation）」（メンバーの考え方や視野を広げたり，転換させたりするなどの刺激を与えること），「個別的配慮（individualized consideration）」（リーダーがフォロワーのニーズや関心に耳を傾け，メンターとして成長を支援する行動）である。

　バス（Bass, 1985）の理論を発展させて，アボリオ（Avolio, 1999）は，「フルレンジ・リーダーシップ（full range leadership）」を提唱している。このモデルでは，リーダーシップを変革型リーダーシップ（4つのI's），交流型リーダーシップ（随伴報酬，能動的な例外時罰行動，受動的な例外時罰行動），そして自由放任型リーダーシップ（ほとんどリーダーシップを発揮しない）の5つに分類する。そして，これらを図5-4に示すように「効果的－非効果的」「積極的－消極的」，そして「頻度」の3次元上で表すことができる。

　最適なリーダーシップとは，座標軸の右上にある（効果的で積極的）リーダーシップを積極的に発揮しているタイプで，第1に変革型リーダーシップ，そして第2にパフォーマンスに即応して報酬を与えるリーダーシップ（交流型リーダーシップ）の順で望ましいとされている。逆に，非効果的なリーダーシップとは，座標軸の左下で第1に自由放任的リーダーシップ，第2に受動的な例外時罰行動を指している。

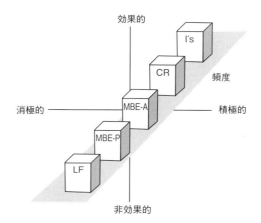

図 5-4　フルレンジ・リーダーシップ（Avolio, 1999）

　これらのモデルを踏まえ，ジャッジとピッコロ（Judge & Piccolo, 2004）は変革型および交流型リーダーシップの効果についてメタ分析を行っている。表5-2 を見ると，変革型リーダーシップは各種の効果性指標に対して強い効果を持っていることがわかる。同様に，交流型リーダーシップの中でもパフォーマンスに即応して報酬を与える随伴報酬も，変革型リーダーシップと同程度の強い効果を持っていることがわかる。
　なお，能動的な例外時罰行動は，リーダーが期待する水準に対してミスや未達が生じないよう，能動的にフォロワーに働きかける行動である。それでもなおメンバーにミスが生じたときには叱責や罰を与えることからケロウェーら（Kelloway et al., 2005）は，従業員は能動的な例外時罰行動を侮辱的（abusive）な対応であると捉えるようになることを示唆している。他方で，受動的な例外時罰行動は，メンバーにミスが生じるまで何もしないことを意味することから，しばしば自由放任的なリーダーシップと密接に関連していると指摘されている

表 5-2　変革型および交流型リーダーシップに関するメタ分析結果（Judge & Piccolo, 2004 を基に作成）

効果性指標	変革型リーダーシップ	交流型			
		随伴報酬	能動的な例外時罰行動	受動的な例外時罰行動	自由放任的リーダーシップ
フォロワーの職務満足感	.58	.64	−	−	-.28
フォロワーのリーダーに対する満足感	.71	.55	.24	-.14	-.58
フォロワーのモチベーション	.53	.59	.14	-.27	-.07
リーダーの職務パフォーマンス	.27	.45	.13	.00	-.01
集団もしくは組織パフォーマンス	.26	.16	-.09	-.17	−
リーダーの効果性	.64	.55	.21	-.19	-.54

注）表中の値（ρ）は推定された相関係数

（Avolio, 1999）。

（3）フォロワーを後方支援するサーバント・リーダーシップ

　近年，組織のメンバーの自律性を引き出し，職場を活性化させるために，フォロワー中心アプローチとして「サーバント・リーダーシップ」が関心を集めている。従来のリーダーシップ理論では，リーダーが目標達成に向けてメンバーを導く際に，リーダーが多数のメンバーの先頭に立ち，上意下達に指示や命令を行うというスタイルが暗黙の前提にあったと思われる。それに対して，サーバント・リーダーシップとは，グリーンリーフ（Greenleaf, 1970）が提唱した理論で「リーダーである人は，まず相手に奉仕し，相手を導くもの」という実践哲学に基づき，メンバーを支え，支援し，目指すべき方向へ導くことを指す。サーバント・リーダーは自身の掲げるビジョンの下に，無私無欲でメンバーに奉仕し，尽くすことで，従来のリーダーシップ理論とは異なる効果を持つことが明らかにされつつある。

　1つめは「リーダーに対する信頼」である。スコーブロークら（Schaubroeck et al., 2011）は，変革型リーダーシップとサーバント・リーダーシップの異なる機能を明らかにするために，マクアリスター（McAllister, 1995）による認知的信頼と情緒的信頼との関連性を検討している。その結果，変革型リーダーシ

ップは，メンバーからの認知的信頼を引き出していたのに対し，サーバント・リーダーシップは情緒的信頼を生み出していた。

2つめは「メンバーの自律性」の促進である。サーバント・リーダーシップは，メンバーに権限委譲を行うことから，メンバーの自律性を促す機能を持つ。それによって，メンバーの自発的な役割外行動が生み出されると考えられる。それに関して，エアハート（Ehrhart, 2004）は，食品店の従業員249名を対象に調査を行ったところ，管理者のサーバント・リーダーシップは，職場内の手続き的公正風土を高め，それがメンバーの自律性（組織市民行動）を高めることを明らかにしている。

3つめは，「メンバーの協力行動や協力風土の醸成」である。ライデンら（Liden et al., 2014）は，サーバント・リーダーシップの有する伝染力に着目している。彼らは，71のレストランで働く961名の従業員を対象に調査を実施したところ，リーダーのサーバント・リーダーシップが職場のメンバーに伝染し，それが奉仕の文化を生み出すことを明らかにしている。

■ 第3節 ■

リーダーシップのダークサイド

　従来のリーダーシップ研究のほとんどは，組織が成長し，存続し続けるために，組織目標や組織変革を実現することに資する効果的なリーダーシップが探究されてきた。そこには，組織のリーダーは，組織にとって必要とされ，そして望ましい役割行動をどの程度発揮しうるか，リーダーシップのブライトサイド（明るい側面）に焦点が当てられていたといえる。図5-2のリーダーシップ・スペクトラムでいえば，中央から右寄りの側面といえる。

　しかし，すべてのリーダーが組織や部下にとって望ましい役割行動を発揮しているとは限らない。わが国においても，近年，組織の管理者が部下に対して激しい叱責や脅し，人格否定など，行き過ぎた行為や倫理に悖る行為として「ハラスメント」が問題視されている。こうした管理者の行動を，テッパー（Tepper,

2007）は「侮辱的管理（abusive supervision）」と呼び，少なくとも米国の労働者の13.6%が侮辱的管理の被害を受け，それによる損失（離職，メンタルヘルスの不調，生産性の損失）が毎年238億ドルに上ると見積もっている。さらには，2000年以降，米国やわが国においても，不正会計やリコール隠し，偽装など，組織のリーダーが倫理に悖り違法行為に手を染める事件も多発している。また，部下に無理を強要したり，職場に悪影響をもたらすリーダーも存在する。

　このような背景から，近年，組織や部下に悪影響を及ぼし，組織にも不利益をもたらすリーダーシップの「ダークサイド」に多方面から関心が寄せられている。たとえば，2007年には *The Leadership Quarterly* において，「Destructive leadership（破壊的リーダーシップ）」の特集号が掲載されている。さらには，英国の元外務大臣で神経科医であるデヴィッド・オーウェン（Devid Owen）は，部下の助言を聞かずに冷静な判断ができなくなるリーダーの「傲慢さ（hubris）」を大きな経営リスクとして考え，2012年からリーダーの傲慢さに関わる学際的な国際会議を毎年開催している（朝日新聞デジタル，2015）。

1. カリスマのブライトサイドとダークサイド

　リーダーシップのダークサイドに関するテーマは，表5-1にも示したように，2000年以降に本格的に検討され始めたが，ダークサイドの存在自体は以前から気づかれていた。たとえば，古典的ではあるがレヴィンとリピット（Lewin & Lippitt, 1938）のリーダーシップと社会風土の実験では，集団メンバーを支援して必要に応じて適切な助言と援助を行う「民主型リーダー」に対して，集団メンバーに対して一方的に指示命令を行う「専制型リーダー」が検討されている。専制型リーダーの下では，民主的リーダーと同様に生産性は高いものの，集団の雰囲気は攻撃的で，メンバーのモチベーションも受動的で低いものであった。専制型リーダーは，必ずしもダークサイドとはいえないものの，メンバーの意向や自発性を置き去りにしたリーダーシップといえる。

　また，カリスマ的リーダーシップも，メンバーを魅了して組織を変革に導くブライトサイドの側面が注目されている一方で，歴史的にもドイツのナチスを率いたアドルフ・ヒトラーのようにカリスマのダークサイドの存在も指摘され

ている（House & Howell, 1992）。事実，カリスマ的リーダーシップの効果については結果が混在している。それを受けて，ホーガンら（Hogan et al., 1990）は，メンバーを引きつける魅力を持ち，社会的スキルにも秀でているが，私利私欲に走り，その実現のためにメンバーを操作する「カリスマのダークサイド」の存在を指摘している。さらにハウスとハウェル（House & Howell, 1992）は，カリスマ的リーダーの「動機（motive）」の観点から，組織や集団の目標の実現に動機づけられているリーダーを「社会志向的カリスマ」，そして自己利益に動機づけられたリーダーを「自己志向的カリスマ」と分類している。この分類に基づいて，最近，ブラウンとトレヴーノ（Brown & Trevino, 2006）は社会志向的カリスマはメンバーの逸脱行動とは負の関連性を示すものの，自己志向的カリスマは社会システムに有害な影響を与えることを示している。

2. 組織を蝕む破壊的リーダーシップ

　組織を蝕み有害な影響を与える破壊的リーダーシップについて，さまざまな研究者が破壊的リーダーシップの異なる側面に着目し，表 5-3 に示すように暴君型リーダー（petty tyranny, Ashforth, 1994），有害リーダー（toxic leaders, Lipman-Blumen, 2005），侮辱的管理（abusive supervision, Tepper, 2007）など異なる名称で検討されてきている。それらを踏まえて，エーナーセンら

表 5-3　破壊的リーダーシップに関連する理論（坂田，2017 を基に一部修正）

概念	定義	提唱者
暴君型 （petty tyranny）	管理者による，過酷で，気まぐれで，悪意ある勢力と権威の使用	Ashforth（1994）
侮辱的管理 （abusive supervision）	上司が敵対的な言語的・非言語的行動（身体的接触を除く）を持続的に示す程度に関する部下の知覚	Tepper（2000）
社会的侵害 （social underming）	肯定的対人関係，仕事関連の成功，および好ましい評判を確立したり維持したりすることを，妨害することを意図した上司の行動	Duffy et al. （2002）
有害なリーダー （toxic leader）	さまざまな恥ずべき行動（腐敗，偽善，破壊行動，操作，非倫理的，違法，犯罪的行為）を行い，それを隠すことによって高潔でない行動をとるリーダー	Lipman-Blumen （2005）

(Einarsen et al., 2007) は，破壊的リーダーシップを包括的に「組織の目標，課題，資源，有効性，または部下のモチベーション，ウェルビーイング，組織満足度を衰えさせたり妨害したりすることによって組織の正当な利益を侵害するような，リーダーや上司や管理者のシステマティックに繰り返される行動」と定義している。この定義には，破壊的リーダーシップを理解する上で2つの重要な視点が含まれている。1つめは，リーダーによる破壊的な行動に「意図性（intentionality）」が含まれている点である。すなわち，リーダーが意図せずに部下に傷つけてしまうのではなく，明らかに悪意や貶める意図を持ち，部下に有害な影響を及ぼしているのである（Kaiser & Craig, 2014）。2つめは，単に効果的なリーダーシップが十分に発揮されていないことではなく，明らかに破壊的リーダーシップに関連する有害な行動を積極的に行っていることである。

　破壊的リーダーシップの中でも，最も研究成果が蓄積されているのは，テッパー（Tepper, 2000）による侮辱的管理であろう。テッパーは，侮辱的管理を「上司が敵対的な言語的・非言語的行動（身体的接触を除く）を持続的に示す程度に関する部下の知覚」（Tepper, 2000, p.178）と定義しており，具体的には，管理者が直属の部下を大声で罵倒したり，嫌がらせをする行為である。なお，この定義からわかるように，侮辱的管理では，あくまでも上司の行為を部下がどのように知覚するかに依存する。したがって，上司が部下に対して侮辱的な行為を行ったとしても，部下によってその受け取り方が異なる可能性がある。

　こうした侮辱的管理は部下や職場にさまざまな悪影響を及ぼす。たとえば，侮辱的管理は，部下の職務満足感（Tepper, 2000）や組織コミットメント（Duffy et al., 2002）などを低下させ，さらに退職意図（Tepper, 2000）を高める。さらには，同僚や上司に対しても有害な行動を起こすようになる（Mitchel & Ambrose, 2007）。

3. なぜリーダーはダークサイドに墜ちるのか

　破壊的リーダーは，最初からダークサイドに墜ちていたわけではない。ダークサイドに墜ちる前には，組織の目標を達成すべく，集団に対して必要とされる

効果的なリーダーシップを発揮していた（しようとしていた）はずである。では，何がリーダーをダークサイドに陥れるのだろうか。

これに関して，パディラら（Padilla et al., 2007）は，破壊的リーダーシップを引き出す要因として，図5-5に示すように「有害な三角形（toxic triangle）」を提唱している。

1つめは，リーダー自身の要因である。たとえば，上述した「カリスマ」も集団目標の達成に志向した社会化されたカリスマであれば効果的に機能するが，自己の利益や目的に志向した個人志向的なカリスマは，①フォロワーの欲求や権利を無視するようになり，そして②組織に向けられた忠誠心をリーダーに移行するように促し，それが結果として組織の成果に悪影響を及ぼす。

また，傲慢や誇張，自己陶酔などの特徴を有する自己愛傾向（narcissism）も破壊的リーダーにつながる要因である。ただし，自己愛傾向は，リーダーにとって常に有害な影響を持つわけではなく，一定程度はリーダーにとって必要な特性である。すなわち，自己愛傾向のリーダーは，自信を持ち，ビジョンを掲げ，それによってメンバーを動機づける機能を持つ。しかし，自己愛傾向の程

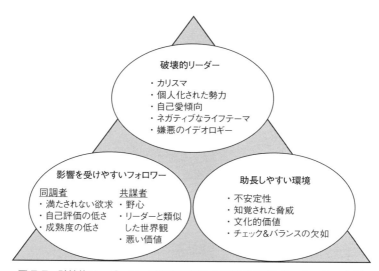

図5-5　破壊的リーダーシップを引き出す「有害な三角形（toxic triangle）」
（Padilla et al., 2007 を基に作成）

度が強すぎると，リーダーは傲慢になり，誇大な計画を掲げるようになる。

2つめは，フォロワーに関する要因である。盲目的にリーダーの意向に同調するフォロワーや，リーダーにごまをするフォロワーの存在により，リーダーはかえってフォロワーを自己利益のために扱おうとするようになる。一方で，リーダーの指示や意向を無視し，挑戦的なフォロワーの存在も，リーダーの侮辱的管理を引き起こすことが指摘されている（Tepper, 2000）。

3つめは，破壊的リーダーを「助長しやすい環境」である。組織を取り巻く環境が不安定であるほど，われわれは強力なリーダーを待望する傾向がある。それがかえって，破壊的リーダーや自己志向的カリスマを生み出す可能性を高めてしまう。また，リーダーに与えられる権力（勢力）の大きさも，リーダーをダークサイドに引き込む要因である。かつて，キプンス（Kipnis, 1972）は，より大きな勢力を与えられたリーダーほど，①メンバーに対して強い影響力を行使し，②メンバーの成果を過小評価するようになり，③メンバーの成功は自らの指示のおかげであると帰属し，④メンバーと一定の心理的距離をとるようになることを実験的に検証している。そして，キプンス（Kipnis, 1972）はこれらの変容過程を勢力変性効果と呼び，「勢力の腐敗（power corrupt）」の原型として説いている。

また，組織において，リーダーを公正に扱っているかどうかも重要な要因である。たとえば，エーライエら（Aryee et al., 2007）は，リーダーが組織や上司から不公正な扱いを受けると，それがかえって，リーダーの部下に当たるメンバーに対する侮辱的管理につながることを実証的に明らかにしている。

■ 第4節 ■

リーダーシップを十分に発揮しない非リーダーシップ

最後に，リーダーシップ・スペクトラムの中間に位置する「非リーダーシップ」は，消極的なリーダーシップとして，従来は，効果的なリーダーシップと対極に位置づけられてきた。実際，アボリオ（Avolio, 1999）らのフルレンジ・

リーダーシップのモデルにおいても，最も効果的とされる変革型リーダーシップの対極に，消極的で非効果的なリーダーシップとして自由放任型リーダーシップ（laissez-faire leadership）が位置づけられている。しかし，非リーダーシップとしての自由放任型リーダーシップを真正面から取り上げて検証した研究は，現在もなお希少に留まっているのが現状である。

　自由放任型リーダーシップとは具体的に，リーダーが責任を避けたり，問題が起きてもそれに反応しない，メンバーからの要請に対して対応しない，などが含まれる。これらの役割を全うしていないことに対して，そこにリーダー自身の「意図性」があれば，破壊的リーダーシップに含まれるものの，意図がなく能力的に発揮できないときには，必ずしもダークサイドとはいえない。

　自由放任型リーダーシップや怠慢リーダーシップは，必要とされるリーダーシップを発揮していない（できていない）ことから，期待される成果には至らず，必ずしも有害ではないと考えられるが，決してそうではない。先述したジャッジとピッコロ（Judge & Piccolo, 2004）のメタ分析においても，自由放任型リーダーシップは，リーダーの効果性やフォロワーの職務満足感を抑制する効果を持っていることが明らかにされている。さらに，エーナーセンら（Einarsen et al., 2007）も，消極的なリーダーシップは，メンバーに役割の曖昧さや役割葛藤，同僚間での葛藤や争いを引き起こし，それが間接的に部下のストレスにもつながっていることを示している。

　また最近，ヒンキンとスクリエシューム（Hinkin & Schriesheim, 2008）は，非リーダーシップの中でも「報酬の不作為（reward omission）」と「罰の不作為（punishment omission）」について検討している。その結果，メンバーの高いパフォーマンスに対して報酬を与えないことは，かえってメンバーのモチベーションや満足感を抑制する効果を持つ。また，低いパフォーマンスに対して責任を追及しないことも役割の曖昧さを引き起こしてしまう。

　こうして，リーダーに必要な役割行動をとらないことで，かえってメンバーには消極的リーダーと認識され，リーダーに対する信頼が崩壊するどころか，メンバーや職場集団自体にも悪影響を及ぼす可能性を示している。

■ 第5節 ■

最後に

　本章では，リーダーシップ・スペクトラムの観点から，リーダーシップのブライトサイド，ダークサイド，そして中間に位置する非リーダーシップに関する最新の知見を概観した。ここで留意すべきは，一人のリーダーが，長期間，必ずしもブライトサイドに含まれる効果的なリーダーシップを発揮し続けるわけではない点である。

　たとえば，職場の目標を立てて，メンバーの役割を明確化し，目標達成に向けて指示命令していたとしても，メンバーの頑張りや優れたパフォーマンスに対して，報酬（金銭や褒めることも含む）を与えないと，かえってメンバーのやる気を削いでしまう。すなわち，一部は必要な役割行動を遂行しているものの，報酬の不作為も含まれることで，本来のリーダーシップ機能が活かされなくなってしまう。

　別の例では，効果的なリーダーシップを発揮し続けていたものの，期待される成果を上げて，職位が上がり，それに連動した権限を得ることで，しだいに自己利益を追求したり，また部下を蔑ろにしてしまう危険性も秘めていることである。現在，リーダーの不祥事やハラスメントなどの問題も，こうしたリーダーシップのスペクトラムで考えることで理解しやすくなると思われる。

　今後は，決して1つの側面に限らず，リーダーシップのスペクトラムを意識しながら，リーダーシップの全体像を理解していく必要があるだろう。

第6章
仕事へのモチベーション

　モチベーションは，意欲，動機づけを意味する。仕事へのモチベーション，すなわちワークモチベーションは組織における重要なテーマの1つである。従業員一人ひとりにとっても重要度は高い。にもかかわらず，日本の働く人のやりがいは1980年代から中長期的に低下し（図6-1，内閣府，2009），従業員と組織の結びつきを表すエンゲージメントの強さは世界の中でも最下位クラスである（Gallup, Inc., 2017）。ワークモチベーションを新しい視点で捉え直し，その向上策を探ることは，働く個人が充実した仕事生活を送るためにも，また日本が存続し発展していくためにも必要と考えられる。

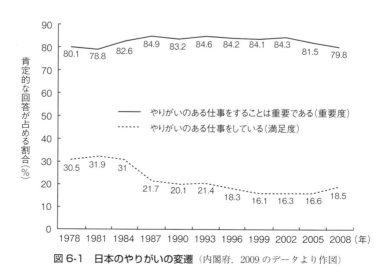

図6-1　日本のやりがいの変遷（内閣府，2009のデータより作図）

本章では，仕事へのモチベーションについて，研究のオーソドックスな流れ
をさらいつつ，新しい知見を紹介する。

　ワークモチベーションに関する研究は，1960 ～ 1970 年代に基礎的で重要な
知見が蓄積された。欲求階層理論，X-Y 理論，動機づけ－衛生要因理論，内発
的－外発的動機づけといった現代でも広く知られる研究はこの時期に行われて
いる。1980 年代にも，目標設定理論，職務特性理論などが発展的な展開を見せ
た。その後，1990 年代には掲載論文上ではモチベーション理論への関心は低下
し（Ambrose & Kulik, 1999），代わってリーダーシップ，意思決定，交渉，グル
ープとチーム，組織設計などのマネジメントに関する他の分野の研究が発展し
た（Steers et al., 2004）。しかし，新しい研究分野の中でも，モチベーションは
成果や行動を予測する有効なフレームワークとして用いられている（Ambrose
& Kulik, 1999）。こうした状況は現在にも通底し，ワークモチベーションは，組
織行動を考える上で，重要なキーワードであると同時に，全体を捉える枠組み
として活用されている。

■ 第 1 節 ■

モチベーションとは

1. モチベーションの定義

　motivation という単語は，ラテン語の movere（movement）から派生してい
る（Steers et al., 2004）とされる。アンブローズとカリク（Ambrose & Kulik,
1999）は，1990 年から 1997 年に出版されたワークモチベーションに関する論
文・著書 200 件以上をレビューし，ワークモチベーションの定義は，「職務行動
を生起させ，方向づけ，維持させる」という 3 つの要素が含まれるとした。レ
イサムとピンダー（Latham & Pinder, 2005）は，1993 年から 2003 年までのワ
ークモチベーションに関する論文・著書を整理し，ワークモチベーションの定
義については，ピンダー（Pinder, 1998）の以下を引用した。すなわち，「ワー
クモチベーションは，個人内および個人を超えて生起するエネルギッシュな力

第6章　仕事へのモチベーション

であり，職務に関連する行動を引き起こし，その形態，方向，強度，継続性を決定する」である。

2. モチベーションを考える意義

　モチベーションを考える意義は，モチベーションが成果や行動といった結果に影響を与えるという点にある。多くの研究で学習の成果や仕事の成果への影響が示されているが，近年の研究においても，従業員のモチベーションが会社のROA（総資産利益率）にプラスの影響を与える（飛田ら，2014）こと，研究プロジェクトを開始する上でのモチベーションの強さが研究成果に関わる（伊神・長岡，2014）こと，モチベーションが疲労回復を促進する（van Hooff & Geurts, 2015）ことなどが明らかになった。モチベーションに関する知見を適切に活用すれば，会社の業績向上，研究成果の向上，あるいは疲労回復の促進にもつながる。

　さらに，個人の仕事生活の質や組織の社会における存在意義という観点に立つと，モチベーションが適切に保たれた状態そのものが重要といえるのではないだろうか。個人が行動を引き起こすエネルギッシュな力を感じつつ仕事をすること，そのような従業員が数多く含まれる組織を維持することは，結果を出すための方策であるということのみに留まらず，それ自体が目的でもあると考えられる。

■第2節■
***
モチベーションは何によって，どのように起こるのか

　古典的なワークモチベーション研究には，大きく2つの潮流がある。1つは，相対的に安定した環境においてモチベーションに影響する要因を特定しようとする内容理論であり，もう1つがワークモチベーションに内在するプロセスを説明する過程理論である。前者は初期的な理論で1960年代までに示され，後者

125

は1960年代の半ばから台頭した。

1. 内容理論

　内容理論の代表例として，欲求階層理論，X-Y理論，動機づけ−衛生要因理論，内発的−外発的動機づけを取り上げる。

(1) 欲求階層理論

　欲求階層理論（Maslow, 1954）では，個人は順位づけされた一連の欲求を満たすために活動に動機づけられるとされる。一連の欲求とは，低次の欲求から順に，生理的欲求（空腹，渇きなど），安全欲求（安全性や肉体的・精神的保護など），所属と愛の欲求（愛情，所属，受容，友情など），尊敬の欲求（自己尊重，自律，地位，名声など），自己実現欲求（自己充実，自分がなり得るものになることへの欲望など）である。個人は低次の欲求が充足され，順に次の欲求階層に移るとされる。その後，5欲求を，生存（Existence），関係（Relatedness），成長（Growth）の3欲求にまとめたERG理論（Alderfer, 1972）が提唱された。

(2) X-Y理論

　X-Y理論（McGregor, 1960）では，リーダーが人間性に関して抱く2種類の仮説を想定した。1つは，人は本来的に仕事が嫌いでできることなら仕事はしたくないとするX仮説で，経済人モデルと呼ばれ，人に組織目標を達成させるためには，強制したりコントロールしたりしなければならないとされる。もう1つが，人は適切な条件さえあれば進んで責任を負うとするY仮説で，自己実現人モデルと呼ばれ，人は組織目標を達成するために自分で方向づけし，自分で制御するとされる。Y仮説に基づくマネジメントが従業員の満足感やパフォーマンスにプラスの影響を与えるとされた。しかし，組織の状況によっては異なる結果となることも指摘され，必ずしもY仮説が最適でないという指摘もある。

(3) 動機づけ－衛生要因理論

ハーズバーグ（Herzberg, 1966），ハーズバーグら（Herzberg et al., 1959）は，モチベーションの影響要因として動機づけ要因と衛生要因があるとした。動機づけ要因は達成，承認，仕事そのもの，責任などであり，人を優れた仕事態度に動機づけ，衛生要因は会社の政策と方針，監督技術，給与，対人関係・上役，作業条件などであり，これらを適切に保つことが仕事の不満の予防をする。モチベーションを上げる要因と，不満を予防する要因を分けたところにこの理論の特徴がある。

(4) 内発的－外発的モチベーション

内発的モチベーション（内発的動機づけ）とは，課題に関する活動への興味から発し，活動それ自体から自発的な満足が発生することで，人を活動に没頭させるものであり，外発的モチベーション（外発的動機づけ）は，活動のあとの報酬や罰などの外発的な結果への満足感から発する。内発的モチベーションの影響要因として，自律性（autonomy），有能さ（competence），関係性（relatedness）があげられた。また，内発的モチベーションのほうが，努力の量を増やしパフォーマンスを高めることも複数の研究で示されている。

外的な報酬は内発的モチベーションを低下させることもある（Deci, 1971）。

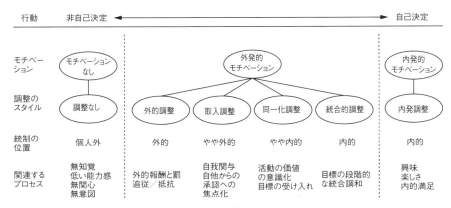

図 6-2　モチベーションの自己決定性の連続（Ryan & Deci, 2000 を参考に作図）

おもしろいと思って打ち込んでいる行為に対して，報酬が提示されると動機づけが低下するという現象で，アンダーマイニング効果といわれる。

その後の理論の発展により，自己決定性の度合いによる段階的なモチベーションが提示され，最も自己決定性の低い外的調整，承認に焦点を当てる取入調整，活動の価値を認めて活動する同一化調整，目標が自分の中に統合された統合的調整，最も自己決定性が高く，興味がありおもしろいから活動する内発調整が示された（図6-2，Ryan & Deci, 2000）。

2. 過程理論

プロセスを説明する内容理論の代表例として，期待理論，職務特性理論を取り上げる。

(1) 期待理論

期待理論では，そもそも従業員に目標達成志向があることを想定している。即ち，従業員一人ひとりが目標を持ち，その達成によって利益を得るべく行動するとし，彼らは理性的にさまざまな職務上の行動（たとえば，一所懸命働くなど）を評価し，最も高評価の報酬と結果（たとえば，昇進など）につながる行動を選択する傾向がある（Vroom, 1964）とする。そこで，従業員が行動を起こすに当たっては，これからしようとしている努力が報酬に結びつく可能性がどれだけあるかという主観的確率（期待）と，その報酬がどれだけ魅力的であるかという誘因価（価値）が行動の規定要因となる（Atkinson, 1957）。

ただし，そのようなつながりを，従業員がどの程度信じているかが前提となるため，組織内で過去に優秀な成果がそれに見合う報酬につながらなかった場合，インセンティブと報酬のシステムは信頼を失い，従業員の努力は低下することも報告されている。

(2) 職務特性理論

人が携わる職務の特性に着目した職務特性理論（Hackman & Oldham, 1976）によると，職務の中核的な特性は，以下の5つにまとめられる。①職務を遂行す

るのに，どの程度多様な業務を必要とし，その中にどの程度多様な技能や能力を使うのかを表すスキルの多様性，②目に見える結果について最初から終わりまでのどの程度を行うかを表す仕事の完結性，③その職務が他人の生活や，組織，世の中にどの程度影響があるかを表す仕事の重要性，④スケジューリングや手順の決定にどの程度自由度・独立性・裁量が与えられているかを表す自律性，⑤仕事の成果に対する直接的で明瞭なフィードバックの5つである。

　スキルの多様性，仕事の完結性，仕事の重要性は仕事の有意義感を高め，自律性は責任感を高め，フィードバックは自らの努力の成果の把握を容易にし，これらが職務満足を高めるとされる。

■ 第3節 ■

目標とモチベーション

　目標そのものや，目標の特徴，および目標達成に関わる心理的プロセスがモチベーションとどのような関わりを持つかが検討されている。本節では，目標設定理論，達成動機理論，達成目標理論，自己効力感を紹介する。

1. 目標設定理論

　1960年代後半には，行動の目標を設定することが課題の成果を促進するとした目標設定理論（Locke, 1968；Steers & Porter, 1974）が提示され，目標の明確性，難易度，目標へのコミットメントそれぞれが成果に関わるとされた。「最善を尽くせ」といった漠然とした目標よりも，数値などが具体的に示された明確な目標のほうが高い成果につながる。難易度が高い目標に対して，能力があり目標に納得していれば努力をするようになり成果が出る。また，目標設定に自分が参加することでコミットメントが高まり，行動を起こすようになる。さらに，外的誘因として，インセンティブや他者からの励まし，結果のフィードバックが目標行動を促し，特に結果のフィードバックはパフォーマンス向上に

つながることが示されている。目標設定理論は，業績目標を定める組織経営と親和性が高く，目標管理制度（MBO: Management By Objectives）として広く企業に採り入れられている。

最近の研究では，社員研修後の一人ひとりの目標設定と，3か月後の研修に関するアンケート結果のフィードバック（5分程度での説明）が，研修内容の実践にプラスの影響を与えることが示された（山内・菊地，2016）。

目標設定とごく短時間のフィードバックが行動に影響を与えるという結果は興味深い。管理者も従業員自身もこうした効果をあらためて自覚し，社員教育や目標管理制度の運用の中で意識することが必要であろう。

2. 達成動機理論・達成目標理論

人が社会の中で持つさまざまな欲求の1つに達成欲求がある。達成欲求に焦点を当てた研究により，卓越の基準を競い，独自な達成を目指し，長期的に達成目標に関わるといった達成動機（McClelland et al., 1953）の概念が提唱され，物語や絵の中にどれだけ達成的な要素があるかで，その度合いが測定された。さらに，人は達成の中で有能さ（competence）を目指すという前提のもと，2種類の達成目標が示された（Nicholls, 1984）。他者に相対的に優位になることで能力の高さを示し自己を高揚させるという遂行目標と，学習や理解を通じて自分の能力を高めるという学習目標である。前者は，自己に焦点を当てた心理状態であり自我関与とされ，後者は学習する内容に没頭する課題関与とされた。遂行目標を持つ子どもは，能力への自信が低い場合には努力を軽減して無力感的な行動を示し，学習目標を持つ子どもは，能力への自信に関係なくチャレンジするというマスタリー志向の行動を示す（Dweck & Leggett, 1988）。2つの達成目標の背景には，知能観の違いがある。知能は努力によって増大するという増大的知能観を持つ場合は，学習目標を持つ傾向があり，一方，知能は生まれつきのもので変更は難しいとする固定的知能観は遂行目標を持つことにつながる（図6-3）。

日本においては，従来の達成動機の概念をより多面的に捉える試みがなされ，他者と競うことよりも自己の充実を求め，自分なりの達成基準への到達を目指

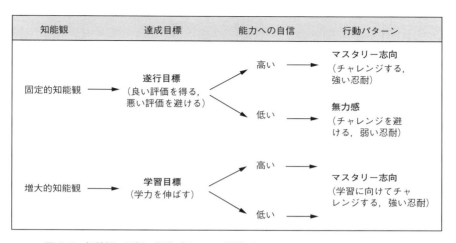

図6-3 知能観,目標,行動パターンの関係 (Dweck & Leggett, 1988 を基に作図)

す自己充実的達成動機と,他者をしのぎ,他者に勝つことで社会から評価されることを目指す競争的達成動機という2種の達成動機(堀野・森,1991)が示された。自己充実的達成動機が高いほど抑うつを抑制し,ソーシャル・サポートを活用しやすく,競争的達成動機が高いほど落ち込みやすい(堀野・森,1991)こと,自己充実的達成動機がエンパワーメントを高める(門間,2000)ことがわかっている。

3. 自己効力感

　人が目標に向かって行動を起こす際に,2種類の期待が働くとされる(Bandura, 1977)。行動がどのような結果につながるかという結果への期待と,その結果を出すことができそうだという自分の効力に対する期待である。後者の感覚は自己効力感(self-efficacy)として研究が行われている。自己効力感を高める情報源として,成功体験(自身が成功した体験),代理体験(他者の成功を見聞きし,自分に取り入れること),言語的説得(励ましや肯定的なフィードバックなどの社会的な支持),情緒的体験(行動に伴う感情や気分)の4つがあげられている。このうち,成功体験の影響が最も大きいとされる。

日本の職場における研究では,中堅看護師を対象とした調査（境・冨樫, 2017）で，成功体験が自己効力感の高さに影響することが示された。また経験年数と年齢が高いほうが，さらに小児科・集中治療室・手術室勤務の看護師のほうが自己効力感が高いことも示された。経験を重ねることが成功体験の積み重ねにつながり，また，専門性が必要とされる部門では，高度な知識・技術を駆使しているという自負が自己効力感を高めると推測される。

　経験年数や年齢が自己効力感に関わる可能性を考えると，現実の職場では若年従業員や経験の浅い従業員に対して，成功体験の積み重ねなどを支援する重要性があらためて示されたといえる。部門による自己効力感の差異も，職場の実情が反映されており興味深い。

　自己効力感は，その概念をチームなどの集団に適用した集合的効力感についても研究が散見される。「自分たちのチームならできそうだ」という感覚であり，集合的効力感が高いと，メンバーの努力の量が増えたり，困難な事態に直面したときの忍耐力が高まったりするとされる。集合的効力感は，個人の自己効力感と同様に，成功体験，代理体験，言語的説得，情緒的体験が影響を与えるが，そのなかでも成功体験，つまり勝敗の結果の影響は大きく，その他にもリーダーシップなどの集団に特有の要因も影響を与える。

　最近の研究では，メンバー一人ひとりが，自身の能力をどう認識しているかが集合的効力感に与える影響も明らかになっている。チームでのロードバイクのタイムトライアルを用いた実験研究（内田ら，2017）では，成功体験は，能力の優劣にかかわらず，メンバーの集合的効力感を高めることが示された。しかし，自身の能力がチームの中で相対的に高いと認識するよう操作されたメンバーにおいては，それだけではなく，成功体験が，自分はこのチームに貢献できるだろうという貢献可能性に影響を与え，その貢献可能性が集合的効力感を高めるというルートの影響も確認された。チームのエースは「自分ががんばれば，このチームは勝てる」という認識を持つが，劣位のメンバーはそうは思っていないということになる。スポーツチームだけでなく，職場におけるチームにも当てはまるところがありそうである。

第6章 仕事へのモチベーション

■第4節■

職場における諸要素とモチベーション

　職場に特有の要素をいくつか取り上げ，モチベーションとの関連を紹介したい。従業員の主体性と関係性に着目し，キャリア形成，自己調整，人間関係について述べる。

1. キャリア形成とモチベーション

　キャリアに関する研究は，かつては1つの組織内でのキャリアが前提とされ，その発達プロセスや要因が検討されてきた。しかし，1990年代半ば以降，組織や業界などの境界を超えたバウンダリレス・キャリア（Arthur, 1994）や，個人の価値観や心理的成功に着目したプロティアン・キャリア（Hall, 2004）など，一組織内に限定されないキャリアの研究が目立つようになってきた。こうした変遷の背景には，技術革新の高速化，グローバル競争の激化などの社会の大きな変化の中で，働く人のキャリアにおいても個人の主体性や責任が重視されてきたことがある。働く個人は環境変化とそれに対応していく必要性を認識し，自律的にキャリアを形成することが求められ，一方で企業の側も，従業員のキャリア開発を支援することが求められている。

　こうしたキャリアの自律性は，組織におけるワークモチベーションにどのような影響を与えるのだろうか。主体性が高まった結果，会社に対する意識が低下し，モチベーションを低めたり，業績を低下させたりする可能性はないのだろうか。

　まず，1つの組織内を想定したキャリアとモチベーションとの関係を見てみよう。キャリアと組織コミットメントとの関連を調べた研究が国内外で散見される。組織コミットメントは，組織の目標と価値の受容や組織への貢献意欲といった組織への関わりを表し，ワークモチベーションと関わりが深い概念である。イギリスのさまざまな業種の6企業を対象とした研究（Zaleska & de Menezes, 2007）では，会社が行う，組織内のキャリアを前提としたキャリア支援策が，満

133

足度を通して組織コミットメントを高めていることが明らかになった。この研究では1997年と2000年におけるコホート分析により，当時急速に広まった新しいキャリアの考え方が従業員に与える影響が検討されたのだが，どちらの時点でも同様の効果が示された。伝統的な組織内でのキャリアの考え方は，少なくともこの時点では，数年で変わることはなかったといえる。

　大卒男子のホワイトカラーを対象とした調査（太田・松本，2005）では，キャリアコミットメント（職業や専門への関与）と組織コミットメントとの関係が示された。組織コミットメントには，情緒的組織コミットメント（組織への愛着）と存続的組織コミットメント（去るときの損失を恐れて組織にとどまる程度）の2種類が想定されていたが，キャリアコミットメントはその両方にプラスの影響を与えていた。情緒的組織コミットメントは，その組織が好きだから居るという意識であり，業績や組織市民行動などの組織にとって望ましい行動と関わりがある。しかし，存続的組織コミットメントは，辞めるのが恐いから居るという意識であり，業績や組織にとって望ましい行動とは負の相関があることが多い。大卒男子のホワイトカラーにおいては，特定の組織内でのキャリアコミットメントが高まることは，その組織のみで通用するスキルが蓄積されることにつながる。その結果，組織への愛着が高まるが，一方で，その組織を離れるときの不安も高まることになる。こうした意味で，特定の組織内でのキャリアコミットメントは，メリットとデメリットがあるといえる。

　一方，組織内に限定されない，より自律的なキャリアの検討においては，上記と異なる結果が示されている。堀内・岡田（2009）は，自己責任において自律的にキャリアを形成するキャリア自律が組織コミットメントに与える影響を明らかにした。キャリア自律は，職業的自己概念の明確さ，主体的キャリア形成意欲などの心的要因と，主体的仕事行動やキャリア開発行動などの行動要因で構成される。分析の結果，キャリア自律は直接的に功利的組織コミットメント（存続的組織コミットメント）を低下させ，またキャリア充実感を通して，情緒的組織コミットメントを高め，功利的組織コミットメント（存続的組織コミットメント）を低下させていた（図6-4）。キャリア自律の意識を持ち行動する人は，キャリアへの充実感を持ち，さらに組織への愛着が強いが，辞めるのは不安だから居るという意識は相対的に低いといえる。これは組織にとっても，よ

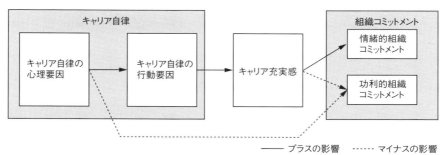

図6-4　キャリア自律が組織コミットメントに与える影響（堀内・岡田，2009を参考に作図）

り望ましい状況といえるだろう。

　こうした結果を見ると，現代の職場には伝統的なキャリア観が根強く維持されつつも，自律的なキャリアの考え方を身につけた人が出現しており，彼らは組織に愛着を持ち，功利的な気持ちで組織に所属するのではなく，高いモチベーションで組織に貢献していることがわかる。組織も個人も，キャリアに対する考え方を見直し，新たなキャリア観でモチベーションを維持・向上させる時期がきているといえよう。

2. モチベーションの自己調整

　個人の主体性という観点に立つと，ワークモチベーションを働く人が自ら上げることはできないかという疑問が湧く。目標設定理論に関しては，この理論が個人が自らをマネジメントするためのツールであることが強調されており（Locke & Latham, 1991），目標設定のプロセス自体に自己調整の概念があるとされる。学習に関する動機づけ（モチベーション）調整では，自分で目標を設定し，自分で自分の成果をほめるなどの行動が，学習を円滑にし，学習成果を上げることが報告されている。

　仕事場面での自己調整に関する研究では，自己観察（self-monitoring），自己評価（self-evaluation），自己強化（self-reinforcement）の3つのプロセスで自己調整が行われる（Kanfer & Kanfer, 1991）とされる。自分の行動を客観的な

視点で見て，うまくいったか否かを評価し，うまくいった場合には自分にごほうびをあげるなどの強化を行い，自分で自分のモチベーションを上げるようにするというものだ。

　日本では，さまざまな企業の従業員への面談調査により，仕事へのモチベーションの自己調整が検討されている（森永，2009）。モチベーションの認知的側面において，以下の5つの自己調整方略があるとされる。①動機づけを高める言葉や目標を自分に言い聞かす言い聞かし方略，②ミスやリスクを事前にシミュレーションし実際に失敗したときのモチベーションを保持するシミュレーション方略，③モチベーションを高める刺激を与えてくれる人・物・状況と触れ合うようにする接触方略，④仕事の内容や遂行方法に変化を加える創造方略，⑤同僚や上司との関係性に変化を加える（意図的に距離を取るなど）関係性方略，の5つである。①と②は，従業員自身の心理的側面の内部で行われる対内的な調整であり，③〜⑤は周囲との相互作用による対外的な調整である。年長者のほうが，周囲と連携しながら行う仕事が増え，周囲との信頼関係が築かれていることから，対外的な調整を多く用いていることも示唆された。組織で働く人が，自らモチベーションを上げる工夫をし，しかもその工夫の種類が，仕事の経験年数などによって変わっていく様子が見えてくる。

　自己調整は，個人をモチベーションの主体として捉えた研究である。前項では，キャリア形成における主体性を紹介したが，モチベーションに関しても，組織や管理者を主体とする観点の他に，こうした従業員自身をモチベーションの主体とする研究や実践も，今後重要度が増すと思われる。

3. 対人関係の重要性

　組織に特有の要素の1つに，上司と部下，あるいは同僚同士といった対人関係があげられる。ワークモチベーションに影響を与える要因としても，対人関係を取り上げた研究は多い。学習場面における研究ではあるが，生徒の自己決定を支援する志向性を持つ教師は，行動を制御する志向性を持つ教師よりも，生徒の内発的モチベーションを高める（e.g., Deci et al., 1981）ことが示された。この結果は，企業の従業員を対象とした研究でも検証されている。デシら（Deci et al., 1989）は，大手オフィス機器企業が経営改革を進める過程で介入研究を行った。フィールドマネージャーとその部下である技術者たちを対象にした，18か月にわたる調査であった。技術者はほぼ毎日，機器修理のための外回りに出ていて，週1回短時間のミーティングで上司と会う。その際，上司が自律性を支援する志向性を持っていると，行動を制御する志向性を持つ場合よりも，従業員の内発的モチベーションや満足感，会社への信頼感が高まった。ただしこの結果は，会社の経営改革が進み，賃金凍結が解かれ雇用が保証されたときにのみ示されたもので，経営が危ういときには従業員の関心はそちらに向けられ，上司の志向性がモチベーションに及ぼす影響は示されなかったことも報告されている。しかし，少なくともある程度安定した経営環境であれば，週に1回の短時間の交流であっても，上司のアプローチがモチベーションに影響を与えることが明らかになった。

　最近の日本の研究でも，上司との関係性が取り上げられている。病院の中堅看護職を対象とした調査（松永，2013）では，相談できる上司がいるケースでは，いないケースと比較して有意に達成動機が高かった。さらに，相談できる上司がいないケースでは，就業継続意思のある人のほうがない人よりも有意に達成動機が高いことも示された。上司が相談しやすい人でない場合は，モチベーションの高さは個々の従業員の就業継続意思に任されてしまうことになる。

　上司のサポートと同僚のサポートの比較も行われている。日本のさまざまな企業の秘書を対象とした研究（福岡ら，2004）で，上司のサポートが内発的モチベーションを高めることが明らかになり，その影響は同僚のサポートの影響よりも大きかった。秘書業務は自律性が低いことが推測され，その分上司の影響力が大きいとも考えられ，すべての職場に適用できるとはいえない。しかしそうした特徴を持つ業務においては，上司のサポートが同僚のサポートをしのぐ重要性を持つという結果は興味深い。

　一方，上司である管理職自身も職場の関係性に影響を受けることがわかっている。トレパニアら（Trépanier et al., 2012）は，カナダ東部の学校長および副学校長を対象とした質問紙調査により，モチベーションと変革型リーダーシップについて検討した。その結果，学校長および副学校長が，職場の関係性をポジティブに知覚するほど，自律的モチベーションとマネジメント能力に関す

る自己効力感が高まることがわかった。さらに，その自己効力感は変革型リーダーシップ行動を促進していた。職場での関係性は，トップマネジメント層のモチベーションと自己効力感に影響を与え，さらに変革型リーダーシップ行動にもつながっていた。

　上司が部下のモチベーションに与える影響は，われわれが職場の日常の中で感じているよりも大きいのかもしれない。研究結果を見ると，モチベーションの要諦である自律性を尊重すること，そして，相談やサポートを通じて安心感を醸成することが，基本的でかつ効果的な上司の態度であることに改めて気づかされる。さらに，上司自身も職場の関係性に影響を受けていることも忘れてはならない。上司の言動が職場のムードを作り出す場合が多いが，自分がつくり出したムードが鏡を見るように自分に跳ね返ってくると考えられる。職場で働く管理職も一般の従業員も，今一度，職場の関係性を振り返ってみることが必要であろう。

■ 第5節 ■

モチベーションの伝播

　モチベーション研究の新しい視点の1つに，モチベーション伝播があげられる。職場に高いモチベーションの人がいると，つられてやる気になったり，逆に低いモチベーションの人に引きずられたり，というモチベーションの伝染は多くの人が経験しているのではないだろうか。本節では，モチベーション伝播，および関連する目標伝播，感情や気分の伝播の研究動向を紹介し，伝播のメカニズムと影響要因，職場におけるモチベーション伝播について述べる。

1. モチベーションの伝播とは

(1) 内発的モチベーションの伝播
　モチベーション伝播の研究は，学習者の学習成果をいかに高めるかという研

究に端を発する。学習成果に影響を与える内発的モチベーションを高めるために，従来の研究では，学習者の自律性を支援するといった教育スタイルの影響に焦点を当ててきた（Radel et al., 2014）。しかし，実は教育スタイルではなく，モチベーション伝播が内発的モチベーションを高めるのではないかという仮説が生まれた。まず学習場面における研究が行われ，教師のモチベーションが学生に伝播することが明らかになった（Wild et al., 1992）。ピアノのレッスンにおいて教師の内発的モチベーションが高いと信じた生徒は，外発的モチベーションが高いと信じた生徒よりも，教師が楽しそうで熱心で工夫をしていると認知し，また，自分自身もレッスンを楽しみ，積極的で，学ぶことへの興味が強く，自由時間においてもピアノを弾く行動を見せた。生徒は，教師が内発的モチベーションが高いと信じたことで，自身も内発的モチベーションを持つことが示されたのである。その後，この結果を踏まえて研究は発展し，教師から学生へ，さらにその学生から別の学生へとモチベーションが伝播することが確認された（Wild et al., 1997；Radel et al., 2010）。実験の手順は，学生が教師からマジックや運動を教わり，さらにその学生が別の学生に教わったことを教えるというものだった。事前に教師が高い内発的モチベーションを持つと告げられたグループのほうが，教えられる内容に強い興味を示し，楽しさを感じ，自由時間に教えられたことを継続して行った。さらに，そのグループの学生に教えられた学生にも同様の結果が見られた。

（2）目標伝播

　目標伝播という研究領域で，モチベーションが関連することが多くの研究で指摘されている（e.g., Dik & Aarts, 2007；Aarts et al., 2004；Hassin et al., 2005）。目標伝播は，他者の行動に示された目標を無意識に自然に推測し，自分もこれを追求するという現象である（Aarts et al., 2004）。たとえば，金儲けに執心する人の話を読んだグループは，その後のタスクにおいて金儲けの努力をするようになった（Aarts et al., 2004）。また，他者を助ける行動を見たグループのほうがそうでないグループよりも，実験後のボランティアに参加する率が高かった（Dik & Aarts, 2007）。金儲けや他者支援という目標が伝播したと考えられる。こうした研究結果から，人は生来の能力によって他者の行動からそのモチ

ベーションを推測しており（Hassin et al., 2005），人のモチベーション状態は他者のモチベーションの反映である（Aarts et al., 2004）と指摘された。

職場においても，こうした目標伝播は起きている可能性がある。上司の売上を目標にする姿，あるいは顧客への支援を目標にする姿は，無意識に自然に部下に伝染しているかもしれない。

（3）感情伝播・気分伝播

他者の感情が，偶然に無意図的に移転する（McIntosh et al., 1994）という現象は，感情伝播・気分伝播として研究されている。感情伝播には，気がつかないうちに生じる自動的過程の基礎的伝播，認知的過程が介在する高次の伝播があるとされ，前者が狭義の伝播，後者を含めた伝播が広義の伝播とされる（Hatfield et al., 1992）。

グループにおいては，リーダーのポジティブな気分が，個々のメンバーに伝染することが明らかになり（Sy et al., 2005），グループメンバー同士についても，チームメンバーの感情状態の平均が，一定期間後の個々のメンバーの感情状態に影響を与えることが示された（Ilies et al., 2007）。さらにこの伝播は，メンバーの感情伝播に対する敏感性が強いほど，また集団主義傾向が強いほど強いことも明らかになった。

われわれは無意識のうちにまわりの感情に影響され，特にグループ内ではリーダーや他のメンバーの感情の影響を受けていると考えられる。

2. 伝播のメカニズムと影響する要因

（1）モチベーション伝播のメカニズム

モチベーション伝播のメカニズムに関しては，これまで大きく分けて2つの説明がされている。

前述の教師から生徒へのモチベーション伝播（Wild et al., 1992, 1997）では，学生が教師の内発的モチベーションを認知すると，学生の「このタスクはきっとおもしろいのだろう」というタスクの質への期待が高まり，また，「この教師は自律性をサポートしてくれるだろう」という人間関係への期待が高まる。そ

の結果，学生の内発的モチベーションが高まる。これは感情伝播でいえば，気がつかないうちに生じる基礎的伝播ではなく，認知的過程が介在する高次の伝播（Hatfield et al., 1992）と共通する内容といえる。

　一方，その後の研究では，これを覆す結果が示されている。違うタスクに対するモチベーションの伝播が報告されたのだ。幾何学のゲームをした人が「おもしろい」などと話すのを聞くグループ（内発条件）と，「つまらない」などと話すのを聞くグループ（外発条件）を比較すると，その後の別のゲームで，内発条件のグループのほうがよい成果を出した（Friedman et al., 2010）。違うゲームをするにあたっても内発的モチベーションが伝播し，ゲームの成果に影響を与えたと考えられる。この実験でのモチベーション伝播は，タスクへの期待ではなく，プライミング効果によると考察された。モチベーションにおけるプライミング効果とは，あるモチベーション状態が知覚されると，その心理的表象が脳内のワーキングメモリにおいて，よりアクセスしやすくなり，相手のモチベーション状態と同じ行動をとらせる（Bargh et al., 2001）というものだ。

　ランニングマシンでの運動の実験（Scarapicchia et al., 2013）では，隣のマシンに，「運動が大好きだ。ランニングがとても楽しい」などの発言をする人がいる内発条件グループと，「運動は嫌いだ。単に報酬がもらえるからやるだけだ」などの発言をする人がいる外発条件グループを比較すると，内発条件グループのほうが，高い心拍数を記録し，中程度以上の活発度での身体活動が長く続き，運動全体の時間が長かった。運動後の自己評価による努力の量についても同様であった。隣人からモチベーションが伝播したと考えられる。日本でも，自動動機という概念で，プライミングを用いた研究が行われ，達成に関連する言葉が書かれたカードを用いたプライミングにより，達成動機が高まることが示されている（及川，2005）。

　伝播のメカニズムについて，どちらの説明がより納得性が高いだろうか。職場では，どちらも機能しているとも考えられる。先輩社員が楽しそうに仕事をしていれば，「おもしろそうだな」とタスクの質に期待が高まり，モチベーションが高まることがあるだろう。一方，周りの「がんばろう」「やるぞ」という発言を聞いたり，壁に「目標達成」などの張り紙があったりする職場では，プライミングによって知らず知らずモチベーションが高まることもあるだろう。

(2) モチベーション伝播の影響要因

　モチベーション伝播に影響を与える要因に関しては，類似性が１つのキーワードになっている。自分とかけ離れた，高すぎるモチベーションの相手からは伝播は起こらない。運動のインストラクターや，体育の授業でペアを組む相手が，自分よりも適度に高いモチベーションを持っている場合に伝播が起こり，努力量が多く，最終的な体育の成績などのパフォーマンスの伸びが大きかった（Radel et al., 2014）。この研究論文のタイトルには「You're too much for me」という表現があるが，「この人のモチベーションは，自分と比べて高すぎる」という認識があると，相手との差に焦点が当たり，「自分は相手とは違う」と考えるためモチベーションは高まらない。しかし，差が適度であれば，相手と自分を同化させ，相手の高いモチベーションに着目する。その結果，プライミング効果によりモチベーションが高まると考えられる。性別や大学などのグループが同じであることも伝播に影響する（Loersch et al., 2008）ことが明らかになっている。

　自分との差に着目するか，相手に同化するかで伝播の有無が変わる。こうした知見は，職場でのさまざまな関係性の中にも適用することができる。たとえば，職場に，異動や転職で非常に高いモチベーションの人が入ってきたとする。多くの場合「浮いて」しまうであろう。まわりから「自分とは違う」と受け取られ，伝播が起きない。しかし，たとえば出身大学や高校が同じであるなどの共通点が見つけられれば，同化が起き，モチベーション伝播が起こるかもしれない。組織内で，他の従業員との類似性を認識するかしないかが，モチベーション伝播の有無に関わっている可能性がある。従業員間のコミュニケーションの活性化や相互理解の促進などで類似性を認識する場を作ることは，モチベーション伝播の促進につながるといえるだろう。

　さらに興味深い研究結果がある。無関心，つまり低いモチベーションの伝播を調べた研究では，目標へのコミットメントがあれば，低いモチベーションが伝播しない（Leander et al., 2014）というものだ。コミットメントが低い場合には，内在していた目標への懐疑や目標からの乖離が活性化され，無関心の伝播が起こると考察されている。

　実際の職場でも，やる気のない従業員の態度は，まわりへの悪影響も含めて

大きな問題である。しかしまわりへの悪影響という点では，実はやる気のない従業員だけが問題ではなく，そもそもまわりの従業員の意識の中に，低いモチベーションの伝播を許す要因があるということである。職場全体で目標へのコミットメントを高めることの重要性が改めて確認できる結果である。

3. 職場におけるモチベーション伝播

　職場におけるモチベーション伝播の研究はまだ希少である。その1つは，アメリカ陸軍のコンバット訓練期間に行われたもので，隊長から隊員へのジョブ・インボルブメントの伝播が確認された（Savell et al., 1995）。ジョブ・インボルブメントは仕事への没頭や仕事との一体感を表すもので，モチベーションと近い概念である。この研究において用いられた測定尺度も「毎日，仕事に就くのが楽しみだ」「今の仕事に熱中している」などの内発的モチベーションと類似した内容である。訓練開始時の隊長のジョブ・インボルブメントは，その後の隊員のジョブ・インボルブメントにプラスの影響を与えていた。

　保健サービス企業などを対象にした研究（Owens et al., 2016）では，リレーショナルエナジー（relational energy）という概念が用いられている。リレーショナルエナジーの尺度は，「この人と接するとバイタリティが高まる気がする」「元気づけてほしいと感じたときはこの人のところに行く」など5項目で，相手との交流によりバイタリティや元気度が高まる現象を表す。リーダーからのリレーショナルエナジーは，1か月後のジョブ・エンゲージメント（仕事に熱中しているなど）を予測した。この結果はリーダーからのソーシャル・サポートの影響を統制しても変わらなかった。さらに，そのジョブ・エンゲージメントが2か月後のジョブ・パフォーマンス（生産性などの客観的な指標）に影響を与えていた。リーダーからリレーショナルエナジーを得ている従業員は，ジョブ・エンゲージメントが高まり，さらにパフォーマンスも高くなると考えられる。

　ソーシャル・サポートの程度にかかわらず，リレーショナルエナジーがジョブ・エンゲージメントに影響を与えるという結果は，特に興味深い。リーダーは，部下を励ましたり情報を提供したりするソーシャル・サポートとは別に，この人と接するとバイタリティが高まると思われることが，部下のジョブ・エンゲ

ージメントやジョブ・パフォーマンスを高めるためには重要といえる。

　リレーショナルエナジーは，モチベーション伝播の中でも，プライミング効果とは別の観点が用いられており，認知的過程が介在する概念といえる。また，「元気づけてほしいと感じたときはこの人のところに行く」といった意図性は，第4節2.で述べたモチベーションの自己調整の「③動機づけを高める刺激を与えてくれる人・物・状況と触れ合うようにする接触方略」との共通点も見出せる。

　日本では，職場における達成動機の伝播の研究（菊入・岡田，2014）が行われている。同僚の自己充実的達成動機や競争的達成動機（p.131参照）を推測することが，それぞれ自分の同種の達成動機にプラスの影響を与えるという，モチベーションの伝播が示された（図6-5）。また，「この人のようになりたい」などの「同僚の参照勢力の認識」，「この人と一緒に働きたい」などの「同僚への接近」，「この人と比べると，自分に劣等感を感じる」などの「同僚への劣等感・焦り」といった，同僚に対する評価を通して，間接的にモチベーション伝播が起こることも確認された。間接的な伝播の場合，自己充実的達成動機からは2種類の達成動機両方へのプラスの影響が，競争的達成動機からはマイナスの影響が示され，負の伝播の存在も示された。同僚の競争的達成動機を推測すると，「この人のようになりたい」「この人と一緒に働きたい」といった評価は低下し，

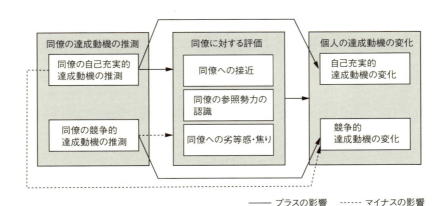

図6-5　職場における達成動機の伝播（菊入・岡田，2014を基に作図）

結果的に，2種類の達成動機の両方が低下する。

　職場では，同僚の達成動機を推測しただけで起こる直接的なモチベーション伝播と，同僚への評価を介する間接的なモチベーション伝播の両方が存在すると考えられる。直接的な伝播は，プライミング効果と共通する点があり，間接的な伝播は，認知的な過程を経て起こるといえよう。

　組織としては，モチベーション伝播のメカニズムや影響要因を理解し，よりよい伝播が起こるような対策を取ることが求められる。一方，従業員一人ひとりも，自身が伝播の受信者であると同時に，発信者でもあることを意識し，行動する必要がある。個々のモチベーションが伝播し合って，その組織に固有のモチベーションを作り出す。従業員自身も組織のモチベーションの主体者であるといえる。

■ 第6節 ■

今後の組織におけるモチベーション

　多様性が高まり，変化が加速する現代において，仕事へのモチベーションはどう変わるのであろうか。本節では，多様性に関して性別ダイバーシティを取り上げ，また変化する時代において従業員の依って立つ軸となる企業の方針や価値観を取り上げ，考察する。

1. 多様性とモチベーション

　現代の組織経営においては，多様化を受け入れてそれぞれの力を活かすダイバーシティ推進の取り組みが重要性を増している。なかでも性別のダイバーシティを高め，女性の活躍を支援することは大きなテーマの1つである。2017年に女性活躍推進法が施行され，2020年までに指導的役割に占める女性の割合を30％まで向上させることが政府目標になっている。しかし，状況は厳しく，2017年の課長以上の役職に占める女性の割合は11.5%（厚生労働省，2018）と，諸

外国と比べて低い水準である。モチベーションの観点から，性別ダイバーシティの意味を考えてみたい。

（1）モチベーションにおける性差

　モチベーションの性差に関し，男性のほうが高いことを示す研究結果は多い。その論点の1つに，男性には競争に勝ち成功することが社会的に期待され，女性には従順で協調的であることが期待されるという性役割期待がある。女性は，成功に向けて努力することは競争的，攻撃的と周囲から見られ，社会的に拒絶されるという成功恐怖を抱く（Horner, 1969）とされる。達成動機が高い女性は，成功恐怖も強い（Alper, 1973；堀野，1991）ことも示されており，両面価値（アンビヴァレント）の状況で葛藤を抱えると推測される。しかし，男女にかかわらず成功恐怖があることもわかってきており，成功によって周囲との対人関係がうまくいかなくなるのではないかという対人懸念や，成功することの価値への疑念は男性にも認められる。女性は，成功を女性としての伝統的なあり方に反すると感じる場合に成功恐怖を抱き，男性は，「失敗の恐れ」を持つ場合に成功恐怖を抱くという，成功恐怖の性質の違いも示された（岡本，1999）。最近では，日本と中国の女子大学生の就業動機においても，成功回避がネガティブな影響を与えていることを明らかにされた（佐藤ら，2015）。

　男女のモチベーションを考える際，こうした成功恐怖の存在や女性が葛藤を抱えやすいという基本的な特徴があることを考慮する必要があるだろう。

（2）女性の活躍を支援する要因

　女性の登用が進まない原因として，出産・育児期に就業が中断され女性の労働力率が低下するM字カーブの問題がある。女性のこうしたライフイベントを考慮しつつ，中核的な人材として中長期的にキャリア形成することを支援するために，モチベーションの視点からは何が必要なのだろうか。

　子どものいる女性労働者を対象とした，仕事のやりがいに関する調査（高橋，2007）では，やりがいの影響要因として，企画力や責任などの仕事内容，ロールモデルや相談できる先輩の存在などの職場の人間関係，「結婚・出産後も働き続ける女性が多い職場」などの女性労働者を支援する職場環境に関する要因が

プラスの影響を与えていた。逆に,「処遇における男女差別の存在」の認識はマイナスの影響を与え,また,末子年齢が3歳以下の女性労働者にとっては「労働時間・休日の不自由さ」もマイナスの影響を与えていた。子どものいる女性労働者のやりがいの影響要因は,本人の仕事内容,人間関係を含めた支援的な職場環境,処遇や労働時間などの人事管理に関する内容に大別されるといえよう。末子年齢によって,マイナスとなる要因は,まさにM字カーブの原因を表しているといえる。

　女性のキャリア形成に影響を与える要因としては,主に仕事と家庭の両立支援などの制度の整備,上司の理解や配慮,男女平等の雇用や両立支援の組織風土などがあげられる。最近の研究でも,女性のキャリア展望（現在の会社で自分の将来像をイメージできるなど）に影響を与える要因として,女性登用の組織文化,上司の内省を促す支援,職場のコミュニケーションの3つがあることが明らかにされた（荒木ら,2017）。なかでも職場のコミュニケーションの影響は大きく,女性だけでなく男性においてもキャリア展望への影響が大きかった。女性の活躍支援には,直接的な女性登用も重要ではあるが,率直な話し合いやなんでも相談できるといった良好なコミュニケーションが性別を問わず,より重要であることがわかる。

　女性活躍支援には,仕事内容などのやりがいを高め,人事管理面で働きやすさを考慮するという視点と合わせて,良好なコミュニケーションという職場の風土づくりが必須といえる。

（3）組織の視点から見た性別ダイバーシティ

　労働人口減や市場の多様性への対応という面では,ダイバーシティが推奨されるが,組織の視点から見ると,果たしてダイバーシティはどのような意味を持つのだろうか。実は,性別に限らず,組織のダイバーシティについては,ポジティブな影響とネガティブな影響の両方が報告されている（van Knippenberg et al., 2004）。集団アイデンティティの視点では,多様性により組織や職場などの1つの集団が複数のグループに分かれ,全体としてのまとまりが低下し,組織コミットメントが低下したり,対立や衝突が増加したりする可能性もある。一方,多様性を情報や価値と捉えれば,組織の独創性が高まり,イノベーション

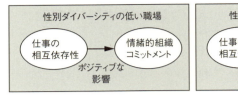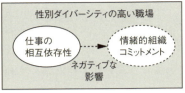

図 6-6　性別ダイバーシティ，仕事の相互依存性，および情緒的組織コミットメントの関係
（正木・村本，2018 を基に作図）

やパフォーマンスにプラスの影響を与えると考えられる。

　ダイバーシティが組織コミットメントに及ぼす影響については，仕事の相互依存性が関わるとされる。仕事の相互依存性とは，職場の個々人が周囲と関わり合わなければ仕事が進まないという特徴のことであり，前提として職場で暗黙の協調や相互理解などが想定される。仕事の相互依存性は組織コミットメントを高めるポジティブな効果が示されているが，ダイバーシティが進むと，こうした暗黙の協調が実現しにくく，組織コミットメントやパフォーマンスにネガティブな影響があると考えられる。

　日本の複数の企業のデータを用いた研究（正木・村本，2018）では，性別ダイバーシティの低い職場では，仕事の相互依存性は情緒的組織コミットメントにポジティブな影響を与えるが，性別ダイバーシティの高い職場では逆にネガティブな影響を与えることが明らかになった（図 6-6）。

　こうした研究結果は，性別ダイバーシティが高い職場における，マネジメント変革の必要性を示唆する。暗黙の協調に頼ることなく，個々人の職務について明確な設計を行い，その情報を従業員に提示すること，また，コミュニケーションの活性化により属性が異なる従業員同士が協調しやすい環境をつくることで，新たな相互依存性を醸成するなどの施策が必要であろう。

2. 変化する時代におけるモチベーションの拠り所

　変化が加速する現代において，組織が発展し続けるためには，求心力を持って組織をリードする拠り所が必要であろう。拠り所の1つが経営方針や組織の

第6章　仕事へのモチベーション

価値観といわれるものである。組織の目指すところや大切にしているものを理解し共有することで，従業員も進むべき方向を見出し，仕事へのモチベーションを維持できる。

　東京証券取引所第1部上場企業を対象とした調査（飛田ら，2014）では，「経営陣は従業員に会社の基本的価値観を明確に伝えている」といった会社の価値観の共有と職場のコミュニケーションが従業員のモチベーションにプラスの影響を及ぼし，さらに，モチベーションが業績（総資産利益率）にプラスの影響を及ぼすことが示された。業績は実際の決算データから算出されている。会社の価値観の共有は，モチベーション向上を通して会社の業績に影響するといえる。

　別の研究（吉田・高野，2018）では，会社の方針が明示されることが，パフォーマンスに影響を与えるだけでなく，「自ら課題を発見し，上司に提案するように努力している」「自分の仕事に愛着を持ち，意義や重要性を理解している」などの「個人の主体的な態度」とも関連されることが示された。方針が明示されることで，従業員がそれに縛られるのではなく，逆に主体性が高まるのは興味深いことである。方針が明確であることで安心感を得，また方針を内在化することで自身の軸ができ，軸を起点として意識や行動の自由度が高まることが考えられる。

　組織の価値観と個人の価値観の一致について，さらに詳細な研究結果（角山ら，2001）もある。革新性，細部への注意，寛大さ，実力主義，成果重視の5要因について，自らが感じる望ましさ（個人の価値観）と，現在職場で強く感じられる組織文化（組織の価値観）を測定したところ，個人の価値観と組織の価値観の一致度は職務満足度，組織コミットメントに影響を与え，さらに価値観が一致している場合にのみ，達成動機が職務業績を高めることが示された。組織の価値観と個人の価値観が一致していれば，異なる価値観に合わせる圧力を感じずに済み，達成動機が業績につながりやすい。

　会社の価値観や方針を共有することは，モチベーションとパフォーマンスに影響を与える。目まぐるしく変化する現代の社会で，組織が存続し発展するためには，経営陣からの価値観や方針に関する力強いメッセージが発せられること，それが従業員に浸透し，理解と共感を得られることが必要と考えられる。

第7章

人と組織の適応

■ 第1節 ■

個人の組織への適応の重要性

1. 個人の組織への適応：組織社会化とは

　多くの個人は，企業などの組織の中で職業生活を始める。しかし，企業はそれぞれ異なる組織の価値観や文化を持っているため，従業員に対して求める仕事のやり方や態度，行動などは変わってくる。したがって，個人は組織で働くにあたって，企業がどのような価値観を重視していて，どのような役割や仕事の進め方が求められているのかを理解し，行動していくことが重要になってくる。

　このような個人の組織への適応過程は，「組織社会化（organizational socialization）」といわれる。組織社会化とは，「新規参入者が組織の外部者から内部者へと移行していく過程」（Bauer et al., 2007, p.707）と定義づけられる概念である。組織の外部者から内部者へと移行していく過程では，組織に新しく入った個人が，組織の価値観や文化を学習し，理解するとともに仕事上の役割を認識し，必要な技能を獲得していくことが求められる。

　個人が組織に社会化することは，個人と組織双方に対して大きな効果をもたらす。具体的には，組織社会化の結果として，組織コミットメントや職務満足，ワークエンゲージメントの向上と転職意思の低下といった組織および職務態度へのポジティブな効果が報告されている（e.g., Bauer et al., 2007；Cooper-

151

Thomas et al., 2014；Saks et al., 2011；竹内・竹内，2009）。また，担当職務の範囲内での高い成果といった役割内職務成果に加えて，組織市民行動などの役割外職務成果も高まることが示されている（e.g., Ellis et al., 2017；Li et al., 2011；Nifadkar & Bauer, 2016；Jokisaari, 2013；Zheng et al., 2016）。さらに，従業員の心理的安寧の高まりやストレスの軽減などメンタルヘルスに対する効果的な影響も確認されている（e.g., Coope-Thomas et al., 2014；Ellis et al., 2017；Vandenberghe et al., 2011；Zheng et al., 2016）。逆に，個人が組織に不適応を起こしてしまう場合には，上記の職務態度や職務成果，心理的安寧に対して悪影響を及ぼすとともに，せっかく採用した優秀な人材の離職を招いてしまうことにも繋がる。とりわけ，わが国では「7・5・3」現象といわれるように，新卒入社者の入社後3年以内の高い離職率が課題として指摘されており，新規参入者に成長機会等の適切な職場環境を提供し，いかに彼・彼女らの離転職を防止するかといったリテンションマネジメントを考える上でも，組織社会化の議論は極めて重要性を持つものといえる。

2. 組織社会化研究の分類と枠組み

　組織社会化研究は，大きく2つの視点からこれまで検討がなされている。1つは，過程アプローチといわれるもので，新規参入者が組織に適応するプロセスを明らかにしようとする研究である。この過程アプローチでは，主として新規参入者の組織適応がどのような要因によって促進されるのかという，促進要因の検討が行われてきた。その促進要因は，企業施策などの組織要因と新規参入者の行動や特徴などの個人要因，新規参入者の組織適応に直接的に関与する上司や同僚などの社会化主体（socialization agents）の要因に分類される。もう1つは，内容アプローチといわれるもので，新規参入者が組織社会化過程でどのような知識や態度，行動を学習し，身に着けるべきかについて検討するものである。具体的には，新規参入者が組織社会化過程で理解し，学習すべき内容である「組織社会化学習内容（learning content）」の内容次元の検討が行われてきている。

　これらの過程アプローチおよび内容アプローチの議論を踏まえた組織社会化

第7章 人と組織の適応

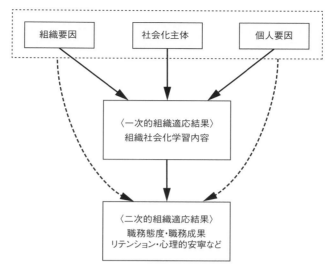

図 7-1　組織社会化研究の全体枠組み

研究の全体的な枠組みを示すと，図7-1のようになる。つまり，過程アプローチで具体的に検討されてきた組織要因，個人要因，社会化主体が規定要因になり，新規参入者の一次的組織適応結果（proximal adjustment outcome）である組織社会化学習内容および二次的組織適応結果（distal adjustment outcome）である職務態度，職務成果，心理的安寧などに直接的もしくは間接的に影響を及ぼすというものである。

そこで，本章では上記の枠組みに基づき，次節で組織社会化研究の展開として，過程アプローチの各要因および内容アプローチの中心概念である組織社会化学習内容のこれまでの議論について概観する。それらの議論を踏まえ，第3節では組織社会化研究の新たな方向性について検討をしていく。

■ 第2節 ■

組織社会化研究の展開

1. 組織要因

(1) 採用施策

　新規参入者の組織適応結果に影響を及ぼす組織要因の1つめは，採用施策である。企業の採用活動やその施策は，新規参入者にとって入社前の出来事であるが，募集および広報活動において会社や入社後の仕事，労働条件などについての情報が新規参入者に提供されるため，新規参入者の企業選択ばかりでなく，入社後の組織適応結果にも関係してくるのである。

　とりわけ，リアリティ・ショック（reality shock）仮説によって，企業の採用施策は新規参入者の組織適応結果に影響を及ぼすと考えられている。リアリティ・ショックとは，新規参入者が入社前に企業に対して抱いていた期待（expectation）と入社後に新規参入者が実際に直面した企業の現実（reality）との間のギャップに基づく心理的ショックのことを指す。たとえば，入社前に新規参入者が営業の仕事ができると言われ入社してみたら，実際の入社後の配属が経理部だったりした場合などは，期待する仕事内容と現実の仕事内容との間のギャップによってショックを受け，入社後の組織適応の阻害要因になると考えられている。

　このリアリティ・ショックについては，いくつかの種類が指摘されている。竹内（2004）では，大きく4つのリアリティ・ショックがあることを，わが国の新規参入者を対象とする実証分析によって明らかにしている。1つめは，現実的会社状況ショックであり，企業の安定性や将来性，給与や賞与といった現実的な会社状況について，入社前の期待と入社後の現実とのギャップに基づくショックを意味する。2つめは，職務・職場環境ショックである。このリアリティ・ショックは，仕事の内容や仕事を行う場である職場環境，また職場の人間関係における入社前の期待と現実とが異なることに基づく心理的ショックである。3つめは，労働ショックといわれるものであり，労働時間や仕事と生活の両立など，広く働くことに関する入社前の期待と現実とのギャップに基づくシ

第 7 章　人と組織の適応

ョックを意味する。最後は，組織内キャリア発達ショックである。この組織内キャリア発達ショックは，自分の専門知識や資格とあった昇進もしくはキャリア発達に関する入社前の期待と現実とが異なることに基づく心理的ショックを示す。

　このようなリアリティ・ショックが実際に新規参入者の組織適応結果にどのような影響を及ぼすのか，というリアリティ・ショック仮説の検証も行われている。たとえば，ワナウスら（Wanous et al., 1992）は，リアリティ・ショックと逆の概念である「期待一致（met expectations）」を用いて，定量分析結果のレビューを行っている。メタ分析の結果（表 7-1），期待一致と職務成果および実際の組織への残留状況（job survival）といった個人の行動変数との間の有意な相関は確認されなかったが，職務満足や組織コミットメント，組織への残留意思といった態度変数に対して，期待一致は有意かつ正の相関を有していることが明らかになった。この結果から，新規参入者のリアリティ・ショックが大きいほど，職務満足や組織への愛着などの態度変数が低下することが示され，リアリティ・ショック仮説は概ね支持されたといえるだろう。

　このようなリアリティ・ショックと新規参入者の組織適応との関連における経験的事実の蓄積を踏まえ，現実的職務予告（RJP: Realistic Job Previews）という採用手法の重要性が指摘されている。この現実的職務予告という採用手法は，悪い面を含めたより現実や実態に近い会社の状況や職場環境，職務内容について応募予定者に説明し，募集活動を展開するというものである。伝統的な採用活動では，会社や職場環境，仕事の良い情報のみを応募予定者に伝えるこ

表 7-1　期待一致（met expectations）のメタ分析結果（Wanous et al., 1992, p.291 を基に作成）

変数	研究数	サンプル数	修正済相関係数	95%信頼区間	
				下限	上限
職務満足	19	3960	.39	.061	.725
組織コミットメント	15	2991	.39	.187	.590
残留意思	14	2851	.29	.089	.493
職務成果	10	2130	.11	-.126	.340
組織残留状況	18	14210	.13	-.038	.300
組織残留状況（2 値修正後）	16	13554	.19	-.019	.396

155

とによって，より大きな応募者の母集団をつくり，その大きな母集団の中から，優秀な人材を選抜しようという考え方であった。しかし，この伝統的な採用活動では，応募者の過剰な事前期待が形成されてしまうため，入社後の現実との間でリアリティ・ショックを受けてしまう可能性が高くなる。それゆえ，現実的職務予告という採用手法を用いることの重要性が指摘される。

現実的職務予告の効果は，大きく3つある。第1に，ワクチン効果と呼ばれるもので，先に指摘した応募予定者の入社後の役割や仕事内容が明確化され，過剰な事前期待を軽減し，入社後の幻滅を抑えることが可能になる。第2に，スクリーニング効果である。現実的職務予告では，企業からの良い面と悪い面を含めた実態に即した情報をもとに，応募者が自己選択を行い，自分に合った企業だけに応募することになる。それにより，とりあえずその企業に応募するということではなく，その企業を本気で考えている良質な応募者の絞り込みが可能になる。最後は，コミットメント効果である。これは，現実に近い情報が企業から応募予定者に提供されることによって，応募予定者は企業の誠実さを感じることになる。また，応募予定者のより主体的な意思決定が行われることによって，入社後の新規参入者の組織へのコミットメントが高まるというものである。

(2) 組織社会化戦術

新規参入者の組織適応結果に影響を及ぼす要因の2つめは，組織社会化戦術である。組織社会化戦術は，新規参入者の組織社会化を促進するために企業が行う一連の施策や取り組み，方法のことであり，組織要因の中で最も精力的に既存研究で検討されてきたといっても過言ではない。組織社会化戦術の重要性を裏づける理論的背景としては，不確実性低減理論（uncertainty reduction theory, Lester, 1987）があげられる。不確実性低減理論によると，新規参入者は入社後にどのような役割や仕事の進め方を組織内で求められているのかについて確信が持てないため，高い不安や緊張感の中で仕事を行うことになる。それゆえ，企業は組織社会化戦術を用い，新規参入者に対して仕事のやり方やどのような役割を求めているのか等についての情報を提供する。それにより，新規参入者は新たな役割や仕事の進め方，組織内でどのような価値観が重視され

ているのかについての知識の獲得が容易になる。このような学習プロセスを企業が促進することによって，新規参入者の高い不安や緊張感を低減し，組織適応を促進させることを試みるのである。

組織社会化戦術は，新規参入者への情報提供の方法および教育訓練機会の提供方法によって，いくつかの次元分類がなされている。その中で，ヴァン・マーネンとシャイン（Van Maanen & Schein, 1979）は，6つの対（bipolar）となる組織社会化戦術の次元分類を理論的に行っている。1つめは，「集団的－個別的（collective versus individual）」戦術次元である。この次元は，組織社会化過程における新規参入者が集団的に共通の教育訓練機会が与えられるのか（集団的戦術），それとも個人ごとにそれぞれ個別の特異な教育訓練機会が提供されるのか（個別的戦術），を意味する。

2つめは，「公式的－非公式的（formal versus informal）」戦術次元であり，公式的戦術は新規参入者が職場や日々の仕事を離れて研修のような形で教育訓練が提供される一方で，非公式的戦術では OJT（On the Job Training）のような形で新規参入者に職場の中で日々の仕事を通じて非公式に教育訓練がなされることを意味する。

3つめは，「順次的－場当たり的（sequential versus random）」戦術次元である。この次元は，社会化を促進する機会や組織内でのキャリア発達が順序性を持っていて，明示的に伝えられているのか，それともそれらが場当たり的で曖昧であるかを意味する。順次的戦術は，今後提供される一連の教育訓練機会や組織内でのキャリア発達の道筋（キャリアラダー）が決まっていて，明示化されていることを示す。それに対して，場当たり的戦術では，順序だった教育訓練機会がない，あるいは順序だった組織内でのキャリア発達について明示的な情報提供がなされないことを意味する。

4つめは，「固定的－可変的（fixed versus variable）」戦術次元であり，この次元は社会化を促進する機会や昇進などの今後の時間的予定（timetable）が組織内である程度決まっていて，明示化されている度合いを示す次元である。したがって，固定的戦術下では，新規参入者は今後の教育機会や仕事のローテーション，キャリア発達についての時間的見通しを持つことができるのに対し，可変的戦術下では，そういった時間的見通しが曖昧な状況に置かれることを意味

する。

5つめは，「連続的－分離的（serial versus disjunctive）」戦術次元である。連続的戦術は，職場の先輩社員などが新規参入者の役割モデルとして支援することを意味する一方で，分離的戦術下では，そのような役割モデルになるような職場の先輩社員がおらず，サポートなどが得られない状況を示すものである。

最後は，「付与的－剥奪的（investiture versus divestiture）」戦術次元であり，付与的戦術次元は，職場の上司や先輩社員などが新規参入者の個性や特徴を認め，尊重し，それらを受け入れながら社会化が行われることを意味する。その一方で，剥奪的戦術では，既存の組織メンバーが新規参入者のパーソナリティやアイデンティティを尊重せず，むしろそれらを大きく変容させることを通じて社会化を果たそうとすることを示す。

上記のとおり，組織社会化戦術は理論的に6つの対となる次元が導出されたが，その後の実証研究ではこの理論モデル同様の6次元で把握し検討する研究がある一方で，1次元あるいは3次元に組織社会化戦術を分類し，検討を行う研究もある（Ashforth et al., 1997；Saks et al., 2007）。組織社会化戦術を1次元に分類している研究では，「制度的社会化戦術－個別的社会化戦術」の対となる1次元で捉えている（Jones, 1986）。すなわち，制度的社会化戦術は，先の6次元モデルでいう集団的戦術，公式的戦術，順次的戦術，固定的戦術，連続的戦術，付与的戦術によって構成され，個別的社会化戦術は，個別的戦術，非公式的戦術，場当たり的戦術，可変的戦術，分離的戦術，剥奪的戦術を包含し，1次元化している。

また，組織社会化戦術を3次元に分類する考え方では，集団的－個別的戦術と公式的－非公式的戦術によって構成される「文脈的（context）社会化戦術」次元，順次的－場当たり的戦術と固定的－可変的戦術を包含する「内容的（content）社会化戦術」次元，連続的－分離的戦術と付与的－剥奪的戦術による「社会的（social）社会化戦術」次元の3つで捉えるものである（e.g., Cable & Parsons, 2001）。

この組織社会化戦術と組織適応結果との関係は，多くの研究で検討されている（e.g., Bauer et al., 2007；Saks et al., 2007；Takeuchi & Takeuchi, 2009）。その中で，サックスら（Saks et al., 2007）はメタ分析によって，組織社会化戦術

表7-2 組織社会化戦術と組織適応結果との関連のメタ分析結果 (Saks et al., 2007, pp.424-425 を基に作成)

組織適応変数	集団的戦術（一個別的戦術）				公式的戦術（一非公式的戦術）				順次的戦術（一場当たり的戦術）				固定的戦術（一可変的戦術）				連続的戦術（一分離的戦術）			
	研究数	修正済相関係数	95%信頼区間 下限	上限	研究数	修正済相関係数	95%信頼区間 下限	上限	研究数	修正済相関係数	95%信頼区間 下限	上限	研究数	修正済相関係数	95%信頼区間 下限	上限	研究数	修正済相関係数	95%信頼区間 下限	上限
役割曖昧性	5	-.27	-.32	-.21	5	-.34	-.44	-.24	6	-.52	-.72	-.39	6	-.53	-.62	-.46	6	-.62	-.70	-.55
役割葛藤	4	-.14	-.21	.00	4	-.24	-.32	-.17	4	-.37	-.46	-.29	4	-.40	-.49	-.31	4	-.47	-.56	-.37
職務満足	11	.18	.11	.26	10	.20	.09	.30	11	.34	.24	.44	11	.41	.29	.52	12	.45	.34	.55
組織コミットメント	12	.19	.12	.26	12	.14	.05	.24	13	.28	.17	.39	13	.27	.16	.38	14	.32	.19	.45
転職意思	12	-.18	-.24	-.10	11	-.23	-.32	-.15	12	-.28	-.37	-.19	12	-.30	-.39	-.21	12	-.33	-.44	-.22
職務成果	5	.04	-.05	.12	4	-.05	-.18	.08	5	.10	-.01	.22	5	.12	-.06	.31	6	.13	-.02	.29
適合知覚	3	.30	.20	.41	2	.30	.24	.35	3	.43	.29	.58	3	.46	.30	.63	4	.49	.42	.55

組織適応変数	付与的戦術（一剥奪的戦術）				制度的戦術（一個別的戦術）				文脈的戦術				内的戦術				社会的戦術			
	研究数	修正済相関係数	95%信頼区間 下限	上限	研究数	修正済相関係数	95%信頼区間 下限	上限	研究数	修正済相関係数	95%信頼区間 下限	上限	研究数	修正済相関係数	95%信頼区間 下限	上限	研究数	修正済相関係数	95%信頼区間 下限	上限
役割曖昧性	6	-.54	-.66	-.44	9	-.21	-.35	-.11	6	-.36	-.47	-.27	7	-.52	-.62	-.45	7	-.61	-.70	-.55
役割葛藤	4	-.58	-.64	-.52	9	-.36	-.47	-.27	6	-.36	-.47	-.27	7	-.52	-.62	-.45	7	-.61	-.70	-.55
職務満足	12	.53	.41	.64	15	.34	.27	.39	13	.21	.14	.26	13	.37	.29	.44	14	.49	.41	.56
組織コミットメント	14	.49	.39	.58	17	.32	.28	.37	15	.18	.12	.24	15	.28	.21	.36	16	.41	.33	.49
転職意思	12	-.31	-.41	-.21	15	-.29	-.32	-.25	14	-.24	-.28	-.15	14	-.30	-.37	-.24	14	-.33	-.40	-.26
職務成果	5	.24	.15	.32	7	.10	.05	.17	5	.00	-.08	.08	5	.11	.01	.23	6	.18	.09	.27
適合知覚	4	.41	.30	.52	7	.46	.41	.50	5	.33	.26	.40	5	.38	.27	.48	6	.49	.45	.54

の対となる6次元が制度的に実施されているほど（集団的戦術，公式的戦術，順次的戦術，固定的戦術，連続的戦術，付与的戦術であるほど），概して役割曖昧性や役割葛藤，転職意思が低下し，職務満足や組織コミットメント，職務成果，組織や仕事との適合知覚は高まることを明らかにしている（表7-2）。

　さらに，サックスら（Saks et al., 2007）は組織社会化戦術と組織適応結果との関係について，以下の2点を指摘している。第1に，組織社会化戦術各次元と組織適応結果指標との相対的な関連の強さにおいて，組織社会化戦術の3次元モデルでいうところの社会的社会化戦術次元（連続的次元と付与的次元）が他の次元に比べて組織適応結果指標との相関が最も高く，文脈的社会化戦術次元（集団的次元と公式的次元）が組織適応結果と最も関連が低いことを指摘している。第2に，組織社会化戦術と組織適応結果との関係におけるリサーチデザイン（横断的研究によるものか縦断的研究によるものか）による調整効果の分析結果から，概ね横断的研究による両者の関係性のほうが，縦断的研究のそれよりも強くなることを明らかにしている。

　この結果について，サックスら（Saks et al., 2007）は，組織社会化戦術と組織適応結果の測定項目を同時点で採取したことによる共通方法バイアスやプライミング効果によるものなのか，それとも実際に組織社会化戦術の効果が入社後間もないときのほうがより有効であることを示すものなのかについては明らかでないことを指摘している。しかし，バウアーら（Bauer et al., 2007）のメタ分析結果においても，組織社会化戦術と役割明瞭性との関係において，横断的調査による相関のほうが縦断的調査による相関よりも有意に高いことを明らかにしている。したがって，どのような調査デザインを用いて組織社会化戦術の効果を検証するかは，とても重要な課題であることを強く示唆するものといえる。

（3）導入研修

　組織適応結果に影響を及ぼす組織要因の3つめは，企業が入社後に新規参入者に対して実施する導入研修である。先述の組織社会化戦術の検討が，既存の組織社会化研究で多く行われてきた一方で，具体的に企業で実施されている「導入研修」が新規参入者の組織適応結果にいかなる影響を及ぼしているのかに

ついては，検討の必要性が指摘されながらも（Anderson et al., 1996；Klein & Weaver, 2000），これまで必ずしも十分な研究蓄積がなされていないというのが現実である。つまり，導入研修は多くの日本企業において，新入社員研修といった名称で広く行われているにもかかわらず，その効果については十分な検証が行われておらず，議論の余地が大きく残されているといえる。

そのような中，数少ない研究の中で，クラインとウィーバー（Klein & Weaver, 2000）は，導入研修参加者と非参加者で組織適応（組織社会化学習内容）への効果がどの程度異なるのかについて，実証的検討を行っている。その結果，導入研修の参加者は，非参加者に比べて，研修後の組織適応結果指標の組織社会化学習内容（本節4.で詳述）の「歴史」次元と「目標・価値観」次元，「人間」次元が有意に高いことが明らかになった（表7-3）。また，導入研修に参加することによって高められた組織社会化学習内容の「歴史」次元と「目標・価値観」次元は，組織コミットメントに対して有意な正の影響を及ぼしていることも明らかにしている。

また，わが国を対象にした研究では，竹内（2016）が新規参入者を対象に新

表7-3　導入研修プログラムの参加状況による組織適応結果への影響
（Klein & Weaver, 2000, p.59 を一部修正）

| 組織社会化学習内容 | 測定時点 | 研修非参加者 | | 研修参加者 | | ANCOVA |
		M	SD	M	SD	F
政治	研修前	3.03	.61	3.09	.58	.89
	研修後	3.12	.64	3.34	.58	
歴史	研修前	2.92	.95	2.92	.94	31.11**
	研修後	3.02	.94	3.70	.77	
目標・価値観	研修前	3.58	.58	3.55	.54	6.30*
	研修後	3.50	.54	3.72	.52	
人間	研修前	3.66	.53	3.79	.55	15.53**
	研修後	3.61	.54	3.91	.50	
熟達	研修前	3.76	.69	3.79	.79	2.56
	研修後	3.86	.61	4.02	.59	
言語	研修前	2.71	.93	2.78	.77	.99
	研修後	2.92	.79	3.11	.84	

$^*p < .05$；$^{**}p < .01$

入社員研修前後で縦断的調査を実施し，研修前後での組織社会化学習内容の比較分析を行っている。その結果，新入社員研修前よりも研修後のほうが，組織社会化学習内容の全次元の平均値が有意に高まっていることが示された。この結果は，新入社員研修によって新規参入者が組織社会化過程で獲得すべき知識や態度が高まることを示すものであるといえる。

　上記の既存研究結果から，以下の導入研修の影響プロセスを考えることができる。つまり，まず企業が導入研修を実施することによって，新規参入者に必要な組織や仕事，新たな役割についての情報が提供されることになる。ついで，新規参入者がそのような組織社会化過程で重要な情報を取得することによって組織社会化学習内容が高まり，結果として組織コミットメントが高まるという，学習効果プロセスである。しかしながら，企業の導入研修が，新規参入者の社会化過程での知識や態度の学習を促進するばかりでなく，その他の効果を持っている可能性もある。今後企業の導入研修から新規参入者の組織適応結果へと至る新たな影響過程の特定および理論モデルの構築が研究上の重要性を持つといえる。

2. 個人要因

(1) 就職活動

　新規参入者の組織適応結果に影響を及ぼす個人要因の１つめは，新規参入者が就職活動時に行っていた就職活動に関する態度や行動である。就職活動は，採用活動同様に入社前の出来事であるが，個人のキャリア発達は入社前からの連続性を持っているため，入社後の組織適応に影響を及ぼすことが考えられる。必ずしも，新規参入者の入社前の就職活動要因と入社後の組織適応結果との関連を検討している研究は多くないが，いくつかの研究を見ると，個人－環境適合（person-environment fit）理論を踏まえた検討が行われている（e.g., Saks & Ashforth, 2002；Takeuchi et al., 2016）。もともと，新規参入者の就職活動時における職務探索行動のあり方や有効性に関する研究は，職業心理学領域において行われてきた。そこでは，ホランド（Holland, 1985）の六角形モデルで提示された個人と職業との適合をはじめ，広く個人と働く環境との適合性やマッチ

ングが重視され，キャリア選択において個人と環境との適合を促進することが，その後の職業人生における個人のキャリア発達につながるという考え方に基づいていると考えられる。

具体的に研究を見ていくと，サックスとアシュフォース（Saks & Ashforth, 2002）が就職活動時の職務探索行動およびキャリア計画とその後の組織適応結果との関係を実証的に検討している。入社前と入社後に新規参入者に対して実施した縦断的調査のデータを分析した結果（図7-2），職務探索行動とキャリア計画が，それぞれ入社前の個人と仕事との適合知覚および個人と組織との適合知覚を高めることが確認された。また，入社前の適合知覚（個人－職務適合知覚と個人－組織適合知覚）は，入社後の適合知覚を介して，組織適応結果である職務への態度および組織への態度に効果的な影響を及ぼしていることを明らかにしている。

また，竹内ら（Takeuchi et al., 2016）は，キャリアに対する態度概念の1つであるキャリア成熟に焦点を当て，就職活動時のキャリア成熟が入社後の組織適応結果にどのような影響を及ぼすのかについて検討を行っている。その結果，入社時点の個人－組織適合を媒介して，就職活動時の新規参入者におけるキャリア成熟度が入社後の組織適応結果に効果的な影響を及ぼしていることを報告している。

さらに，竹内・高橋（2010）は，職務探索行動と組織適応結果との関係を繋

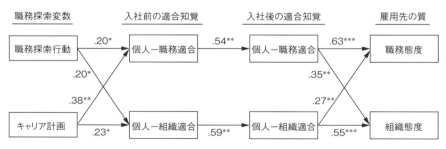

$*p < .05 ; **p < .01 ; ***p < .001$

図7-2　就職活動中の職務探索行動と入社後の組織適応結果との関係
(Saks & Ashforth, 2002, p.625)

ぐ新たな影響過程を検討している。彼らは，就職活動をどの程度努力して行ったかを示す職務探索努力と入社1年後の組織適応結果との関係を分析し，職務探索努力が入社時点の職業との同一化を示す職業的アイデンティティを高めることを明らかにした。そして，その入社時点の職業的アイデンティティは，入社後の職業的アイデンティティを介して入社1年後の組織適応結果に効果的な影響を及ぼすことを示している。

　上記の既存研究より，入社前の新規参入者の就職活動状況および就職活動時のキャリア態度が入社後の組織適応結果に影響を及ぼすことが示されたといえる。そのような中，既存研究の多くは新規参入者の就職活動と組織適応結果とを媒介する要因に個人－環境適合概念を設定しているが，職業的アイデンティティのように，他の概念が媒介している可能性もある。したがって，今後両者の関係を媒介する新たな影響過程を明らかにする必要がある。

(2) プロアクティビティ

　組織適応結果に影響を及ぼす個人要因の2つめは，新規参入者のプロアクティビティ（proactivity）である（プロアクティブ行動（proactive behavior）といわれる場合もある）。プロアクティビティ概念は，さまざまな研究文脈で用いられ，それぞれの研究文脈で概念の意味が異なってくる。組織社会化研究の文脈におけるプロアクティビティ概念は，新規参入者自らが積極的に組織適応に必要な情報を獲得したり，態度や行動を学習し，身に着けたりしていくことである。組織社会化戦術の項で述べたとおり，入社初期の新規参入者は，どのような役割や仕事の進め方が組織から求められているのかがわからないため，組織適応に必要な情報を学習，獲得していくことが必要である。そこで，新規参入者が自発的にそれら情報を収集し，組織適応を果たしていく行動がプロアクティビティといわれるものである。

　アシュフォードとブラック（Ashford & Black, 1996）は，新規参入者のプロアクティビティについて，いかに新規参入者が職場内で自己統制感を獲得するかという観点から概念的体系化を試みた。その結果，新規参入者の6つの行動的戦術と1つの認知的戦術からなる7つのプロアクティビティ次元を設定している。1つめは，情報探索行動（information seeking）である。この行動は，組

織が公式と非公式の双方において，どのように運営され機能しているかについて，新規参入者が情報を収集し，学習しようとする行動である。2つめは，フィードバック探索行動（feedback seeking）であり，自らの仕事のやり方や成果について上司や同僚からの意見を得ようと働きかける新規参入者の行動である。3つめは，上司との関係構築行動（relationship-building with boss）であり，これは上司との良好な人間関係を構築しようと試みる新規参入者の行動である。4つめは，一般的社会化行動（general socializing）である。これは，職場内での集まりや会社のパーティなどの社交イベントに参加するといった新規参入者の行動である。5つめは，ネットワーキング行動（networking）である。これは普段接することがあまりない職場外の人たちとも良い人間関係を作り，ネットワークを構築する新規参入者の行動である。6つめは，職務転換交渉（job-change negotiation）であり，担当職務の変更を職場の人（上司や同僚など）にお願いしたり，上司や同僚からの仕事上の期待の変更を促したりするような新規参入者の行動である。最後に，肯定的思考枠組み（positive framing）がある。これは新規参入者の認知的対応であり，自分に予期せぬことや期待していないようなことが起こった際に，それを悲観的に捉えるのではなく，肯定的に捉えて問題解決しようと試みる認知的戦術である。

　この新規参入者のプロアクティビティと組織適応結果との関係は，多くの研究で検討されている。それらの研究では，新規参入者のプロアクティビティのある特定下位次元と特定の組織適応指標との間で有意な関係が常に確認されるといった，一貫した研究結果は必ずしも見出されていない。しかし，総合的にみると，先の7つのプロアクティビティを行っている新規参入者ほど，職務や組織への積極的な態度が喚起され，組織適応結果に効果的な影響を及ぼすことが報告されている（e.g., Ashford & Black, 1996；Ashforth, Sluss & Harrison, 2007；Ashforth, Sluss & Saks, 2007；Bauer et al., 2007；Gruman et al., 2006；Wanberg & Kammeyer-Mueller, 2000）。

3. 社会化主体

　新規参入者の入社後の組織社会化は，真空状態で行われるものではなく，既

存の組織メンバーとの日々の関わりや関係性の中で進展していくものである。本項では，そのような社会化主体の役割について具体的に考えていくこととする。既存研究では，上司と同僚が新規参入者にとって重要な社会化主体であることが指摘されている（e.g., Kammeyer-Mueller et al., 2013）。なぜなら，職場の上司と同僚は新規参入者にとって日常的に仕事上の接点があり，求められている役割や仕事のやり方，組織の価値観などの情報を取得する上で重要な情報源（source of information）であると考えられているからである。

　新規参入者の組織適応結果を促進する上司・同僚の役割を明らかにしようとする研究は，大きく2つの視点から行われてきている。第1は，上司や同僚からの「サポート」に着目し，その効果等を検討する研究であり，第2は，上司・同僚との「関係性」に着目し，その効果等を検討する研究である。

（1）上司・同僚サポートの役割

　新規参入者の組織適応結果に対する上司・同僚サポートの役割に着目する研究は，大きく2つに分類される。それは，上司および同僚サポートの「効果」を明らかにしようとする研究と，新規参入者の入社後の時間的経過に伴って，上司・同僚サポートの程度がどのように変化するのかという時間的変化を明らかにしようとする研究である。

　前者の研究では，具体的に竹内・竹内（2013）は，新規参入者が認知する上司サポート知覚（perceived supervisor support）および同僚サポート知覚（perceived coworker support）概念を用いて，一次的組織適応結果である組織社会化学習内容および二次的組織適応結果である職務成果への影響を実証的に検討している。その結果，上司サポート知覚は，組織社会化学習内容の組織次元に対して有意な正の影響を及ぼし，同僚サポート知覚は，組織社会化学習内容の組織次元と課業次元の双方に対して有意な正の影響を及ぼすことを明らかにしている。さらに，上司・同僚サポート知覚は，組織社会化学習内容を媒介して職務成果に対しても影響を及ぼすことが示されている。

　また，リら（Li et al., 2011）は，上司および同僚の具体的なサポート内容である「発達支援的フィードバック（developmental feedback）」概念に着目して，組織適応結果への効果を検討している。その結果，上司からの発達支援的フィ

ードバックと同僚からの発達支援的フィードバックがそれぞれ，新規参入者の役割外職務成果の1つである他者支援行動（helping）に対して有意な正の影響を及ぼすことを明らかにしている。さらに，上司による発達支援的フィードバックと同僚による発達支援的フィードバックの単独（主効果）では影響が確認されなかったが，上司と同僚双方からの発達支援的フィードバックが組み合わさったときに，新規参入者の職務成果が高まることを指摘している。

後者の上司・同僚サポートの時間的変化を検討する研究では，カムメイヤーミューラーら（Kammeyer-Mueller et al., 2013）が精緻な検討を行っている。新規参入者の組織適応結果に対する上司および同僚サポートの効果が確認される中，カムメイヤーミューラーらは入社後90日間の新規参入者に対して週ごとの縦断的調査を実施し，上司および同僚サポートの変化を検討した。その結果（図7-3），上司および同僚サポートの時間的変化は，線形モデルよりも非線形モデルのほうがデータとの当てはまりがよく，最初の数週間で大きく落ち込む

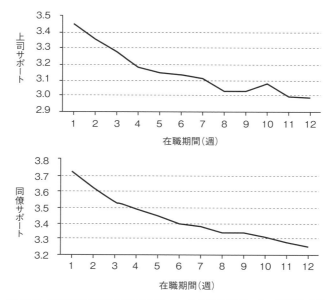

図 7-3　新規参入者に対する上司サポートと同僚サポートの時間的変化
（Kammeyer-Mueller et al., 2013, p.1114）

一方で，その後は，その傾向が緩やかになることを指摘している。逆に言えば，この結果は入社初期の段階では，上司や同僚が新規参入者に対して手厚く支援していることを裏づけるものである。そして，その初期段階での上司および同僚サポートの支援の多さが，新規参入者の快楽気分（hedonic tone）やプロアクティビティを高めることを明らかにしている。

(2) 上司・同僚との関係性の役割

　組織社会化過程における上司・同僚との関係性の効果を検証する研究の中で最も多いのは，新規参入者が上司および同僚と結ぶ社会的交換関係を示す「リーダー－メンバー交換関係（LMX: Leader-Member Exchange）」概念と「チーム－メンバー交換関係（TMX: Team-Member Exchange）」概念を用いた検討である（e.g., Delobbe et al., 2016；Jokisaari, 2013；Sluss & Thompson, 2012；竹内・竹内，2011；Zheng et al., 2016）。

　LMX と組織適応結果との関係に焦点を当てると，ジョキサーリ（Jokisaari, 2013）が，LMX と新規参入者の組織適応結果である職務成果との関係を検討している。その結果，職務成果の下位次元である組織成果を新規参入者と上司との社会的交換関係が高めることを明らかにしている。また，ヂャンら（Zheng et al., 2016）は，LMX が新規参入者の心理的ストレス反応および転職意思に対して負の影響を及ぼし，役割外職務成果行動に対して正の影響を及ぼしていることを報告している。さらに，TMX と組織適応結果との関係では，竹内・竹内（2011）がわが国の新規参入者を対象とした検討を行っている。その結果，新規参入者が同僚と結ぶ社会的交換関係（TMX）が，組織や仕事への職務態度に対して効果的な影響を及ぼすことを明らかにしている。

　このような LMX および TMX 概念以外を用いて，上司および同僚との関係性が新規参入者の組織適応結果に対する影響を検討した研究に，ラポインテら（Lapointe et al., 2014）の研究がある。ラポインテらは，「情緒的信頼（affect-based trust）関係」概念を用いて，新規参入者の上司への情緒的信頼関係および同僚への情緒的信頼関係が組織適応結果に対してどのような影響を及ぼすのかを実証的に検討している。その結果，上司および同僚への情緒的信頼関係が新規参入者の組織コミットメントに対して有意な正の影響を及ぼすことを指摘

している。

　上記の一連の研究結果から，新規参入者が入社後に重要な情報源である上司および同僚といかに相互信頼に基づく社会的な交換関係を構築できるかが，組織適応を考える上で肝要であることが示唆される。その意味において，新規参入者が入社後に上司・同僚との関係性をいかに高めるかが重要になってくるが，前項で取り上げた「上司サポート」が新規参入者の上司との社会的交換関係を高める可能性を示唆する研究が報告されている（Sluss & Thompon, 2012）。

　スラスとトンプソン（Sluss & Thompon, 2012）は，新規参入者に対して上司がロールモデルになること（上司による連続的戦術の実施）が，新規参入者のLMXを高め，それが結果的に新規参入者の組織との一体性を示す組織アイデンティフィケーションや組織との適合感を高めることを示している。この研究は，直接的に上司サポートを扱ったものでなく，さらに同僚については全く検討されていないが，この結果を援用すると，「上司・同僚サポート」→「新規参入者と上司・同僚との相互信頼関係」→「組織適応結果」という関係性を想起することができる。今後，組織社会化研究の文脈において「社会化主体からのサポート」と「新規参入者と社会化主体との関係性」がどのような関係にあるのかについて，精緻な検証が望まれる。

4. 一次的組織適応結果

　新規参入者が組織社会化過程でどのような知識を獲得し，どのような価値観や態度を習得すべきかを検討することは，組織社会化研究において極めて重要な課題である。なぜなら，何をもって新規参入者が組織に適応したかを判断する際の重要な指標になるからである。したがって，具体的には，組織社会化学習内容の内容次元の検討という形で，一次的組織適応結果にどのような概念を設定するかということが行われてきた。代表的な研究として，以下の3つの分類がある。

　第1は，組織社会化学習内容を4次元で把握する考え方である。モリソン（Morrison, 1993）では，「仕事の習得」と「役割明瞭化」，「文化的適応」，「社会的統合」の4つが指摘されている。仕事の習得は，担当職務における仕事のやり

方をどれだけ習得し，さらに必要なスキルをどの程度身につけているかを意味する。役割明瞭化は，新しく入った会社の中でのポジションの意味を考え，どのような役割を果たすことが求められているのかについて理解することである。文化的適応は，新しく入った組織の文化や価値観が何であるかを把握し，それを理解することである。最後の社会的統合は，上司や同僚といった職場集団のメンバーとの良好な人間関係を構築することである。モリソン（Morrison, 1993）と同様の組織社会化学習内容の分類をしている研究として，バウアーとエルドガン（Bauer & Erdogan, 2011, 2012）がある。バウアーとエルドガン（Bauer & Erdogan, 2011, 2012）は，「仕事の自己効力感」，「役割明瞭性」，「組織文化の知識」，「組織メンバーからの受容」と名称化しているが，内容的にはそれぞれモリソン（Morrison, 1993）の「仕事の習得」，「役割明瞭化」，「文化的適応」，「社会的統合」とほぼ同じであると考えられる。

　第2の組織社会化学習内容の分類は，6次元によって把握を試みるものである。チャオら（Chao et al., 1994）は，既存研究を包括的にレビューし，組織社会化段階で新規参入者が学習し，獲得すべき知識や態度等の内容として，「歴史（企業や職場の成り立ちや沿革）」，「言語（仕事上および組織内で使われる専門用語や略語，隠語）」，「社内政治（組織内の派閥など，力関係を含めた社内政治の状況）」，「人間（職場のメンバーとの良好な人間関係の構築）」，「組織目標と価値観（企業の目標や規範，価値観の理解と受容）」，「熟達（仕事の効率的なやり方や必要なスキルの獲得）」を指摘している。

　第3は，ホイターら（Haueter et al., 2003）によって提唱され，尺度開発がされている組織社会化学習内容の3次元の分類である。ホイターら（Haueter et al., 2003）は，チャオら（Chao et al., 1994）の組織社会化学習内容の6次元は，新規参入者が適応すべき対象（組織，職場集団，職務など）ごとに分類されていないことを問題として指摘している。それゆえ，組織，職場集団，職務という適応対象ごとに再整理する形で，以下の3次元を提唱している。「組織」次元は，組織の規範や価値観，目標，組織の沿革，社内政治の理解などを含むものである。「職場（集団）」次元は，所属部署固有の目標や方針に関する知識，職場の沿革，所属部署がどのように組織全体の目標に貢献しているのか，職場内での行動規範や職場内政治が含まれるものである。「職務」次元は，仕事の進

め方や仕事上必要なスキルの習熟度合い，会社から期待されている職務成果の水準についての理解を含むものである。

　以上，代表的な研究をもとに，一次的組織適応結果としての組織社会化学習内容の内容次元について検討をしてきた。上記の3つの分類を明確に整理することは困難だが，やや俯瞰的に対応関係を整理すると図7-4のとおりである。すなわち，組織社会化学習内容の4次元モデル（Morrison, 1993；Bauer & Erdogan, 2011, 2012）と6次元モデル（Chao et al., 1994）との違いは，4次元モデルで設定されている「役割明瞭性」が6次元モデルでは設定されておらず，さらに6次元モデルには，職務に関することで「言語」，そして組織に関することで「歴史」，「社内政治」が4次元モデルに追加され，その部分については詳細に把握できるようになっているといえる。6次元モデルと3次元モデル（Haueter et al., 2003）との違いでは，6次元モデルで組織に関する知識のみであった「組織目標と価値観」，「歴史」，「社内政治」について，3次元モデルでは職場レベルでもそれらの内容を把握しようと考えられていることと理解することができる。

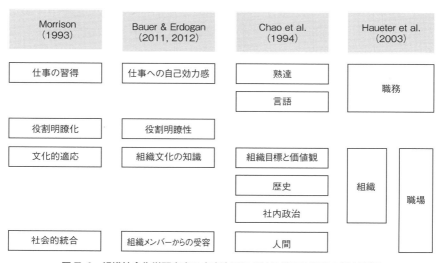

図7-4　組織社会化学習内容の内容次元における代表的研究の対応関係

■ 第 3 節 ■

組織社会化研究の新たな方向性

1. 組織社会化研究の統合

　組織社会化研究は，過程アプローチと内容アプローチという 2 つのアプローチから検討されてきたことはすでに述べたとおりである。そして，各アプローチで取り上げられる概念によって，新規参入者の組織適応プロセスの解明に一定の貢献を果たしてきた。しかし，その一方で，それぞれの概念およびアプローチ内で個別かつ独立的に検討がなされてきたため，統合的な視点から検討する必要性がある。以下，2 つの研究統合について考えていく。

　第 1 に，過程アプローチの統合である。過程アプローチでは，大きく組織要因（採用施策，組織社会化戦術，導入研修），個人要因（就職活動，プロアクティビティ），社会化主体（上司・同僚サポート，上司・同僚との関係性）に分類され，またさらに各分類の中で各概念の新規参入者の組織適応結果への効果や役割が検討されてきた。しかしながら，それら組織要因と個人要因，社会化主体の中で取り上げられる概念間の関係性については，議論の余地が多く残されている。たとえば，組織要因の組織社会化戦術と個人要因のプロアクティビティとの関係では，異なる 2 つの結果が報告されている。キムら（Kim et al., 2005）は，組織社会化戦術と組織適応結果との関係をプロアクティビティが調整（moderate）する役割を果たすことを実証的に明らかにしている。しかし，その一方でグルマンら（Gruman et al., 2006）は，組織社会化戦術と組織適応結果との関係をプロアクティビティが媒介（mediate）する役割を果たすことを報告しており，組織社会化戦術とプロアクティビティとの関係がどのような関係にあるのかについては十分な議論が行われているとはいえない。

　これらは 1 つの例であるが，過程アプローチ内の概念間の関係性を統合して検討することにより，新規参入者の組織適応プロセスの解明により一層繋がるといえよう。

　第 2 に，過程アプローチと内容アプローチの統合である。過程アプローチで検討されている各概念の効果を検討する研究は，結果指標として二次的組織適

応結果である新規参入者の職務態度や行動を設定し，それらへの影響を検討する傾向にある。すなわち，既存研究において過程アプローチの各概念と内容アプローチで検討されている組織社会化学習内容との関連についての経験的事実の蓄積は必ずしも十分とはいえない。たとえば，組織社会化戦術と組織社会化学習内容との関係を検討する研究（e.g., Ashforth, Sluss & Saks, 2007；Cooper-Thomas & Anderson, 2002；Takeuchi & Takeuchi, 2009）や個人のプロアクティビティと組織社会化学習内容との関係を検討している研究（e.g., Ashforth, Sluss & Saks, 2007；Cooper-Thomas et al., 2014；Tan et al., 2016）などは散見されるが，その他の概念と組織社会化学習内容との関係については，限定的にしか検討されていないのが実情である。それゆえ，今後過程アプローチの各概念と内容アプローチで検討されている組織社会化学習内容との関係を検討していくことが必要である。

2. 組織社会化過程の時系列変化に基づく検討

　既存の組織社会化研究では，バウアーら（Bauer et al., 1998）による縦断的研究の必要性が指摘されて以降，多くの研究が同一の新規参入者に対して複数回の調査を実施し，そこで得られた縦断的調査データによる検討が行われている。しかし，そのような縦断的調査データに基づく検討であったとしても，研究の焦点は新規参入者のある特定時点における組織適応結果の高低やその規定要因の検討が中心であった。たとえば，1回目調査時点の規定要因が，2回目調査時点の組織適応結果指標を予測するというモデルである。

　しかしながら，近年新規参入者の入社後の組織適応結果の時系列的な変化の軌跡を明らかにするとともに，その入社後の組織適応結果の時系列的変化に影響を及ぼす規定要因の解明がより重要であることが指摘されている（e.g., Boswell et al., 2009；Jokisaari & Nurmi, 2009；Kammeyer-Mueller et al., 2013；Song et al., 2017；竹内・竹内 , 2015；Vandenberghe et al., 2011；Wang et al., 2017）。つまり，新規参入者のより動態的な組織適応プロセスの解明，および動態的な組織適応プロセスに影響を及ぼす要因の特定化が求められているといえる。

統計的な分析手法の発達により，たとえば潜在成長モデル（latent growth model）などを用いることによって，入社後の新規参入者における組織適応の時系列の発達的変化を，線形や非線形，曲線，などで把握することができると同時に，それら変化パターンのどのモデルがデータとの適合性を有しているのかについても検証することが今日可能である。とりわけ，組織社会化研究では，入社後の新規参入者の発達的変化を扱うので，このような分析手法との相性が良いと考えらえる。

　たとえば，ジョキサーリとヌルミ（Jokisaari & Nurmi, 2009）では，新規参入者の入社後の組織適応結果指標の時系列変化に対する上司サポートの影響を入社6か月後からの6か月間隔で実施された4回の縦断的調査データによって検討している。その結果，上司サポートと職務満足および役割明瞭性の組織適応結果は，双方ともに入社6か月後から24か月後にかけて，線形に低下していくことを明らかにしている。また，上司サポートの時系列変化と職務満足および役割明瞭性の時系列変化との関係性を分析し，上司サポートの低下が大きいほど，新規参入者の職務満足および役割明瞭性もより低下していくことを明らかにしている。

　以上のように，従来の組織社会化研究は，組織適応結果の特定時点における高低の議論や検討が中心であったが，今後は新規参入者の組織適応結果の時系列変化の特徴を把握するとともに，その時系列変化に影響を及ぼす規定要因，あるいはその時系列変化が他の結果変数にどのような影響を及ぼすのかについて議論していくことが組織社会化研究において必要であろう。

3. 組織適応と組織変革の融合：創造的組織人材の育成

　近年，VUCA（Volatility：変動性，Uncertainty：不確実性，Complexity：複雑性，Ambiguity：曖昧性）の時代といわれるように，企業を取り巻く環境の変化は，スピードが速く，より曖昧かつ複雑で予測が困難である。そのような中，企業は環境変化にいち早く対応するために，変革を志向し，実行することがより求められてきている。このような組織のマクロ的状況の変化を踏まえ，新規参入者の組織適応結果指標に，従来の組織コミットメントや職務満足，転職

意思などの代表的な組織適応の変数に代わり，変革を引き起こす核となる創造性を設定し，いかに新規参入者の創造的パフォーマンスを高めるのかについての検討がなされつつある（Harris et al., 2014；Kammeyer-Mueller et al., 2011；Richard et al., 2019）。すなわち，いかに組織が新規参入者から「何か新しいもの」を得るのか，あるいはいかに組織は新規参入者の創造性を奨励し，それを促進していくのかということが大きな課題になりつつある。

　本来，組織社会化は，「組織の価値観や考え方への個人の同化」という側面と「個人の価値観や考え方への組織の受容」という側面の2つを併せ持つものである（Ashforth, Sluss & Harrison, 2007）。しかし，既存の組織社会化研究の多くは，前者の組織の価値観や考え方をいかに個人に同化させるかに焦点を当て，結果変数に組織コミットメントや組織アイデンティフィケーションなどの，いわゆる組織「適応」の変数を中心に設定し，検討が行われてきた。しかし，今日組織変革が企業に求められる中で，従来の前者の議論内容ばかりでなく，後者の個人化（individualization）といわれる，個人の価値観や考えをいかに組織が取り込み，組織変革を後押ししていくかという議論を加えて検討していくことがより重要性を持つといえる。すなわち，新規参入者の組織適応と組織変革の統合化の議論の必要性である。

　上記の統合化を考える上で，新規参入者の組織社会化の結果として育成すべ

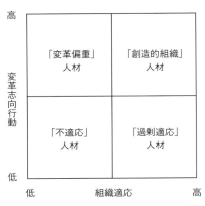

図 7-5　組織社会化を通じた新規参入者の人材類型

175

き人材類型としては，図7-5のようになる。すなわち，横軸に従来検討の中心
であった組織適応を設定し，縦軸に新規参入者の創造性や組織変革につながる
行動を意味する変革志向行動を設定する。その高低の組み合わせによって，新
規参入者を4つに類型化（「創造的組織人材」，「過剰適応人材」，「不適応人材」，
「変革偏重人材」）して考えていくものである。企業を取り巻く環境変化が極め
て動態的かつ複雑な今日において，組織の価値観や規範を受容しながら，必要
に応じて変革的な提案や行動を行う「創造的組織人材」を企業が組織社会化過
程でいかに育成していくのか，という点はより大きな意義を持つものと考えら
れる。したがって，今後上記の枠組みに基づく組織適応と変革の融合の議論が
組織社会化研究において重要であろう。

第8章

組織開発・組織変革

■ 第1節 ■

定義と歴史

　本節では，組織開発（organizational development）と組織変革（organizational change）の歴史的な変遷を追う。なぜならば，組織開発や組織変革は明確な定義のある心理的概念として研究されてきたというよりも，出発点は理論的な側面も持ちつつも，社会的，実務的な要請の中で，徐々にその意味合いや焦点が変化してきたからである。1950年代から行われてきた研究では，組織開発や組織変革は，そのたびに研究者によってさまざまに定義されてきた。したがってこれらの用語に関しての学術的な定義は，コンセンサスを得るに至っていない（Martins, 2011）。しかし定義に共通する要素はあって，過去の定義の統合を試みたポラスとロバートソン（Porras & Robertson, 1992）の定義を，本章では用いることとする。彼らによると，「組織開発とは，組織における仕事のやり方を計画的に変革することを狙いとする一連の行動科学に基づく理論，価値，戦略，技術であり，これらを通して組織メンバーの職務行動を変えることで，個人の能力開発を促進し，組織パフォーマンスの向上を目的とするものである」（p.722，著者訳出）。この定義には，以下3つの注目すべき点がある（Jex & Britt, 2008）。1点めは，組織のパフォーマンス向上とともに，個人の能力開発を目的とする点において，組織開発が他の組織介入と異なることである。2点めは，行動科学に基づく点で，新たな技術やITの導入による組織の変化とは異なることで

177

ある。3点めは，2点めにも関連して，組織メンバーの行動変革が組織変革のキーだとしたことにある。

この定義からもわかるように，組織開発と組織変革は同一のものとして扱われることが多い（Martins, 2011）。組織変革は必ずしも開発の意味合いを含まないため，異なるものであるとの議論もあるが，本章でも両者は同じものとして区別せず扱うこととし，以降は組織開発という言葉を用いる。

1. レヴィンの功績

組織開発の祖とされるのが，社会心理学者のクルト・レヴィン（Lewin, K.）である。組織開発の起源とされる3つの要素（Tグループ，アクションリサーチ，参加型マネジメント）は，いずれもレヴィンの研究やそれに関連する活動に端を発する（Burnes, 2007；Cooke, 2007；Schein, 1988）。

レヴィンは，1639年に民主型のリーダーと専制型のリーダーがそれぞれグループのパフォーマンスにどのような影響を与えるかを実験によって検証した（Lewin, 1939）。その後ハーウッド社において，アクションリサーチと参加型マネジメントを実現するための長期プロジェクトに参画する。1946年には，コネチカット州で宗教や人種による差別をなくすことを目的に，地域のリーダーに向けたトレーニング実施の要請を受け，ベネ，ブラッドフォード，リピットを招聘し，ワークショップを開始した。これが後に，Tグループとそれを提供するNational Training Laboratories（NTL）の設立へとつながっていく。

以上のことから，組織開発におけるレヴィンのアイデアは，科学的な知見を現実場面の課題解決に適用する中で発展していったことがわかる。加えて，彼の功績は，実験的な手法によって確立された心理学的な理論やテクニックを現実場面で活用する方法を示したことや，社会課題の解決に向けた民主主義的価値の重要性を強く推し進めたことにもあった（Burnes & Cooke, 2012）。

Tグループは，コネチカット州でのワークショップで，参加者が振り返りのセッションに参加することから始まった。Tグループの当初の目的は，グループの参加者がその場でのやり取りを通して，自分の感情や態度を理解することによって対人スキルを向上させ，自分のいる組織に帰ったときに組織開発に役

立てることであった。しかし，Tグループは当初の目的から離れて，個人のセラピーと開発のみを行うものになる。アクションリサーチや参加型マネジメントのアイデアとも切り離された。そして1960年代にはTグループは「健常者へのセラピー」と呼ばれるようになる（Schein, 1995）。大変な人気を博して，1966年までに2万人ほどがNTLのTグループに参加した（Friendly, 1966）。しかし，Tグループのトレーナーや参加者までもが，独自のやり方でTグループを勝手に行うようになり，結果的に質の低下と，批判を招くことになった（Highhouse, 2002）。

　Tグループの影響が軽減すると，それに比して組織開発におけるアクションリサーチと参加型マネジメントの影響は大きくなった。アクションリサーチでは個々の組織はユニークな存在であるとの前提があり，変革プロセスはこのユニークさを念頭にデザインされるべきで，しかも組織成員の経験や学びにそのつど適応させることも必要とされた（Coghlan, 2011）。つまり組織に共通に用いることが可能なアクションリサーチは存在しない。今日，アクションリサーチは診断プロセスとして扱われることが多いが（French & Bell, 1999），レヴィンにとっては組織開発の参加者との直接のダイアログの機会であり，彼らとのユニークな共通認識を得るための機会でもあった。アクションリサーチについては次節で詳細な説明を行う。

　参加型マネジメントは，グループ・ダイナミックスと呼ばれることもある（Greiner & Cummings, 2004）。従業員が組織の決定に参加すべきかは，今でも議論が分かれるところだが，少なくとも古典的な組織開発では従業員参加を常に望ましいものと位置づけてきた。従業員は意思決定に参加することを望んでおり，さらに意思決定への参加は組織の生産性向上や従業員の満足度向上につながることなどが示されている（Cartwright, 1951；Mosley, 1987；Seashore & Bowers, 1970）。

　この時期に，アメリカの組織開発とは独立して，似たような動きがイギリスでも起こっていた。第一次世界大戦の帰還兵に対する精神的なケアのために設立されたクリニックに創られたタビストック人間関係研究所において，トリストとバムフォース（Trist & Bamforth, 1951）が炭鉱夫の仕事の改善を目的とした実験を行った。その結果，仕事のデザインと社会構造やグループ・ダイナミ

ックスには強い関連性があることが確認され，社会・技術システム論としてまとめられた。こちらでは組織開発という用語は使われなかったものの，人間関係や従業員の参加を重視した点で，共通するところが多い。

次に，組織開発の大きな潮流について，1970 〜 1980 年代と，1990 〜 2000 年代に分けて述べる。

2. 1970 〜 1980 年代

1970 〜 1980 年代は，国際競争の激化やオイルショックによる景気の後退で，米国の企業にとって厳しい時期であった。理想主義を掲げる NTL も，倒産と再スタートを経験した。企業は新たな組織開発の実験につき合う余裕をなくし，この分野に対する研究者の興味は低下した。この頃には，実利を重視する変革への期待が高まり，組織開発の主役は実務家になった（Freedman, 1999）。

この時期の組織開発の変化は，それまでのグループレベルへの着目から，組織全体での変化へと視点がシフトしたことである（Burnes, 2009）。オープンシステムのアイデアを取り入れて，組織全体を，それを取り巻く環境との関係性においてみるようになった（Lawrence & Lorsch, 1967；Beer & Huse, 1972）。グループの規範から，組織文化における価値観に目を向けるようになった。また学習や変化も，グループレベルから組織学習へと関心が移っていった。このような視点の変化以上に，この時期の組織開発ではそもそも拠って立つ参加型マネジメントの価値が揺らぎ，それに反するトップダウンの変革や，工場の閉鎖，人員整理といった手法が多く取り入れられるようになったことは，大きなジレンマであった（Conger, 2000）。

組織全体へと視点がシフトしたことで，組織開発は複雑性を増していく。そして，それまでの組織開発の考え方はあまりにも合理的でシンプルすぎるとの批判が出されるようになる（Pettigrew, 1987）。1980 年代にポストモダニズムや複雑系の考え方が出てくると，研究者や理論はこれらを取り込むことで上記のような批判に対応しようとした。しかし，これらの理論は現象の説明には使えても，組織開発において実務家が使える知見にはならなかった。少なくともこの時期には組織開発における心理学的な研究は，すっかり鳴りを潜めた。

3. 1990 ～ 2000 年代

　この時期に，組織開発に関連する 3 つの大きな動きがあった。1 つは組織開発の中心にいた研究者たちがまとめた 2004 年の *Journal of Applied Behavioral Science* の特集号で，組織開発における中心的な理論の欠如や，実行価値に疑問を呈するようなネガティブなトーンが目立つものだった。ところが，組織開発とは別の分野の心理学者が 1992 年にレヴィンの生誕 100 年を記念して出した *Journal of Social Issues* の特集号では，レヴィンの変化モデルは多くの社会的介入のベースになっており，効果を上げていることが示された。研究者の間では，組織開発やレヴィンの貢献に関する意見は割れていたが，実務では組織開発は新たな展開を見せていた。この時期になると，組織開発は人的資源管理や人材開発との結びつきが出てくるようになった（Ruona & Gibson, 2004）。また組織開発は，欧米以外の国でも取り入れられるようになった。

　さらに 1990 年代になってシャイン（Schein, 1995）のプロセスコンサルテーションが，改めて注目された。シャインはレヴィンから直接指導を受けた研究者の一人であり，プロセスコンサルテーションは，アクションリサーチや参加型マネジメントエッセンスを取り入れた組織開発手法である。クライエントを中心として，コンサルタントはあくまでそれを支援するスタンスをとる点が特徴的である。プロセスコンサルテーションは多文化文脈での効果を期待されて国連のプロジェクトで採用された。しかしそれ以上に，この手法が社会構成主義的なアプローチとして捉えられるようになったことが，再度注目を集めた理由と考えられる（Lambrechts et al., 2009）。社会構成主義とは，近年心理学者のケネス・ガーゲン（Gergen, K. J.）によってその存在価値が認識されるようになった考え方で，人々が現実として認識しているものは，社会的に構築されたものであり，人々の解釈，認識によって再生産される中で刻々と変化するダイナミックな過程とされている。

　特にプロセスコンサルテーションの中では，会話の中での意味の共有と理解が重視される。

　直接，社会構成主義的な考えに基づく，対話型組織開発（Bushe & Marshak, 2009）やアプリシエイティブ・インクワイアリー（Cooperrider & Srivastva,

1987) などの新たな手法も開発された。社会構成主義的な立場に立つ研究者の中には，古典的な組織開発に対する批判的な発言も見られるが，一方で社会構成主義とレヴィンのゲシュタルト心理学には共通点が多く，新たな手法は古典的な組織開発と補完し合うものと理解できるとの議論もある（Oswick, 2009；Van Nistelrooij & Sminia, 2010）。結局，1990〜2000年代になって，組織開発は再び研究者の興味の中心に戻ってきたと言ってよいだろう（Burnes & Cooke, 2012）。

　組織開発の潮流を概観すると，応用研究の難しさが垣間見える。理論を洗練化するという科学的な目的に加え，それがさまざまな場面で効果的かを検証するうちに，研究は行く先をいったん見失ってしまったように見える。しかし，レヴィンの「実用的な理論ほどよい理論はない」との言葉にあるように，よい理論は適用の可能性が高いはずである。理論が誤っているのではなく，適用するときに，うまくデザインをすることが重要なのではないだろうか。近年の教育場面における心理的介入の研究（Yeager & Walton, 2011）が示唆するように，組織開発の研究者は，知見適用の際のデザインについても，より緻密な研究が必要だろう。

■ 第2節 ■

組織変革・組織開発の代表的モデル

　組織開発は，強固な理論的ベースに欠けるとの批判もあるが（Burke, 1994），それでも実務に際してよく用いられるモデルがいくつかある。本節では，レヴィンの3ステップモデル，アクションリサーチモデル，システム理論，組織変革の理論（バークの組織変容プロセスのモデル，ポラスとロバートソンの組織の変化プロセスモデル）について取り上げる。

1. レヴィンの3ステップモデル

　3ステップモデルは，レヴィンが提案した組織開発モデルの最も古いもので，

第 8 章 組織開発・組織変革

図 8-1 レヴィンの 3 ステップモデル (Lewin, 1947)

図 8-1 のように 3 つのステップからなる (Lewin, 1947)。最初は「解凍」のステップで、組織はまず変革の必要性を認識する。利益の減少や事業からの撤退などは、「解凍イベント」と呼ばれる。ただし、解凍イベントになるためには、あくまでも組織変革の必要性が認識される必要があり、原因を外的環境に帰属して何もしない場合は、解凍イベントとはいえない。

次のステップは、「移行・変化」で、組織活動の仕方に変化が生じる。たとえば、チームベースの組織構造になるとか、顧客満足度を高めるために仕事を再デザインするなどがある。ここでは従業員の行動に変化が生じる必要があり、従業員にとって難しいプロセスであることが多い。

最後のステップは、「再凍結」で、変化後の行動を定着させる必要がある。変化前の状態に戻ってしまわないためには、従業員自身が、変化が自分たちにとって望ましいことを認識する必要がある。

このモデルの最大の利点は、シンプルさにある。モデルは理解しやすく、応用範囲も広い。しかし、このモデルの欠点はシンプルすぎることである (Purser & Petranker, 2005)。どのように「解凍」が起こるのかなどは説明されておらず、具体的に解凍を促進する方法についての示唆が得られない。

2. アクションリサーチモデル

アクションリサーチも、レヴィンによって提案されたものである (Lewin, 1951)。リサーチの一手法でもあるが、組織開発を目的としたリサーチの反復と捉えることもできる (図 8-2)。レヴィンは、アクションリサーチをクライエントの課題解決を行いつつ、新しい知識を得るものだとしていることから、こ

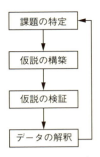

図 8-2 アクションリサーチモデル（Lewin, 1951）

の2つの目的の併用を志向するものと考えられる（Coghlan & Brannick, 2014; Reason & Torbet, 2001）。アクションリサーチは，実践において最もよく使われるモデルである（Burnes & Cooke, 2012）。

　最初のステップは課題の特定である。課題は1つではなく，しかも複雑に絡み合っていることも多い。その中でまず解決したい課題が何かを特定する。多くの場合，課題は理想と現状のギャップで表現する。このステップは特にクライエントが何を課題と思っているかをきちんと特定することが重要になる。

　次のステップは，仮説の構築である。ここでは一般的な研究と同様に，組織行動について行われてきた過去の研究知見が参考になる。たとえば若手の離職が問題だとすると，離職に関する先行研究を参考に，現在のクライエントの置かれた状況での離職を増加させる要因について仮説を構築する。

　3番目のステップでは，仮説を検証するためのデータ収集を行う。このステップがアクションリサーチの特徴である。データは，質問紙やインタビュー，その他のさまざまな情報（たとえば，若手の平均残業時間とその他社員の平均残業時間の差）を通じて収集する。

　4番目のステップでは，収集したデータを，仮説に照らして解釈する。仮説が支持されたかがいったんの帰結になるが，アクションリサーチの場合は，ここで課題が解決することはあまりない。たとえば若手の平均残業時間が長いとすると，なぜそのような状況になっているのかを再度検証する。これが次の仮説になる。研修に時間をとられるため，業務が間に合わないことがわかったために，研修の時間と内容を半分にしたとする。これで本当に残業時間が減り，若

手社員の離職が抑えられるかは，さらに検証が必要になる。

アクションリサーチの重要なポイントは上記の4つのステップすべてを，クライエントとともに行うことである。そうすることで適切なデータの収集や解釈，あるいは次の仮説構築が可能になる。

アクションリサーチは実務で最もよく使われているが，それはこのモデルが"組織介入のモデル"であるからである。ただし，コンサルタントが何をすべきかのガイドとして使えるものの，どのように組織が変化するかについての示唆は得られない。

3. バークの組織変容プロセスのモデルとポラスとロバートソンの組織の変化プロセスモデル

バーク（Burke, 1994）は組織変容プロセスのモデルを提案した（図8-3）。これまでに見たモデルと異なり，このモデルではどのような要因が関わって開発が行われるのかを特定している。出発点として，外的な環境を重要視する。なぜならば，組織開発は，外的な環境変化に適応するために行われることが多いからである。外的な環境変化は，3つの"変化へのレバー"に影響を及ぼし，そして影響を受ける。3つの変化へのレバーとは，組織のミッションと戦略，リーダーシップ，組織文化である。これらの3つも相互に影響し合っている。外的な環境変化と，3つの変化へのレバーは，直接的，間接的に個人と組織のパフォーマンスに影響を及ぼし，そして影響を受ける。

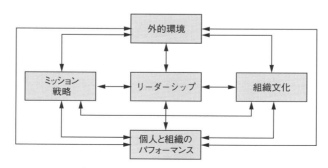

図8-3　バークの組織変容プロセスのモデル（Burke, 1994）

組織のミッションや戦略が変化すれば，それに応じて個人は変化せざるを得ない。リーダーシップは，実際に組織のミッションや戦略を実行に移す際の中心的な役割を担うし，組織文化を体現する。またリーダーシップはミッションや文化を形づくるのにも重要な役割を負っている。組織文化は，組織の価値や前提をなすものであり，組織開発における変化のターゲットになることも多い。さらに文化は他の2つが変化する際に間接的な影響を及ぼす。たとえば，個人の自律性を高めるように仕事を再デザインしたとしても，権威主義的な文化の下では変化は起きないか，起きたとしても定着しない。

　ポラスとロバートソン（Porras & Robertson, 1992）も組織の変化プロセスモデルを提案した（図8-4）。バークのモデルと異なる点は，変化はまずビジョンからスタートして，そこから組織内のほかの要素に影響が及んでいる。ビジョンの影響を受けて，変化のレバーになるものとしては，以下の4つを置いている。

①組織的アレンジメント：組織における協力やコントロールのためにつくられた公的なものであり，フレックスタイムや報酬制度など
②社会的要因：組織成員や組織内グループの特徴，相互作用のパターンやプロセス，チーム，組織文化など
③テクノロジー：組織のインプットとアウトプットに関連するもの，ワークフローや職務デザインなど
④物理的環境：組織活動が行われる物理的環境で，オフィスのロケーションやデザインなど

　これら4つの要素に対する介入の効果に関するメタ分析が行われ，テクノロジーと物理的環境以外は，個人と組織のパフォーマンスに影響があったことが示されている（Robertson et al., 1992）。

　このモデルのもう1つの特徴は，上記のような変化は個人の認知や職務行動に影響を与え，その結果，組織のパフォーマンスが向上したり個人の能力が開発されるとする媒介モデルになっている点である。ポラスとロバートソンの組織開発の定義を冒頭に紹介したが，そこでも，組織開発には個人の行動変化を

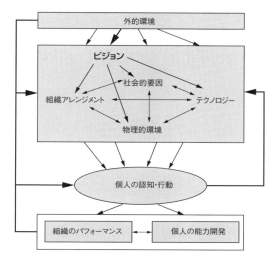

図8-4 ポラスとロバートソンの組織の変化プロセスモデル (Porras & Robertson, 1992)

伴うことが明記されている。たとえば，ある組織ではプロジェクトチームをベースとした組織の再編成を行うことになったが，それに伴いチーム・ビルディングの研修を実施した。これは社会的要因への介入であるが，チームベースの組織再編に対する従業員の抵抗感が高い場合，研修の効果は期待できないなど，最終的には個人の変化を必要とする。個人観点での抵抗感の問題については，第4節で改めて説明を行う。

■ 第3節 ■

代表的な介入方法

本節では，組織開発の実践者（practitioner）が具体的にどのような介入手法を用いているかを説明する。フレンチとベル（French & Bell, 1984）によれば，「組織開発の介入とは，選ばれた組織のユニット（対象集団や個人）が，組織の発展に直接的，あるいは間接的に寄与することをゴールとした一連のタスクに

187

取り組むように構造化されたまとまりのある活動」である。

　解決したい課題を設定するところから，アクションリサーチはスタートするが，課題が設定されても具体的に誰，あるいはどの集団を対象に，どんな介入を，どの順番で行うべきかについては，手順書があるわけではない。別の言い方をすれば，上記の質問に対する一般的な正解があるわけではなく，組織開発の実践者は行動科学の知見を活用しながら，組織内の人たちとともに何をすべきかを考え，実行を支援する。しかも一般には，複数の介入方法が用いられることが多い。

　そうは言っても，これまでの組織開発の実務を通して，介入の際によく使われるいくつかの手法がある。個人レベルでの介入として，職務の再デザイン，MBO（Management By Objectives），コーチングを取り上げる。チームレベルでの介入として，プロセスコンサルテーションとチーム・ビルディングを取り上げる。組織レベルでの介入では，診断サーベイの実施と職場フィードバックミーティングについて述べる。また，社会構成主義的アプローチに基づく手法で，近年使われるようになっている対話型組織開発についても紹介する。これらの介入方法は，組織開発のためだけに開発されたものではなく，それぞれに研究知見が蓄積されている。介入方法を検討する際にはそれらの知見を活用することが求められる。

1. 個人レベルの介入

　職務の再デザインやMBOの利用は，直接仕事のやり方を変えることができる点で，有効である。職務デザインでは，ハックマンとオールダム（Hackman & Oldham, 1980）の研究が有名であるが，たとえばこの考え方を使って，特定の仕事をもっとやりがいのある仕事に変えることができるかを考える。やりがいのある仕事の特徴として，スキルの多様性，仕事の明確性（アイデンティティ），仕事の意義，自律性，フィードバック，があげられるが，当該職務においては，どの要素を，どのように向上できるかを考える。

　ある大手の保険会社のライン人事からの専門知識を必要とする相談窓口を本社に設置した結果，そこに相談が大量に舞い込むようになった。リスク軽減に

は望ましいことではあったが，相談に早く効率的に対処するために，細かく担当を分けたため，行っている仕事の意義が見えづらくなり，相談窓口の社員のモチベーションが低下してしまった。相談内容の特徴，担当を細分化する意味，専門性を獲得することの容易性，現場と本社の関係性など，この会社ならではの状況を考慮しつつ，職務の再デザインを行うといった例が考えられる。

　また，社会・技術システムの考え方を援用して，個々の仕事でなく，チーム全体で仕事のやり方や役割分担などを見直すこともできるだろう。この介入方法では自律型チームの生成と活用といった目的で行われることが多い（Cummings, 1978）。

　MBO は，すでに多くの企業が活用している。ベースとなる目標設定理論によれば，目標はややチャレンジングで具体的なもの，かつ本人が目標達成の自己効力感を持ち，目標にコミットをしているときに，動機づけの効果が高いことが示されている（Locke & Latham, 1994）。組織開発の文脈で用いる場合は，対象者はこれまでとは異なるタイプの目標を持つか，これまでとは異なるレベルの目標を持つことになる。目標を変えることで，仕事の成功の定義が変化する。たとえば，それまでは売り上げの数字を目標としていた販売員が，顧客満足度を上げ，リピート顧客を増やすことを目標にすると，行動に変化が生じることが期待される。ただしその場合，販売員自身が新しい目標にコミットする必要があり，上司は変更の意味を伝えるとともに，具体的に目標達成の程度をどう評価するか，目標のレベル（例：リピート顧客を 1 か月に何名増やすのか）を明確にする必要がある。さらに，販売員がリピート顧客を増やす方法がわからない，あるいは目標達成に向けた自信がない場合の追加の支援も必要かもしれない。現場でよく生じる問題として，前の目標と新たな目標がコンフリクトを起こす場合があるため，それに対する想定も必要だろう。

　個人レベルの介入で最後に紹介するのがコーチングである。ネビスら（Nevis et al., 2014）は，個人レベルでの介入には，①コーチング，②建設的な二者関係構築のファシリテーション，③戦略的アドバイス，の 3 つがあるとしている。①のコーチングの場合，クライアントのパフォーマンス向上，望ましくない行動の変容，キャリア開発などがゴールとなる。一方，③の戦略的アドバイスの場合は，戦略の策定や実行内容に深く関与し，積極的にアドバイスを与え，時に

は実行結果の責任を担う。組織開発に際してコーチングが行われる場合は，組織側のパートナーや，経営層など，マネジメント層が対象になることが一般的であるため，①と③の両方が求められることが予想されるが，組織開発の実践者は，関わり方や責任の範囲について，意識しておくことが必要である。

　個人レベルでの介入で難しいのは，最終的に組織開発にどうつながるかを見失わないことだろう。たとえば，これまで従業員の一体感と協調性でやってきた組織が，今後を見据えて，個人が自律し，プロフェッショナルとして社外でも通用する人材が活躍する組織に変化しようとする。これまでのやり方でやってきた人事担当役員へのコーチングは，組織開発の文脈の中でどのように効果的だろうか。この役員に期待すべき役割は何か，などを考慮することが求められる。

2. グループレベルの介入

　プロセスコンサルテーションはシャインによって開発され，40年以上にわたって行われてきた組織開発手法である。プロセスコンサルテーションは，コミュニケーションや対人関係，意思決定といった人間に特徴的なプロセスを良好にすることを目的として行われる。そしてコンサルタントはあくまでも支援者としての立場を貫く。プロセスコンサルテーションは個人に対して行われることもあるが，メインの対象はグループプロセスである。グループプロセスには，グループのコミュニケーション，メンバーの機能的役割，グループの問題解決や意思決定，規範，リーダーシップ，が含まれる（Cummings & Worley, 2009）。コンサルタントは，このうちいずれか，あるいは複数のプロセスの変革や改善に向けた，コンサルテーションを行う。具体的には，グループメンバー間の関係性やコミュニケーションのあり方，役割分担の相互認識などを観察して状況を把握したり，メンバーへの質問やコメントなど，プロセスそのものへの介入を行う。

　チーム・ビルディングは，プロセスコンサルテーションと共通するところも多いが，こちらはグループのパフォーマンス向上のための，より幅広い要素への介入を含む。たとえば個別のメンバーのスキルや能力，どうすればそれをチ

第8章　組織開発・組織変革

ーム活動において発揮するよう動機づけることができるかや，リーダーがプロジェクトマネジメントの知識を取得するといった内容も入ってくる。具体的な介入方法はさまざまだが，プロセスコンサルテーション同様に，現状を把握する目的と，変革・開発に向けた目的に大別される。前者ではサーベイやインタビューの結果を使ってグループで振り返りを行ったり，その場で自分たちの目標の理解や役割理解に認識のずれを確認することなどが行われる。今後に向けた変革・開発では，新たに自分たちでゴールやミッションを定義し，それに向けた具体的な実行計画や役割分担を行う，などの活動が考えられる。

　ビジネス環境の変化スピードが速くなるにつれて，組織では以前よりもチームを活用する機会が増えている。また，バーチャルチームなどの新しい形態のチームもすでに活用が進んでいる。組織開発の中でも，チームレベルでの介入は今後も重要なテーマとなるだろう。

3.　組織レベルの介入

　組織レベルでの介入では，まず組織診断に当たるサーベイが実施される。一般には組織開発の実践者が事前に小規模なインタビューなどを行い，課題がありそうなポイントをある程度予測した上で，サーベイを作成する。「診断」という用語が使われるが，どこが悪いかを実践者が特定するのではなく，サーベイ結果はクライエントともに解釈を行うことが重要である。

　診断の際には，さまざまなモデルが用いられるが，大きな枠組みとしてシステム理論がよく用いられる。システム理論は，生物から機械に至るさまざまなものに共通して用いられる説明原理として，ベルタランフィ（von Bertalanffy, 1969）によって提案されたが，組織にそれを持ち込んだのはカッツとカーン（Katz & Kahn, 1966）である。組織は環境との相互作用を行うオープンシステムであって，外から資源や情報を取り込み（インプット），組織内でそれらを利用・加工し（スループット），サービスや商品として環境に戻す（アウトプット），というモデルである。また，システム理論では，フィードバックの調整効果も特徴的である。図8-4の組織の変化プロセスモデルは，システムの構造になっていることがわかる。

191

診断の結果は，現場にフィードバックされる。多くの場合，経営者は役員に，役員は自分の部下の部長に，部長は現場の課長に，課長は部下の社員にといった風に，上から徐々に結果がフィードバックされることが多い。サーベイのフィードバック方法について，あまり多くの研究があるわけではないが，たとえば，クラインら（Klein et al., 1971）は，結果のフィードバックは直属の上司から行われたときに，最も自分たちの仕事との関連性を認識し，インパクトがあったことを示している。また，通常フィードバックは部署単位で行われるが，他部署との関連性が強い場合は，同時にフィードバックをしたほうがよいとされている（Nadler, 1979）。

　シーショウ（Seashore, 1987）は，サーベイフィードバックのリスクとして，サーベイ実施の目的が不明確，サーベイのトピックに抵抗感がある，組織の経営層に対する不信感がある，などをあげている。サーベイに回答する従業員からすれば，なぜこのトピックについて尋ねるのか，回答結果を何に使うつもりなのか，といった疑問を持つことは自然なことである。組織開発の実践者やクライエント側のパートナーは，これらの質問に対する答えを準備してから，サーベイ実施とフィードバックを行う必要があるのはもちろんのことである。

4.　対話型組織開発

　ブッシュとマーシャク（Bushe & Marshak, 2009）が対話型組織開発を提唱したのは 2009 年であるが，組織開発における会話や対話の重要性は，1990 年代からいわれていた（Ford & Ford, 1995；Dixon, 1998）。対話型の組織開発は，プロセスコンサルテーション同様に，個人，グループ，組織レベルのいずれの介入にも用いることができる。

　介入方法も，対話を中心として他の手法を用いることも可能である。重要なことは，実践者が次のようなマインドセットを持って，組織開発に取り組むことである。まず，社会的現実は人の相互作用を通してつくられるという社会構成主義の考え方に立脚することである。したがって会話を行わずして，共通の理解や意味づけは成しえない。また，言葉は情報を伝えるだけでなく，能動的に自分たちの考えを形成し世界を形成する。つまり会話を通して，組織メンバ

ーは新しいものの見方や価値観を習得することが，組織開発のゴールになる。

　ブッシュとマーシャク（Bushe & Marshak, 2015）によれば，対話組織開発の実践方法はエージェント（組織開発実践者）や状況によって大きく異なり，推奨される特定のモデルやプロセスは存在しない。試行錯誤しながら進めることで，組織メンバーの今のニーズとそのときの状況に適したものが，立ち現れてくる。課題解決においても，組織メンバーに本来備わっている知恵とモチベーションを用いて進める。

　具体的な手順や組み合わせはその時々で変わるものの，エージェントが行う活動には大きく，①対話による相互作用の促進，②ミーティングやイベントの設計と促進，③戦略的プロセスの設計と促進，の3種類がある。「①対話による相互採用促進」では，たとえば組織メンバーに自分たちのストーリーやナラティブのパターンをそれまで以上に意識するよう促す。また権限を持つ人に好まれるアイデア，組織に受け入れられるアイデア，人気のないアイデアなど，公的な場で交わされる会話の特徴にも目を向ける。その結果，口には出せない事柄，抑圧されたナラティブに気づくようになる。必要に応じて，組織メンバーがこれまで支配的であったストーリーラインに意義をとなえることをサポートする。「②ミーティングやイベントの設計と促進」では，人間関係を強化したり，違いについて探求することを目指す。当事者が話し合いに積極的に関与するよう促したり，リーダーが本心で意図していることを理解するよう促すことも重要である。「③戦略的プロセスの設計と促進」では，組織メンバーが不安に感じていることが何かを会話を通して明確にしたり，それに関連する情報を提供し，状況の理解を促す。さらに，新たな戦略実行に向けたアイデア出しなどの場面では，多くのメンバーの参加を通じて，戦略実行に向けて意欲を高める。

　対話型の組織開発は，まさに民主主義的な組織開発方法といえるが，どの方向に変化するかの予想がつかない，変革に時間がかかる，戦略実行に際しては状況の共通理解ではどうしようもないコンピテンスや資源の問題が出てくる可能性がある，などの懸念もあり，この手法がどういった場合により適切で効果的であるのかについては，検討が必要だろう。

■ 第4節 ■

組織開発成功のキーとなる要素

　本節では，これまでの実証研究の結果から，組織開発を成功に導くための要因となるものとして，経営層からのサポート，組織開発実践者の要件，変化への抵抗の克服，について述べる。

1. 経営層からのサポート

　経営層からのサポートが，組織開発の成否に影響することは想像に難くない。具体的な介入は個人レベルであったとしても，組織開発のために行うのであれば，個人がどのように変化するのかは組織との適合を意識せざるを得ない。たとえば新規事業開発を強めたいというゴールがあったときに，新規事業開発部門のリーダー育成やその直轄チームのチーム・ビルディングなどの介入を行っても，経営層がそのゴールをサポートしない限り，新規事業開発は成功しない。図8-3や，図8-4でも，組織のミッションやビジョンは重要な要素であることがわかるが，これを最終的に決定するのは経営層である。また経営層のサポートは，組織変革に必要な人・時間・資金を得ることはもちろん，変化に必要な社会的環境を整えるためにも重要となる。特に組織外の実践者は，最初にクライエントの誰をパートナーとして組織開発を進めるかを決定するが，この時点で経営層からの十分なサポートが得られない場合は，そもそも契約に至らない可能性がある。

2. 組織開発実践者の要件

　組織開発の実践者は，クライエント組織の外にいる場合と，中にいる場合があり，それによって開発の進め方に若干の違いが出る（Lacey, 1995）。組織外の実践者のほうがクライエントに関する情報を一から入手する必要があったり，組織内のパートナーとの人間関係を構築することが必要になる。一方で，組織

内にいると気づかないような視点や参照情報を持つ点は，組織外実践者の強みといえる。

組織開発の実践者として必要な要件をまとめる試みが，過去に行われた（Worley et al., 2005；Worley & Varney, 1998）。その結果，大きく以下の4つのコンピテンシーが抽出されている（Cummings & Worley, 2009）。

①自己管理スキル：確立された方法がなく，情報も不十分な中で，エージェントは分析や解釈や意思決定を行うことが必要なため，自分自身の特徴をしっかりと理解しておくことが必要である。エージェントの仕事は，影響範囲が広く，責任は重く，状況はたびたび変化するため，大きなストレスがかかる。自分自身でストレスマネジメントができることも必要である。

②対人関係スキル：組織メンバーとの信頼関係なしには，組織開発は進まない。特に，組織外のエージェントの場合は，比較的短期間に人間関係を構築する必要がある。効果的な支援を行うためには，組織メンバーの考え方やアプローチを理解し，受容しつつ，彼らが変化に向けて進むための対話や動機づけが必要になる。しかもコミュニケーションをとる相手の立場や背景はさまざまであるため，高い対人関係スキルが必要となる。

③一般的なコンサルテーションスキル：組織診断の実施や解釈，介入の方法の企画・検討，必要な人員や資源を確保し，介入計画を実行に移すこと，介入後の評価とレビューといった組織開発のプロセスにおいて，自ら企画・管理したり，リードすることが求められる。

④組織開発に関する知識：組織開発の教科書に出てくるような一般的な組織開発モデルや，介入方法などについての一通りの知識を持っていることが求められる。また常識的な範囲で，組織構造やビジネスの一般知識，ある程度の心理学の知識なども，介入方法のバリエーションを広げる上では，必要である。

組織開発の実践者は多くの情報や資源へのアクセスを許されており，組織への多大な影響を及ぼすことが可能な立場であるがゆえに，プロフェッショナルとしての倫理を意識し，遵守することが求められる（図8-5）。実践者には自分

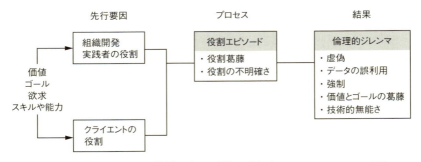

図 8-5　倫理的ジレンマの役割エピソード的モデル（White & Rhodeback, 1992）

の価値観やスタイルがあるが，それをベースに，まず実践者としての役割とクライエント組織の求める役割間の調整を行う。自分が自律型の働き方に高い価値を置く中で，はたして自律性を犠牲にしてでも協力し，支え合う組織に向けた組織開発を手伝うことは可能だろうか。最初の調整が仮にうまくいったとしても，実際の組織開発プロセスの中では，さまざまな役割葛藤や役割が不明確な状況が生じる。そしてその結果として，図8-5の5つの倫理的ジレンマが生じるのである。たとえば，「虚偽」では実践者が行うことではないことを提示して契約を結ぶなどである。ある実践者が，センシティビティ・トレーニングが何かを十分に伝えないまま実施をしているところに，クライエント組織のトップが見学に立ち寄り，怒って実践者をクビにした，という笑えない話もあるようである。また「強制」は，組織メンバーに組織開発への参加を強いるといったことが考えられるが，たとえ支援的な実践であったとしても強制の危険性がある。危険性の1つは，変化を起こすような働きかけ自体，実践者が操作していると解釈できることである（Kelman, 1969）。もう1つは，クライエントによる実践者への過度な依存である。最初の点の対処法としては，なるべく組織メンバーの選択の自由を与えることがある。2つめの過度な依存については，そうならないように依存の問題について話し合うことが効果的だろう。活動は自分たちで主体性を持ってやっているとの意識があれば，それほど実践者に依存することはないだろう。

3. 変化への抵抗の克服

　組織開発は，組織メンバーにこれまでの仕事のやり方を変えることを求める。組織メンバーはこれまでに組織内で，一定の貢献や活躍をしてきており，そのやり方を変えることについて抵抗があるのは，当然である。変化への抵抗の克服方法として大きく2つある。1つは抵抗感を軽減することであり，もう1つは変化へのレディネスを高めることである。

　変化への抵抗は，組織レベルでは以下の3つから生じると考えられる（Tichy, 1993）。1つめはテクニカルレジスタンスで，これまでの仕事の手続きに慣れていることやその手続きを使い慣れるまでのサンクコストから生じるものである。2つめは，ポリティカルレジスタンスで，組織内で力を持っている人のポジションやこれまでの意思決定結果が脅かされることから生じるものである。3つめは，カルチャーレジスタンスで，これまで拠り所としてきた価値や規範が脅かされることで生じる。

　主な対処方法としては，以下の3つがある（Kirkpatrick, 1985）。まず，組織メンバーの意見に耳を傾け，彼らの感情や不安を理解し，共感することである。また，変化に伴う不安を解消するために，十分なコミュニケーションをとって正確な情報を伝えることである。すでに仕事にまつわる多くの情報を受け取っているメンバーに，いかに組織開発に関する情報を伝えていくかは工夫が必要で，たとえば通常の情報伝達が主に社内インターネットで行われている場合には，直接ミーティングを開くなど，異なるチャネルを用いることが考えられる。コミュニケーションの内容については，たとえネガティブなメッセージが含まれる場合であっても，それに対する利点が何かを明示すること，自分だけが不利益を被っているのではなく，公正な手続きによって開発は実行されること，などを伝えることも重要である。さらに，対処方法として効果があることがすでに確認されているのは，メンバーの参加機会を増やしたり，メンバー自身に当事者になってもらうことである（Coch & French, 1948；Dunphy, 1996；Nutt, 1986）。

　抵抗感は，組織開発を阻害するものとして扱われるが，このような一方的な見方に対する疑問も出ている（Ford et al., 2008）。抵抗感が強い場合には，開

発の方向性が誤っていたり，変化が非現実的である可能性もある。どのような抵抗感が，誰から，どの程度示されるのかは，重要な情報にもなりうる。

　抵抗感が生じてから対処するのではなく，変化へのレディネスを上げることも効果的である。大きな組織変革を経験した企業を見ると，組織メンバーが自組織のやり方に強い不満を感じている場合に，レディネスが高まることがわかる。つまり，危機意識を高めることが重要である。そのためには，社内だけを見ているのではなく外の環境に目を向けたり，あるいは自社にとって不都合な情報も積極的に取り上げることが効果的だろう。たとえば，病院が，ホスピタリティを考えるために高級ホテルのサービスを学んだり，品質管理を考えるために精密機器のプラントを訪れるなどである。

　また将来なりたい姿やビジョンと現状のギャップを明確に示すことも効果的である。心理学的には，長期的な出来事のリスクは差し引かれる傾向があるため，そのギャップがどの程度現在の組織メンバーにとってネガティブな影響があるのかを，具体性を持って伝える必要がある。そして，危機感をあおるだけではなく，変化に対する信頼に足るポジティブな期待を持ってもらうことが重要である（Eden, 1986；Cooperrider, 1990）。ちなみに，これを組織開発の原動力としているのが，アプリシエイティブ・インクワイアリーである。アプリシエイティブ・インクワイアリーでは，現実に対する危機感は必ずしも必要なく，将来なりたい姿をイメージすることこそが，変化へのモチベーションになるのだとしている。

■ 第5節 ■

日本の現状と今後の課題

　日本において，組織開発はどの程度行われ研究されているのだろうか。学術論文を見ると組織開発という言葉が学校教育の分野での研究がいくつか見られる。また，アクションリサーチの手法を紹介する本（秋山・JST 社会技術開発センター，2015；矢守，2010）や，アクションリサーチを用いた実証研究は，学校

教育，看護，公衆衛生，災害復興などの分野における研究で見られる。ところが，組織心理学や行動科学では，理論論文や欧米の研究を紹介する論文はあっても，残念ながら実証研究は非常に少ない。一方で，日本にも組織開発を手がける会社があり，実務では組織開発が行われているケースもそれなりにあるものと思われる（リクルートワークス研究所，2016）。最近，日本でも本格的な組織開発に関する解説書が出版された（中原・中村，2018）。ここでも，日本企業における組織開発の実践がいくつか紹介されている。現場で行われている実践を，実証研究を通してどのように研究知見としてまとめあげるかは，研究者が今後チャレンジすべき価値のあるものだと思われる。

文　献

■ 第1章

馬場昌雄（1976）．組織行動　白桃書房

バンデューラ（1985）．社会的学習理論における因果関係のモデル　祐宗省三・原野広太郎・柏木恵子・春木　豊（編）社会的学習理論の新展開　第Ⅱ部—最近のバンデューラ理論—　金子書房　pp. 55-86.

Bandura, A., Barbaranelli, C., Caprara, G. V., & Pastorelli, C. (1996). Mechanisms of moral disengagement in the exercise of moral agency. *Journal of Personality and Social Psychology, 71*, 364-374.

Bandura, A., Caprara, G., & Zsolnai, L (2002). Corporate Transgressions. In L. Zsolnai (Ed.). *Ethics in the Economy: Handbook of business ethics*. Bern, Switzerland: Peter Lang. pp.151-166.

Bass, B. M. (1985). *Leadership and performance beyond expectations*. New York: Free Press.

Bass, B. M. (1998). *Transformational leadership: Industrial, military, and educational impact*. Mahwah, NJ: Erlbaum.

Chang, E. C., D'Zurilla, T. J., & Maydeu-Olivares, A. (1994). Assessing the dimensionality of optimism and pessimism using a multimeasure approach. *Cognitive Therapy and Research, 18* (2), 143-160.

大坊郁夫・角山　剛（2016）．勤労者の転職経験と仕事への意欲，well-being　日本応用心理学会第83回大会発表論集　p.74.

Diener, E., Emmons, R. A., Larsen, R. J., & Griffin, S. (1985). The satisfaction with life scale. *Journal of Personality Assessment. 41*, 71-75.　大石繁宏（訳）（2009）．幸せを科学する—心理学からわかったこと—　新曜社　pp. 47-53.

Diener, E., Oishi, S., & Lucas, R. E. (2003). Personality, culture, and subjective well-being: Emotional and cognitive evaluation of life. *Annual Review of Psychology, 54*, 403-425.

Froelich, K. S., & Kottke, J. L. (1991). Measuring individual beliefs about organizational ethics. *Educational and Psychological Measurement, 51*, 377-383.

二村敏子（編著）（1982）．組織の中の人間行動—組織行動論のすすめ—〈現代経営学5〉　有斐閣

Gelfand, M. J., Aycan, Z., Erez, M., & Leung, K. (2017). Cross-cultural organizational psychology and organizational behavior: A hundred-year journey. *Journal of Applied Psychology, 102*, 514-529.

George, J. M., & Jones, G. R. (1996). *Understanding and managing organizational behavior*. Addison-Wesley.

Hackman, J., & Lawler, E. E. (1971). Employee reactions to job characteristics. *Journal of Applied Psychology, 55*, 259-286.

Hackman, J. R., & Oldham, G. R. (1980). *Work redesign*. Reading, MA: Addison-Wesley.

Hall, E. T., & Hall, M. R. (1987). *Hidden differences: Studies in international communication, Japan for Americans*. Bungei Shunju.　國弘正雄（訳）（1987）．摩擦を乗り切る—日本のビジネス アメリカのビジネス—　文藝春秋

200

文　献

樋口晴彦（2015）．なぜ，企業は不祥事を繰り返すのか—有名事件13の原因メカニズムに迫る— B&Tブックス　日刊工業新聞社

Hitokoto, H., & Uchida, Y. (2014). Interdependent happiness: Theoretical importance and measurement validity. *Journal of Happiness Studies*. 1-29.

Hofstede, G., Hofstede, G. J., & Minkov, M. (2010). *Cultures and organizations: Software of the mind, intercultural cooperation and its importance for survival* (3rd ed.). McGraw Hill. 岩井八郎・岩井紀子（訳）（2013）．多文化世界—違いを学び未来への道を探る— 原書第3版　有斐閣

IMD International, The London Business School and The Wharton School of the University of Pennsylvania. (1997). *Financial times mastering management*. 杉村雅人・森　正人（訳）（1999）．MABA全集7　組織行動と人的資源管理　ダイヤモンド社

井上　泉（2015）．企業不祥事の研究—経営者の観点から不祥事を見る— 文眞堂

Jansen, E., & von Glinow, M. A. (1985). Ethical ambivalence and organizational reward systems. *The Academy of Management Review, 10*, 814-822.

Jones, W. A. (1990). Student views of ethical issues: A situational analysis. *Journal of Business Ethics, 9*, 201-205.

角山　剛・大坊郁夫（2016）．説明スタイルが勤労者の仕事への意欲に及ぼす影響　東洋大学21世紀ヒューマン・インタラクション・リサーチセンター研究年報，13，81-84.

角山　剛・松井賚夫・都築幸恵（2010）．営業職員の楽観・悲観的思考が販売成績に及ぼす影響　産業・組織心理学会第26回大会発表論集

角山　剛・松井賚夫・都築幸恵（2011）．営業職員の楽観・悲観的思考が販売成績に及ぼす影響（2）—楽観的思考と悲観的思考のジョイント効果の検証— 産業・組織心理学会第27回大会発表論集，19-22.

角山　剛・都築幸恵・松井賚夫（2005）．経営状態が経営者のビジネス倫理意識に与える影響—大学生によるシミュレーション— 産業・組織心理学会第21回大会発表論集

角山　剛・都築幸恵・松井賚夫（2006）．経営状態が経営者のタイプⅡビジネス倫理意識に与える影響—大学生によるシミュレーション— 産業・組織心理学会第22回大会発表論集

角山　剛・都築幸恵・松井賚夫（2009a）．企業不祥事の心理学的メカニズム—経営者による不正の倫理的正当化— 産業・組織心理学会第25回大会発表論集

角山　剛・都築幸恵・松井賚夫（2009b）．企業不祥事の心理的メカニズム—社会的認知理論に基づく実験的検証— 韓国 東義大学校経済経営戦略研究所　経済経営研究，4（2），149-156.

経済広報センター（2009）．第12回 生活者の"企業観"に関する調査報告書

Lewin, K. (1947). Frontiers in group dynamics: Concept, method and reality in social science: Social equilibria and social change. *Human Relations, 1*, 5-41.

Lewin, K., Lippitt, R., & White, R. K. (1939). Patterns of aggressive behavior in experimentally created "social climates." *Journal of Social Psychology, 10*, 271-299.

Locke, E. A. (1968). Toward a theory of task motivation and incentives. *Organizational Behavior and Human Performance, 3*, 157-189.

Locke, E. A. (1970). Job satisfaction and job performance: A theoretical analysis. *Organizational Behavior and Human Performance, 5*, 484-500.

Locke, E. A., & Latham, G. P. (1990). *A theory of goal setting & task performance*. Englewood Cliffs NJ: Prentice Hall.

Luthans, F., & Kreitner, R. (1973). The role of punishment in organizational behavior modification (O.B. Mod.). *Public Personnel Management, 2* (3), 156-161.

Luthans, F., & Kreitner, R. (1975). *Organizational behavior modification*. Glenview, IL: Scott, Foresman.

Luthans, F., & Kreitner, R. (1985). *Organizational behavior modification and beyond: An operant and social learning approach*. Glenview, IL: Scott, Foresman.

Matsui, T., Kakuyama, T., & Tsuzuki, Y. (2003). Effects of situational condition on students' views of business ethics. *Psychological Reports, 93*, 1135-1140.

Matsui, T., Kakuyama, T., Tsuzuki, Y., & You, H. S. (2009). Joint effects of corporate positions and prospects on perceptions of business ethics among Japanese students: A refection of collectivistic cultures. *Journal of Applied Social Psychology, 39*, 624-633.

McClelland, D. C. (1961). *The achieving society*. Princeton, NJ: Van Nostrand.

McClelland, D. C. (1975). *Power: The inner experience*. New York: Irvington.

Miner, J. B. (1965). *Studies in management education*. New York: Springer.

Miner, J. B. (1993). *Role motivation theories*. London: Routledge.

Miner, J. B. (2003). The rated importance, scientific validity, and practical usefulness of organizational behavior theories: A quantitative review. *Academy of Management Learning Education, 2* (3), 250-268.

日経ビジネス・日経オートモーティブ・日経トレンディ（編）（2016）．不正の迷宮 三菱自動車―スリーダイヤ転落の 20 年―　日経 BP 社

小野公一（2011）．働く人々の well-being と人的資源管理　白桃書房

Parsa, F., & Lankford, W. M. (1999). Students' views of business ethics: An analysis. *Journal of Applied Social Psychology, 29*, 1045-1057.

Scheier, M. F., & Carver, C. S. (1985). Optimism, coping and health: Assessment and implications of generalized outcome expectancies. *Health Psychology, 4*, 219-247.

Seligman, M. E. P., & Schulman, P. (1986). Explanatory style as a predictor of productivity and quitting among life insurance sales agents. *Journal of Personality and Social Psychology, 50* (4), 832-838.

Snyder, C. R., & Lopez, S. J. (2007). *Positive psychology: The scientific and practical explorations of human strength*. Sage.

鈴木淳子（2014）．「産業・組織心理学」研究掲載論文の研究動向―創刊号から最新号まで―　産業・組織心理学会第 30 回大会記念シンポジウム資料

田中堅一郎（2012）．日本の職場にとっての組織市民行動　日本労働研究雑誌，627, 14-21.

田中堅一郎（2019）．組織における協力と葛藤　外島　裕（監）田中堅一郎（編）産業・組織心理学エッセンス〈第 4 版〉　ナカニシヤ出版　p.154.

Tenney, E. R., Poole, J. M., & Diener, E. (2016). Does positivity enhance work performance ?: Why, when, and what we don't know. *Research in Organizational Behavior, 36*, 27-46.

外山美樹（2010）．楽観主義「ポジティブ心理学の展開」　現代のエスプリ No.512　ぎょうせい pp.90-99.

Vroom, V. H., & Jago, A. G. (1988). *The new leadership: Managing participation in organizations*. Englewood Cliffs, NJ: Prentice Hall.

Vroom, V. H., & Yetton, P. W. (1973). *Leadership and decision making*. Pittsburgh, PA: University of Pittsburgh Press.

Worrell, D. L., Stead, W. E., & Stead, J. G. (1985). Unethical decisions: The impact of reinforcement contingencies and managerial philosophies. *Psychological Reports, 57*, 355-365.

Xenikou, A. (2005). The interactive effect of positive and negative occupational attributional styles on job motivation. *European Journal of Work and Organizational Psychology, 14,* 43-58.

■第2章

相川　充・高本真寛・杉森伸吉・古屋　真（2012）．個人のチームワーク能力を測定する尺度の開発と妥当性の検討　社会心理学研究，27，139-150.

Aube, C., & Rousseau, V. (2005). Team goal commitment and team effectiveness: The role of task interdependence and supportive behaviors. *Group Dynamics: Theory, Research, and Practice, 9* (3), 189-204.

Austin, J. R. (2003). Transactive memory in organizational groups: The effects of content, consensus, specialization, and accuracy on group performance. *Journal of Applied Psychology, 88*, 866-878.

Bell, S. T. (2007). Deep-level composition variables as predictors of team performance: A meta-analysis. *Journal of Applied Psychology, 92* (3), 595-615.

Blickensderfer, E., Cannon-Bowers, J. A., & Salas, E. (1998). Cross-training and team performance. In J. A. Cannon-Bowers & E. Salas (Eds.), *Making decisions under stress: Implications for individual and team training*. Washington, DC: American Psychological Association. pp.299-311.

Bowers, C. A., Pharmer, J. A., & Salas, E. (2000). When member homogeneity is needed in work teams: A meta-analysis. *Small Group Research, 31* (3), 305-327.

Bradley, J., White, B. J., & Mennecke, B. E. (2003). Teams and tasks. A temporal framework for the effects of interpersonal interventions on team performance. *Small Group Research, 34* (3), 353-387.

Burke, C., Stagl, K. C., Salas, E., Pierce, L., & Kendall, D. (2006). Understanding team adaptation: A conceptual analysis and model. *Journal of Applied Psychology, 91* (6), 1189-1207.

Campion, M. A., Medsker, G. J., & Higgs, A. (1993). Relations between work group characteristics and effectiveness: Implications for designing effective work groups. *Personnel Psychology, 46* (4), 823-850.

Cannon-Bowers, J. A., Salas, E., & Converse, S. (1993). Shared mental models in expert team decision making. In N. J. Castellan (Ed.), *Individual and group decision making: Current issues*. Hillsdale, NJ: Lawrence Erlbaum Associates. pp.221-246.

Carless, S. A., & De Paola, C. (2000). The measurement of cohesion in work teams. *Small Group Research, 31* (1), 71-88.

Carron, A. V., & Brawley, L. R. (2012). Cohesion: Conceptual and measurement issues. *Small Group Research, 43*, 726-743.

Cohen, S. G., & Bailey, D. E. (1997). What makes teams work: Group effectiveness research from the shop floor to the executive suite. *Journal of Management, 23* (3), 239-290.

Dion, K. L. (2000). Group cohesion: From "field of forces" to multidimensional construct. *Group Dynamics: Theory, Research, and Practice, 4* (1), 7-26.

Dyer, W. G., Dyer, W. G. J., & Dyer, J. H. (2007). *Team building: Proven strategies for improving team performance* (4th ed.). San Francisco, CA: John Wiley & Sons.

Edmondson, A. C. (1999). Psychological safety and learning behavior in work teams. *Administrative Science Quarterly, 44*, 350-383.

Edmondson, A. C., & Lei, Z. (2014). Psychological safety: The history, renaissance, and future of an interpersonal construct. *Annual Review of Organizational Psychology and Organizational Behavior, 1* (1), 23-43.

Evans, C. R., & Dion, K. L. (2012). Group cohesion and performance: A meta-analysis. *Small Group Research, 43* (6), 690-701.

Festinger, L., Schachter, S., & Back, K. (1950). *Social pressures in informal groups: A study of human factors in housing*. New York, NY: Harper & Brothers.

Frazier, M. L., Fainshmidt, S., Klinger, R. L., Pezeshkan, A., & Vracheva, V. (2017). Psychological safety: A meta-analytic review and extension. *Personnel Psychology, 70* (1), 113-165.

古川久敬（1990）．構造こわし―組織変革の心理学―　誠信書房

George, J. M. (1992). Extrinsic and intrinsic origins of perceived social loafing in organizations. *Academy of Management Journal, 35* (1), 191-202.

Gersick, C. J. (1988). Time and transition in work teams: Toward a new model of group development. *Academy of Management Journal, 31*, 9-41.

Gibson, C. B. (1999). Do they do what they believe they can?: Group efficacy and group effectiveness across tasks and cultures. *Academy of Management Journal, 42* (2), 138-152.

Gully, S. M., Incalcaterra, K. A., Joshi, A., & Beaubien, J. (2002). A meta-analysis of team-efficacy, potency, and performance: Interdependence and level of analysis as moderators of observed relationships. *Journal of Applied Psychology, 87* (5), 819-832.

Hackman, J. R. (1987). The design of work teams. In J. W. Lorsch (Ed.), *Handbook of organizational behavior*. Englewood Cliffs, NJ: Prentice-Hall. pp.315-342.

Hollenbeck, J. R., DeRue, D., & Guzzo, R. (2004). Bridging the gap between I/O research and HR practice: Improving team composition, team training, and team task design. *Human Resource Management, 43* (4), 353-366.

Horwitz, S. K., & Horwitz, I. B. (2007). The effects of team diversity on team outcomes: A meta-analytic review of team demography. *Journal of Management, 33* (6), 987-1015.

稲川登美子・五十嵐透子（2016）．高等学校における教師のチームワークの検討　上越教育大学心理教育相談研究，15，13-23.

Jehn, K. A., & Bezrukova, K. (2004). A field study of group diversity, workgroup context, and performance. *Journal of Organizational Behavior, 25* (6), 703-729.

Karau, S. J., & Williams, K. D. (1993). Social loafing: A meta-analytic review and theoretical integration. *Journal of Personality and Social Psychology, 65*, 681-706.

Katz, D. (1982). The effects of group longevity on project communication and performance. *Administrative Science Quarterly, 27*, 81-104.

Kellermanns, F. W., Walter, J., Lechner, C., & Floyd, S. W. (2005). The lack of consensus about strategic consensus: Advancing theory and research. *Journal of Management, 31*, 719-737.

Kim, T., McFee, E., Olguin, D. O., Waber, B., & Pentland, A. S. (2012). Sociometric badges: Using sensor technology to capture new forms of collaboration. *Journal of Organizational Behavior, 33* (3), 412-427.

Klein, C., DiazGranados, D., Salas, E., Le, H., Burke, C., Lyons, R., & Goodwin, G. F. (2009). Does team building work? *Small Group Research, 40* (2), 181-222.

Kleingeld, A., van Mierlo, H., & Arends, L. (2011). The effect of goal setting on group performance: A meta-analysis. *Journal of Applied Psychology, 96* (6), 1289-1304.

Kozlowski, S. W. J., & Chao, G. T. (2018). Unpacking team process dynamics and emergent phenomena: Challenges, conceptual advances, and innovative methods. *American Psychologist, 73* (4), 576-592.

Krokos, K. J., Baker, D. P., Alonso, A., & Day, R. (2009). Assessing team processes in complex environments: Challenges in transitioning research to practice. In E. Salas, G. F. Goodwin & C. S. Burke (Eds.), *Team effectiveness in complex organizations: Cross-disciplinary perspectives and approaches*. New York, NY: Routledge. pp.383-408.

Latané, B., Williams, K., & Harkins, S. (1979). Many hands make light the work: The cause and consequences of social loafing. *Journal of Personality and Social Psychology, 37*, 822-832.

LePine, J. A., Piccolo, R. F., Jackson, C. L., Mathieu, J. E., & Saul, J. R. (2008). A meta-analysis of teamwork processes: Tests of a multidimensional model and relationships with team effectiveness criteria. *Personnel Psychology, 61*, 273-307.

Lewis, K. (2003). Measuring transactive memory systems in the field: Scale development and validation. *Journal of Applied Psychology, 88*, 587-604.

Li, J., & Hambrick, D. C. (2005). Factional groups: A new vantage on demographic faultlines, conflict, and disintegration in work teams. *Academy of Management Journal, 48* (5), 794-813.

Liden, R. C., Wayne, S. J., Jaworski, R. A., & Bennett, N. (2004). Social loafing: A field investigation. *Journal of Management, 30*, 285-304.

Locke, E. A., & Latham, G. P. (1990). *A theory of goal setting and task performance.* Englewood Cliffs, NJ: Prentice-Hall.

Manz, C. C., & Sims, H. P. (1993). *Business without bosses: How self-managing teams are building high-performing companies.* New York, NY: John Wlley & Sons. 守島基博（監訳）（1997）．自律チーム型組織—高業績を実現するエンパワーメント— 生産性出版

Marks, M. A., Mathieu, J. E., & Zaccaro, S. J. (2001). A temporally based framework and taxonomy of team processes. *Academy of Management Review, 26* (3), 356-376.

Marks, M. A., Sabella, M. J., Burke, C., & Zaccaro, S. J. (2002). The impact of cross-training on team effectiveness. *Journal of Applied Psychology, 87* (1), 3-13.

Mathieu, J. E., Heffner, T. S., Goodwin, G. F., Salas, E., & Cannon-Bowers, J. A. (2000). The influence of shared mental models on team process and performance. *Journal of Applied Psychology, 85*, 273-283.

McClough, A. C., & Rogelberg, S. G. (2003). Selection in teams: An exploration of the Teamwork Knowledge, Skills, and Ability test. *International Journal of Selection and Assessment, 11* (1), 56-66.

McGrath, J. E. (1984). *Groups: Interaction and performance.* Englewood Cliffs, NJ: Prentice-Hall.

三沢 良（2012）．「チームワーク力」とは 教育と医学, 60, 4-11.

三沢 良・佐相邦英・山口裕幸（2009）．看護師チームのチームワーク測定尺度の作成 社会心理学研究, 24, 219-232.

Mohammed, S., & Angell, L. C. (2003). Personality heterogeneity in teams: Which differences make a difference for team performance? *Small Group Research: Small Group Research, 34* (6), 651-677.

Mohammed, S., Cannon-Bowers, J., & Foo, S. C. (2010). Selection for team membership: A contingency and multilevel perspective. In J. L. Farr & N. T. Tippins (Eds.), *Handbook of employee selection.* New York, NY: Routledge. pp.801-822.

Morgan, B. B., Salas, E., & Glickman, A. S. (1993). An analysis of team evolution and maturation. *Journal of General Psychology, 120* (3), 277-291.

Morgeson, F. P., Reider, M. H., & Campion, M. A. (2005). Selecting individuals in team settings: The importance of social skills, personality characteristics, and teamwork knowledge. *Personnel Psychology, 58* (3), 583-611.

Mumford, T. V., Van Iddekinge, C. H., Morgeson, F. P., & Campion, M. A. (2008). The team role test: Development and validation of a team role knowledge situational judgment test. *Journal of Applied Psychology, 93* (2), 250-267.

Murphy, S. M., Wayne, S. J., Liden, R. C., & Erdogan, B. (2003). Understanding social loafing: The role of justice perceptions and exchange relationships. *Human Relations, 56* (1), 61-84.

縄田健悟・山口裕幸・波田野　徹・青島未佳（2015）．企業組織において高業績を導くチーム・プロセスの解明　心理学研究, 85. 529-539.

Neuman, G. A., & Wright, J. (1999). Team effectiveness: Beyond skills and cognitive ability. *Journal of Applied Psychology, 84* (3), 376-389.

O'Leary-Kelly, A. M., Martocchio, J. J., & Frink, D. D. (1994). A review of the influence of group goals on group performance. *Academy of Management Journal, 37* (5), 1285-1301.

Pearce, J. A., & Ravlin, E. C. (1987). The design and activation of self-regulating work groups. *Human Relations, 40* (11), 751-782.

Peltokorpi, V. (2008). Transactive memory systems. *Review of General Psychology, 12* (4), 378-394.

Roethlisberger, F. J., & Dickson, W. J. (1939). *Management and the worker*. Cambridge, MA: Harvard University Press.

Rosen, M. A., Bedwell, W. L., Wildman, J. L., Fritzsche, B. A., Salas, E., & Burke, C. (2011). Managing adaptive performance in teams: Guiding principles and behavioral markers for measurement. *Human Resource Management Review, 21* (2), 107-122.

Rousseau, V., Aube, C., & Savoie, A. (2006). Teamwork behaviors: A review and an integration of frameworks. *Small Group Research, 37* (5), 540-570.

Salas, E., Bowers, C. A., & Edens, E. (2001). Improving teamwork in organizations: Applications of resource management training. In E. Salas, C. A. Bowers & E. Edens (Eds.), *Improving teamwork in organizations: Applications of resource management training*. Mahwah, NJ: Lawrence Erlbaum Associates Publishers. p.ix, p.356. 田尾雅夫（監訳）（2007）．危機のマネジメント―事故と安全:チームワークによる克服―　ミネルヴァ書房

Salas, E., DiazGranados, D., Klein, C., Burke, C., Stagl, K. C., Goodwin, G. F., & Halpin, S. M. (2008). Does team training improve team performance? A meta-analysis. *Human Factors, 50* (6), 903-933.

Salas, E., Dickinson, T. L., Converse, S. A., & Tannenbaum, S. I. (1992). Toward an understanding of team performance and training. In R. W. Swezey & E. Salas (Eds.), *Teams: Their training and performance*. Westport, CT: Ablex Publishing. pp.3-29.

Salas, E., Fiore, S. M., & Letsky, M. P. (Eds.) (2012). *Theories of team cognition: Cross-disciplinary perspectives*. New York, NY: Routledge.

Salas, E., & Priest, H. A. (2005). Team training. In N. A. Stanton, A. Hedge, K. Brookhuis, E. Salas & H. W. Hendrick (Eds.), *Handbook of human factors and ergonomics methods*. Washington, DC: CRC Press. pp.44.1-44.7.

Salas, E., Priest, H. A., & DeRouin, R. E. (2005). Team building. In N. A. Stanton, A. Hedge, K. Brookhuis, E. Salas & H. W. Hendrick (Eds.), *Handbook of human factors and ergonomics methods*. Washington, DC: CRC Press. pp.48-41, pp.48-45.

Salas, E., Prince, C., Baker, D. P., & Shrestha, L. (1995). Situation awareness in team performance: Implications for measurement and training. *Human Factors, 37*, 123-136.

Salas, E., Rozell, D., Mullen, B., & Driskell, J. E. (1999). The effect of team building on performance: An integration. *Small Group Research, 30* (3), 309-329.

Salas, E., Sims, D. E., & Burke, C. (2005). Is there a "Big Five" in Teamwork? *Small Group Research, 36* (5), 555-599.

Salas, E., Vessey, W. B., & Estrada, A. X. (2015). *Team cohesion: Advances in psychological theory, methods and practice*. Howard House: Emerald Group Publishing Limited.

佐相邦英・淡川　威・蛭子光洋（2006）．チーム評価に関する研究〈その3〉―行動観察による発電所

運転チームのチームワーク評価手法の信頼性・妥当性の検討― 電力中央研究所報告（Y05007）

佐相邦英・三沢　良・廣瀬文子・山口裕幸（2006）．チーム評価に関する研究〈その4〉―質問紙調査による発電所運転チームのチームワーク評価手法の信頼性・妥当性の検討― 電力中央研究所報告（Y05019）

Simons, T. L., & Peterson, R. S. (2000). Task conflict and relationship conflict in top management teams: The pivotal role of intragroup trust. *Journal of Applied Psychology, 85* (1), 102-111.

Smith-Jentsch, K. A., Sierra, M. J., & Wiese, C. W. (2013). How, when, and why you should measure team performance. In E. Salas, S. I. Tannenbaum, D. Cohen & G. Latham (Eds.), *Developing and enhancing teamwork in organizations: Evidence-based best practices and guidelines.* San Francisco, CA: Jossey-Bass. pp.552-580.

Steiner, I. D. (1972). *Group process and productivity.* New York, NY: Academic Press.

Stewart, G. L. (2006). A meta-analytic review of relationships between team design features and team performance. *Journal of Management, 32* (1), 29-55.

Stewart, G. L., & Barrick, M. R. (2000). Team structure and performance: Assessing the mediating role of intrateam process and the moderating role of task type. *Academy of Management Journal, 43*, 135-148.

Sundstrom, E., de Meuse, K. P., & Futrell, D. (1990). Work teams: Applications and effectiveness. *American Psychologist, 45* (2), 120-133.

田原直美・三沢　良・山口裕幸（2013）．チーム・コミュニケーションとチームワークとの関連に関する検討　実験社会心理学研究，53，38-51．

Tannenbaum, S. I., Beard, R. L., & Cerasoli, C. P. (2013). Conducting team debriefings tha work: Lessons from research and practice. In E. Salas, S. I. Tannenbaum, D. Cohen & G. Latham (Eds.), *Developing and enhancing teamwork in organization: Evidence-based best practices and guidelines*. San Francisco, CA: Jossey-Bass. pp.488-519.

Tannenbaum, S. I., & Cerasoli, C. P. (2013). Do team and individual debriefs enhance performance? A meta-analysis. *Human Factors, 55* (1), 231-245.

Tasa, K., Taggar, S., & Seijts, G. H. (2007). The development of collective efficacy in teams: A multilevel and longitudinal perspective. *Journal of Applied Psychology, 92* (1), 17-27.

Tesluk, P., Mathieu, J. E., Zaccaro, S. J., & Marks, M. (1997). Task and aggregation issues in the analysis and assessment of team performance. In M. T. Brannick, E. Salas & C. Prince (Eds.), *Team performance assessment and measurement: Theory, methods, and applications*. Mahwah, NJ: Lawrence Erlbaum Associates Publishers. pp.197-224.

Tuckman, B. W., & Jensen, M. C. (1977). Stages of small-group development revised. *Group and Organizational Studies, 2*, 419-427.

Volpe, C. E., Cannon-Bowers, J. A., Salas, E., & Spector, P. E. (1996). The impact of cross-training on team functioning: An empirical investigation. *Human Factors, 38* (1), 87-100.

Waber, B. (2013). *People analytics: How social sensing technology will transform business and what it tells us about the future of work*. Saddle River, NJ: FT Press. 千葉敏生（訳）（2014）．職場の人間科学―ビッグデータで考える「理想の働き方」― 早川書房

Wall, T. D., Kemp, N. J., Jackson, P. R., & Clegg, C. W. (1986). Outcomes of autonomous workgroups: A long-term field experiment. *Academy of Management Journal, 29* (2), 280-304.

Weldon, E., & Weingart, L. R. (1993). Group goals and group performance. *British Journal of Social Psychology, 32* (4), 307-334.

山口裕幸（2003）．チーム・マネジメント―機能的コラボレーションを創出する― 小口孝司・楠見

孝・今井芳昭（編著）エミネント・ホワイト―ホワイトカラーへの産業・組織心理学からの提言― 北大路書房 pp.56-72.

山口裕幸（2008）．チームワークの心理学―よりよい集団づくりをめざして― サイエンス社

矢野和男（2014）．データの見えざる手―ウェアラブルセンサが明かす人間・組織・社会の法則― 草思社

Zhang, Z., Hempel, P. S., Han, Y., & Tjosvold, D. (2007). Transactive memory system links work team characteristics and performance. *Journal of Applied Psychology, 92*, 1722-1730.

■第3章

Amason, A. C., & Schweiger, D. M. (1994). Resolving the paradox of conflict: Strategic decision making and organizational performance. *Interpersonal Journal of Conflict, 5,* 239-253.

馬場昌雄（1983）．組織行動〈第二版〉 白桃書房

Barki, H., & Hartwick, J. (2004). Conceptualizing the construct of interpersonal conflict. *Interpersonal Journal of Conflict Mnanagement, 15*, 216-224.

Barnard, C. I. (1938). *The functions of the executive.* Harvard University Press. 山本安次郎・田杉 競・飯野春樹（訳）（1968）．経営者の役割 ダイヤモンド社

Blake, R. R., & Mouton, J. S. (1964). *Corporate excellence through grid organization development.* Houston: Gulf. 上野一郎（訳）（1969）．動態的組織づくり 産業能率短期大学出版部

Cartwrite, D., & Zander, A. (Eds.) (1953). *Group dynamics: Research and theory.* New York: Harper & Row. 三隅二不二・佐々木 薫（訳）（1970）．グループ・ダイナミックス〈第2版〉「リーダーシップと集団の業績」 誠信書房 pp.581-608.

大坊郁夫（1998）．しぐさのコミュニケーション―人は親しみをどう伝え合うか― サイエンス社

De Dreu, C. K. W. (1997). Productive conflict: The importance of conflict management and conflict issue. In C. K. W. De Dreu & E. Van de Vliert (Eds.), *Using conflict in organizations.* Sage. pp.9-22.

藤森立男（1992）．人と争う 松井 豊（編）対人心理学の最前線 サイエンス社 pp.141-151.

藤森立男（1994）．職場集団のダイナミックス 岡村一成（編）産業・組織心理学入門〈第2版〉 福村出版

古川久敬（1990）．構造こわし―組織変革の心理学― 誠信書房

古川久敬（2004）．チームマネジメント 日本経済新聞社

日向野智子・小口孝司（2002）．対人苦手意識の実態と生起過程 心理学研究，73，157-165.

日向野智子・小口孝司（2003）．ハーディネスからみた管理職適性 産業・組織心理学研究，16，87-95.

石井 敏（1993）．コミュニケーション研究の意義と理論的背景 橋本満弘・石井 敏（編）コミュニケーション論入門 コミュニケーション基本図書〈第1巻〉桐原書店 pp.3-24.

磯 友輝子（2009）．対人コミュニケーション論 東京未来大学

Jehn, K. A. (1995). A multimethod examination of the benefits and detriments of intragroup conflict. *Administrative Science Quarterly, 40,* 256-282.

Jehn, K. A. (1997). A qualitative analysis of conflict types and dimensions in organizational groups. *Administrative Science Quarterly, 42,* 530-557.

Katz, D. (1982). The effects of group longevity on project communication and performance. *Administrative Science Quartely, 27*, 81-104.

Katz, D., & Kahn, R. L. (1978). *The social psychology of organizations.* Willey.

Kobasa, S. C. (1979). Stressful life ebents, personality, and health: An inquiry into hardiness. *Journal of*

Personality and Social Psychology, 37, 1-11.

小嶋かおり・福島　治・大渕憲一（2017）．対人葛藤において推測された対立者の心的状態が解決方略に及ぼす影響　応用心理学研究，43，123-133.

国土交通省（2018）．平成29年度テレワーク人口動態調査─調査結果の概要─　国土交通省都市局都市政策課都市環境政策室

http://www.mlit.go.jp/common/001267251.pdf（2019年4月10日閲覧）

厚生労働省（2018）．平成29年「労働安全衛生調査（実態調査）」の概況

https://www.mhlw.go.jp/toukei/list/dl/h29-46-50_gaikyo.pdf（2018年11月29日閲覧）

Kruger, J., & Gilovich, T. (1999). "Naïve Cynicism" in everyday theories of responsibility assessment: On biased assumptions of bias. *Journal of Personality and Social Psychology, 76*, 743-753.

久米昭元（1993）．コミュニケーション研究の主な領域　橋本満弘・石井　敏（編著）コミュニケーション論入門　コミュニケーション基本図書〈第1巻〉　桐原書店　pp.25-53.

松原敏弘（2008）．組織コミュニケーション　若林　満（監修）松原敏弘・渡邊直登・城戸康彰（編著）組織経営心理学　ナカニシヤ出版　pp.101-120.

Mayo, G. E. (1933). *The human problems of an industrial civilization*. The Macmillan Company.　村本栄一（訳）（1967）．産業文明における人間問題　日本能率協会

Mehrabian, A., & Wiener, M. (1967). Decoding of inconsistent communications. *Journal of Personality and Social Psychology, 6*, 109-114.

成毛信男（1993）．言語コミュニケーションの概念と特徴　橋本満弘・石井　敏（編著）コミュニケーション論入門　コミュニケーション基本図書〈第1巻〉　桐原書店　pp.126-167.

日本経済団体連合会（2018）．2018年度　新卒採用に関するアンケート調査結果　Keidanren Policy & Action

https://www.keidanren.or.jp/policy/2018/110.pdf（2019年5月10日閲覧）

大渕憲一（2008）．組織内葛藤　高木　修（監）大渕憲一（編）シリーズ21世紀の社会心理学12　葛藤と紛争の社会心理学─対立を生きる人間のこころと行動─　北大路書房　pp.84-94.

大西勝二（2002）．職場での対人葛藤発生時における解決目標と方略　産業・組織心理学研究，16，23-33.

小川一美（2010）．対人場面のコミュニケーション　相川　充・高井次郎（編）コミュニケーションと対人関係〈展望　現代の社会心理学2〉　誠信書房　pp.2-19.

岡本真一郎（2011）．ミス・コミュニケーション─なぜ生ずるか　どう防ぐか─　ナカニシヤ出版

Orr, E., & Westman, M. (1990). Does hardiness moderate stress, and how? A review. In M. Rosenbaum (Ed.), *Learned resourcefulness: On coping skills, self-control and adaptive behavior*. Springer Publishing Company.

Reeder, G. D., Pryor, J. B., Wohl, M. J. A., & Griswell, M. L. (2005). On attributing negative motives to others who disagree with our opinions. *Personality and Social Psychology Bulletin, 31*, 1498-1510.

Robbins, S. P. (1974). *Managing organizational conflict: A nontraditional approach*. Prentice-Hall.

Robbins, S. P. (1997). *Essemtials of organizational behavior* (5th ed.). Prentice-Hall. 高木晴夫（監訳）（2009）．組織行動のマネジメント　ダイヤモンド社

櫻井広幸・杉本雅彦・日向野智子（2016）．超臨場感テレワークシステムの開発と遠隔コミュニケーションにおける評価法の策定　モチベーション研究，5，38-46.

Schein, E. H, (1978). *Career dynamics: Matching individual and organizational needs*. Addison Wesley. 二村敏子・三善勝代（訳）（1991）．キャリア・ダイナミクス　白桃書房

総務省（2018a）．平成29年　通信利用動向調査報告書（企業編）

http://www.soumu.go.jp/johotsusintokei/statistics/pdf/HR201700_002.pdf（2019 年 8 月 16 日閲覧）

総務省（2018b）．平成 29 年版情報通信白書　第 1 部特集　データ主導経済と社会変革　第 4 章　社会的課題解決に役立つ ICT 利活用　第 2 節　働き方改革と ICT 利活用
http://www.soumu.go.jp/johotsusintokei/whitepaper/ja/h29/pdf/n4200000.pdf(2019 年 8 月 18 日閲覧)

多田瑞代（2007）．職場における目標の共有が仕事の動機づけに及ぼす影響　経営行動科学, 20, 345-353.

田原直美（2009）．コミュニケーション　産業・組織心理学会（編）産業・組織心理学ハンドブック　丸善　pp.204-207.

田尾雅夫（1997）．職場の中の人間関係　西川一廉・森下高治・田井中秀嗣・森田啓信・北川睦彦・三戸秀樹・島田　修・足立明久・田尾雅夫（著）21 世紀の産業心理学—人にやさしい社会をめざして—　福村出版　pp.205-222.

Thomas, K. (1976). Conflict and conflict management. In M. D. Dunnette. (Ed.), *Handbook of industrial and organizational psychology.* Rand Mcnally. pp.889-935.

Thomas, K. W. (1992). Conflict and conflict management: Reflections and update. *Journal of Organizational Behavior, 13,* 265-274.

Thompson, L., & Hastie, R. (1990). Social perception in negotiation. *Organizational behavior and Human Decision Prosess, 47,* 98-123.

徳満昌之・野中雅人（2009）．超臨場感テレワークシステム　OKI テクニカルレビュー, 215, 58-61.

Tuckman, B. W. (1965). Developmental sequences in small groups. *Psychological Bulletin, 63,* 384-399.

Weick, C. (1969). *The social psychology of organizing.* Reading : Addison-Wesley.

山口裕幸（1994）．集団過程　藤原武弘・髙橋　超（編著）チャートで知る社会心理学　福村出版　pp.111-124.

山口裕幸（2000）．電子コミュニケーション・システムの導入が組織の創造的情報処理過程に与える影響　電気通信普及財団研究調査報告書, 15, 72-27.

山口裕幸（2007）．組織とは何か　山口裕幸・金井篤子（編著）よくわかる産業・組織心理学　ミネルヴァ書房　pp.4-5.

山口徳郎・立澤　茂・徳満昌之・野中雅人（2015）．離れた拠点を臨場感でつなぐオフィスコミュニケーションポータル　日本テレワーク学会誌, 13, 5-10.

■ 第 4 章

阿部修士（2017）．意思決定の心理学—脳とここの傾向と対策—　講談社

Allais, P. M. (1953). The behavior of rational man in risk situations-A critique of the axioms and postulates of the American school. *Econometrica, 21,* 503-546.

Baumeister, R. F., Bratslavsky, E., Finkenauer, C., & Vohs, K. D. (2001). Bad is stronger than good. *Review of General Psychology, 5,* 323-370.

Branscombe, N. R., & Baron, R. A. (2017). *Social psychology, 14/E.* Essex Harlow: Pearson.

Cacioppo, J. T,, & Petty, R. E. (1982). The need for cognition. *Journal of Personality and Social Psychology, 42,* 116-131.

Chaiken, S. (1980). Heuristic versus systematic information processing and the use of source versus message cues in persuasion. *Journal of Personality and Social Psychology, 39,* 752-766.

Chaiken, S., Liberman, A., & Eagly, A. H. (1989). Heuristics and systematic information processing within and beyond the persuasion context. In J. S. Uleman & J. A. Bargh (Eds.), *Unintended thought: Limits of awareness, intention, and control*. New York: Guilford Press. pp.212-252.

Chaiken, S., & Maheswaran, D. (1994). Heuristic processing can bias systematic processing: Effects of source credibility, argument ambiguity, and task importance on attitude judgment. *Journal of Personality and Social Psychology, 66*, 460-473.

Chen, S., & Chaiken, S. (1999). The heuristic-systematic model in its broader context. In S. Chaiken & Y. Trope (Eds.), *Dual-process theories in social psychology*. New York: Guilford Press. pp.73-96.

Colquitt, J., Lepine, J. A., & Wesson, M. J. (2017). *Organizational behavior: Improving performance and commitment in the workplace 5/E*. New York, NY: McGraw-Hill Irwin.

Decoster, J., & Claypool, H. M. (2004). A meta-analysis of priming effects on impression formation supporting a general model of informational biases. *Personality and Social Psychology Review, 8*, 2-27.

Dijksterhuis, A., Bos, M. W., Nordgren, L. F., & van Baaren, R. B. (2006). On making the right choice: The deliberation-without-attention effect. *Science, 311*, 1005-1007.

Dijksterhuis, A., Bos, M. W., va der Leij, A., & van Baaren, R. B. (2009). Predicting soccer matches after unconscious and conscious thought as a function of expertise. *Psychological Science, 20*, 1381-1387.

Edwards, W. (1961). Behavioral decision theory. *Annual Review of Psychology, 12* (1), 473-498.

Epstein, S. (1994). Integration of the cognitive and the psychodynamic unconscious. *American Psychologist, 49*, 709-724.

Epstein, S. (2003). Cognitive-experiential self-theory of personality. In T. Millon & M. J. Lerner (Eds.), *Handbook of psychology: Personality and social psychology,Vol. 5*. New York: Wiley. pp.159-184.

Epstein, S., Pacini, R., Denes-Raj, V., & Heier, H. (1996). Individual differences in intuitive-experiential and analytical-rational thinking styles. *Journal of Personality and Social Psychology, 71*, 390-405.

Fiske, S. T., & Taylor, S. E. (2013). *Social cognition: From brains to culture*. Thousand Oaks, CA: Sage.

Folger, R. (1986). A referent cognitions theory of relative deprivation. In J. M. Olson, C. P. Herman & M. P. Zanna (Eds.), *Social comparison and relative deprivation: The Ontario symposium,Vol4*. Hillsdale, NJ: Lawrence Erlbaum Associates. pp.33-55.

Folger, R. (1993), Reaction to mistreatment at work. In K. Murninghan (Ed.), *Social psychology in organization: Advances in theory and research*. Englewood Cliffs, NJ: Prentice Hall. pp.161-183.

Greene, J. D., Sommerville, R. B., Nystrom, L. E., Darley, J. M., & Cohen, J. D. (2001). An fMRI investigation of emotional engagement in moral judgment. S*cience, 293*, 2105-2108.

林　洋一郎・佐々木宏之（2017）．リーダーがフォロワーに送るメッセージの方略—制御適合の観点から—　日本心理学会第 81 回大会（久留米大学）

広田すみれ（2018）．認知からのアプローチ　広田すみれ・増田真也・坂上孝之（編著）心理学が描くリスクの世界　慶應義塾大学出版　pp.23-78.

Huang, Y., & Wang, L. (2010). Sex differences in framing effects across task domain. *Personality and Individual Differences, 48* (5), 649-653.

伊藤君男（2002）．説得におけるヒューリスティック処理とシステマティック処理の加算効果—説得者の信憑性・論拠の質・話題への関与の効果—　実験社会心理学研究．41．137-146.

Kahneman, D. (2011). *Thinking, fast and slow*. London: Allen Lane.

Kahneman, D., & Klein, G. (2009). Conditions for intuitive expertise: A failure to disagree. *The American Psychologist, 64*, 515-526.

Kahneman, D., Slovic, P., & Tversky, A. (Eds.) (1982). *Judgment under uncertainty: Heuristics and biases*. Cambridge University Press.

Kahneman, D., & Tversky, A. (1979). Prospect theory: An analysis of decision under risk. *Econometrica,*

47, 263-291.

唐沢　穣（2010）．態度と態度変化―感じたことが行動となって現れる―　池田謙一・唐沢　穣・工藤恵理子・村本由紀子（著）社会心理学　有斐閣

Krishnamurthya, P., Carterb, P., & Blair, E. (2001). Attribute framing and goal framing effects in health decisions. *Organizational Behavior and Human Decision Processes, 85*, 382-399.

Levin, I. P. (1987). Associative effects of information framing. *Bulletin of the Psychonomic Society, 25* (2), 85-86.

Levin, I. P., & Gaeth, G. J. (1988). How consumers are affected by the framing of attribute information before and after consuming the product. *Journal of Consumer Research, 15* (3), 374-378.

Levin, I. P., Gaeth, G. J., Schreiber, J., & Lauriola, M. (2002). A new look at framing effects: Distribution of effect sizes, individual differences, and independence of types of effects. *Organizational Behavior and Human Decision Processes, 88* (1), 411-429.

Levin, I. P., Johnson, R. D., Deldin, P. J., Carstens, L. M., Cressey, L. J., & Davis, C. R. (1986). Framing effects in decisions with completely and incompletely described alternatives. *Organizational Behavior and Human Decision Processes, 38*, 48-64.

Levin, I. P., Schneider, S. L., & Gaeth, G. J. (1998). All frames are not created equal: A typology and critical analysis of framing effects. *Organizational Behavior and Human Decision Processes, 76*, 149-188.

Maheswaran, D., & Chaiken, S. (1991). Promoting systematic processing in low-motivation settings: Effect of incongruent information on processing and judgment. *Journal of Personality and Social Psychology, 61*, 13-25.

Maheswaran, D., & Meyers-Levy, J. (1990). The influence of message framing and issue involvement. *Journal of Marketing Research, 27*, 361-367.

Marteau, T. M. (1989). Framing of information: Its influence upon decisions of doctors and patients. *British Journal of Social Psychology, 28*, 89-94.

Meyerowitz, B. E., & Chaiken, S. (1987). The effect of message framing on breast self-examination attitudes, intentions, and behavior. *Journal of Personality and Social Psychology, 52*, 500-510.

内藤まゆみ・鈴木佳苗・坂元　章（2004）．情報処理スタイル（合理性－直観性）尺度の作成　パーソナリティ研究．13（1），67-78.

中村早希・三浦麻子（2018）．説得の 2 過程モデルの複数源泉・複数方向状況への適用　心理学評論，61．157-168.

奥田秀宇（2008）．意思決定心理学への招待　サイエンス社

Pacini, R., & Epstein, S. (1999). The relation of rational and experiential information processing styles to personality, basic beliefs, and the ratio-bias phenomenon. *Journal of Personality and Social Psychology, 76,* 972-987.

Petty, R. E., & Cacioopo, J. T. (1986a). *Communication and persuasion: Central and peripheral routes to attitude change*. New York: Springer-Verlag.

Petty, R. E., & Cacioppo, J. T. (1986b). The elaboration likelihood model of persuasion. In L. Berkowitz (Ed.), *Advances in experimental social psychology, Vol.19*. San Diego, CA: Academic Press. pp.123-205.

Robberson, M. R., & Rogers, R. W. (1988). Beyond fear appeals: Negative and positive persuasive appeals to health and self-esteem. *Journal of Applied Social Psychology, 18*, 277-287.

Ross, M., & Sicoly, F. (1979). Egocentric biases in availability and attribution. *Journal of Personality and Social Psychology, 37* (3), 322-336.

Rozin, P., & Royzman, E. B. (2001). Negativity bias, negativity dominance, and contagion. *Personality and Social Psychology Review, 5* (4), 296-320.

Salas, E., Rosen, M. A., & DiazGranados, D. (2010). Expertise-based intuition and decision making in organizations. *Journal of Management, 36*, 941-973.

佐々木宏之（2010）．意思決定フレーミング効果の三類型─幼児の発達と保育の観点を踏まえて─　暁星論叢（新潟中央短期大学紀要），60，55-72.

Simon, H. A. (1957). *Administrative behavior: A study of decision-making processes in administrative organizations*. Macmillan.

相馬正史・都築誉史（2013）．道徳ジレンマ状況における意思決定研究の動向　立教大学心理学研究，55, 67-78.

Stroop, J. R. (1935). Studies of interference in serial verbal reactions. *Journal of Experimental Psychology, 18* (6), 643-662.

竹村和久（2009）．行動意思決定論─経済行動の心理学─　日本評論社

竹村和久・藤井　聡（2015）．意思決定の処方─状況依存的焦点モデルとその展開─　朝倉書店

Tversky, A., & Kahneman, D. (1973). Availability: A heuristic for judging frequency and probability. *Cognitive Psychology, 5* (2), 207-232.

Tversky, A., & Kahneman, D. (1974). Judgment under uncertainty: Heuristics and biases. *Science, 185* (4157), 1124-1131.

Tversky, A., & Kahneman, D. (1981). The framing of decisions and the psychology of choice. *Science, 211*, 453-458.

Tversky, A., & Kahneman, D. (1983). Extensional versus intuition reasoning: Conjunction fallacy in probability judgment. *Psychological Review, 90*, 293-315.

Tversky, A., & Kahneman, D. (1992). Advances in prospect theory: Cumulative representation of uncertainty. *Journal of Risk and Uncertainty, 5* (4), 297-323.

von Neumann, J., & Morgenstern, O. (1944). *Theory of games and economic behavior*. Princeton, NJ: Princeton University Press.

山岸侯彦（2009）．行動的意思決定論から考える　坂上貴之（編）意思決定と経済の心理学　朝倉書店　pp.156-168.

■ 第5章

Aryee, S., Chen, Z. X., Sun, L., & Debrah, Y. A. (2007). Antecedents and outcomes of abusive supervision test of a trickle-down model. *Journal of Applied Psychology, 92*, 191-201.

朝日新聞デジタル（2015）．傲慢トップは経営リスクか「人格障害」ビジネス界注目　2015 年 3 月 15 日付「朝日新聞デジタル」

Ashforth, B. (1994). Petty tyranny in organizations. *Human relations, 47* (7), 755-778.

Avolio, B. J. (1999). *Full leadership development: Building the vital forces in organizations*. Thousand Oaks, CA: Sage.

Avolio, B. J., & Gardner, W. L. (2005). Authentic leadership development: Getting to the root of positive forms of leadership. *Leadership Quarterly, 16*, 315-338.

Bass, B. M. (1985). *Leadership and performance beyond expectations*. New York: Free Press.

Brown, M. E., & Trevino, L. K. (2006). Ethical leadership: A review and future directions. *The Leadership. Quarterly, 17* (6), 595-616.

Brown, M. E., Treviño, L. K., & Harrison, D. A. (2005). Ethical leadership: A social learning perspective for construct development and testing. *Organizational Behavior and Human Decision Processes, 97* (2), 117-134.

Day, D. V. (2000). Leadership development: A review in context. *The Leadership Quarterly, 11* (4), 581-613.

Dinh, J. E., Lord, R. G., Gardner, W. L., Meuser, J. D., Liden, R. C., & Hu, J. (2014). Leadership theory and research in the new millennium current theoretical trends and changing perspectives. *The Leadership Quarterly, 25*, 36-62.

Duffy, M. K., Ganster, D. C., & Pagon, M. (2002). Social undermining in the workplace. *Academy of Management Journal, 45*, 331-351.

Ehrhart, M. G. (2004). Leadership and procedural justice climate as antecedents of unit-level organizational citizenship behavior. *Personnel Psychology, 57*, 61-94

Einarsen, S., Aasland, M. S., & Skogstad, A. (2007) Destructive leadership behavior a definition and conceptual model. *The Leadership Quarterly, 18*, 207-216.

Foti, R. J., & Hauenstein, A. (2007). Pattern and variable approaches in leadership emergence and effectiveness. *Journal of Applied Psychology, 92*, 347-355.

Goleman, D. (1995). *Emotional intelligence*. New York: Bantam.

Graen, G. B., & Uhl-Bien, M. (1995). Relationship-based approach to leadership: Development of leader-member exchange (LMX) theory of leadership over 25 years: Applying a multi-level multi-domain perspective. *Leadership Quarterly, 6*, 219-247.

Greenleaf, R. K. (1970). *The servant as leader*. Indianapolis, IN: Greenleaf Center.

Gronn, P. (2002). Distributed leadership as a unit of analysis. *The Leadership Quarterly, 13* (4), 423-451.

Halpin, A. W., & Winer, B. J. (1957). A factorial study of the leader behavior descriptions. In R. M. Stogdill & A. E. Coons (Eds.), *Leader behavior: Its description and measurement*. Columbus: Ohio State University, Bureau of Business Research. pp.39-51.

Haslam, S. A., Reicher, S. D., & Platow, M. J. (2011). *The new psychology of leadership: Identity, influence and power*. Hove, UK: Psychology Press.

Hinkin, T. R., & Schriesheim, C. A. (2008). An examination of "nonleadership": From laissez-faire leadership to leader reward omission and punishment omission. *Journal of Applied Psychology, 93* (6), 1234-1248.

Hoffman, B. J., Woehr, D. J., Maldagen-Youngjohn, R., & Lyons, B. D. (2011). Great man or great myth? A quantitative review of the relationship between individual differences and leader effectiveness. *Journal of Occupational and Organizational Psychology, 84* (2), 347-381.

Hogan, R., Raskin, R., & Fazzini, D. (1990). The dark side of charisma. In K. E. Clark & M. B. Clark (Eds.), *Measures of leadership*. West Orange, NJ, US: Leadership Library of America. pp.343-354.

House, R. J., & Howell, J. M. (1992). Personality and charismatic leadership. *The Leadership Quarterly, 3* (2), 81-108.

池田　浩 (2017a). 個人特性とリーダーシップ　坂田桐子 (編著) (2017). 社会心理学におけるリーダーシップ研究のパースペクティブⅡ　ナカニシヤ出版　pp.63-80.

池田　浩 (2017b). 産業と組織の心理学　サイエンス社　pp.149-171.

Judge, T. A., Bono, J., Ilies, R., & Gerhardt, M. (2002). Personality and leadership: A qualitative and quantitative review. *Journal of Applied Psychology, 87*, 765-779.

Judge, T. A., & Piccolo, R. F. (2004). Transformational and transactional leadership a meta-analytic test of their relative validity. *Journal of Applied Psychology, 89*, 755-768.

Judge, T. A., Piccolo, R. F., & Ilies, R. (2004). The forgotten ones? The validity of consideration and initiating structure in leadership research. *Journal of Applied Psychology, 89* (1), 36-51.

Kaiser, R. B., & Craig, S. B. (2014). Destructive leadership in and of organizations. In D.V. Day (Ed.), *The oxford handbook of leadership and organizations*. New York, NY: Oxford University Press. pp.260-284.

金井壽宏（2005）．リーダーシップ入門　日本経済新聞社

Kelloway, E. K., Sivanathan, N., Francis, L., & Barling, J. (2005). Poor leadership. In J. Barling, E. K. Kelloway & M. Frone (Eds.) *Handbook of work stress*. CA: Sage Publications. pp.89-112.

Kipnis, D. (1972). Does power corrupt? *Journal of Personality and Social Psychology, 24*, 33-41.

高口　央・坂田桐子・黒川正流（2005）．企業組織における職制上司と組合役員によるリーダーシップの効果　実験社会心理学研究，44，83-97.

Kouzes, J. M., & Posner, B. Z. (1993). *Credibility: How leaders gain and lose it, why people demand it*. San Francisco, CA: Jossey-Bass Publishers.

Lewin, K., & Lippitt, R. (1938). An experimental approach to the study of democracy and autocracy: A preliminary note. *Sociometry, 1*, 292-300.

Liden, R. C., Wayne, S. J., Liao, C., & Meuser, J. D. (2014). Servant leadership and serving culture: Influence on individual and unit performance. *Academy of Management Journal, 57* (5), 1434-1452.

Lipman-Blumen, J. (2005). The allure of toxic leaders: Why followers rarely escape their clutches. *Ivey Business Journal, 69* (3), 1-40.

Lord, R. G., DeVader, C. L., & Alliger, G. M. (1986). A meta-analysis of the relation between personality traits and leadership perceptions: An application of validity generalization procedures. *Journal of Applied Psychology, 71*, 402-410.

McAllister, D. J. (1995). Affect-based and cognition-based trust as foundations for interpersonal cooperation in organizations. *Academy of Management Journal, 38*, 24-59.

McCall, M. W. (1998). *High flyers*. Boston, MA: Harvard Business School Press. 金井壽宏（監訳）（2000）．ハイ・フライヤー―次世代リーダーの育成法―　プレジデント社

McCrae, R. R., & Costa, P. T., Jr. (1987). Validation of the Five-factor model of personality across instruments and observers. *Journal of Personality and Social Psychology, 52*, 81-90

三隅二不二（1984）．リーダーシップ行動の科学〈改訂版〉　有斐閣

Mitchell, M. S., & Ambrose, M. L. (2007). Abusive supervision and workplace deviance and the moderating effects of negative reciprocity beliefs. *Journal of Applied Psychology, 92* (4), 1159-1168.

Padilla, A., Hogan, R., & Kaiser, R. B. (2007). The toxic triangle: Destructive leaders, susceptible followers, and conductive environments. *The Leadership Quarterly, 18* (3), 176-194.

Pearce, C. L., & Conger, J. A. (2002). *Shared leadership: Reframing the hows and whys of leadership*. Thousand Oaks, CA: Sage.

坂田桐子（2017）．社会心理学におけるリーダーシップ研究のパースペクティブⅡ　ナカニシヤ出版 pp.175-203.

Schaubroeck, J., Lam, S. S. K., & Peng, A. C. (2011). Cognition-based and affect-based trust as mediators of leader behavior influences on team performance. *The Journal of Applied Psychology, 96*, 863-871.

Schriesheim, C. A., Castro, S. L., & Cogliser, C. C. (1999). Leader-member exchange (LMX) research: A comprehensive review of theory, measurement, and data-analytic practices. *The Leadership Quarterly, 10* (1), 63-113.

Stogdill, R. M. (1948). Personal factors associated with leadership: A survey of the literature. *Journal of Psychology, 25*, 35-71.

Stogdill, R. M. (1974). *Handbook of leadership* (1st ed.). New York: Free Press.

Tajfel, H., & Turner, J. C. (1986). The social identity theory of intergroup behaviour. In S. Worchel & W. G. Austin (Eds.), *Psychology of intergroup relations* (2nd ed.). Chicago: Nelson-Hall. pp.7-24.

Tepper, B. J. (2000). Consequences of abusive supervision. *Academy of Management Journal, 43* (2), 178-190.

Tepper, B. J. (2007). Abusive supervision in work organizations review, synthesis, and research agenda. *Journal of Management, 33*, 261-289.

Zaccaro, S. J., Kemp, C., & Bader, P. (2004). Leader traits and attributes. In J. Antonakis, A. T. Cianciolo & R. J. Sternberg (Eds.), *The nature of leadership*. Thousand Oaks, CA: Sage. pp.101-124.

■ 第6章

Aarts, H., Gollwitzer, P. M., & Hassin, R. R. (2004). Goal contagion: Perceiving is for pursuing. *Journal of Personality and Social Psychology, 87*, 23-37.

Alderfer, C. P. (1972). *Existence, relatedness, and growth*. New York: Free Press.

Alper, T. G. (1973). The relationship between role orientation and achievement motivation in college women. *Journal of Personality, 41*, 9-31.

Ambrose, M. L., & Kulik, C. T. (1999). Old friends, new faces: Motivation research in the 1990s. *Journal of Management, 25*, 231-292.

荒木淳子・正木郁太郎・松下慶太・伊達洋駆 (2017). 企業で働く女性のキャリア展望に影響する職場要因の検討 経営行動科学, 30 (1), 1-12.

Arthur, M. B. (1994). The boundaryless career: A new perspective for organizational inquiry. *Journal of Organizational Behavior, 15* (4), 295-306.

Atkinson, D. C. (1957). Motivational determinants of risk-taking behavior. *Psychological Review, 64* (6), 359-372.

Bandura, A. (1977). Self-efficacy: Toward a unifying theory of behavioral change. *Psychological Review, 84*, 191-215.

Bargh, J. A., Gollwitzer, P. M., Lee-Chai, A., Barndollar, K., & Trötschel, R. (2001). The automated will: Nonconscious activation and pursuit of behavioral goals. *Journal of Personality and Social Psychology, 81*, 1014-1027.

Deci, E. L. (1971). Effects of externally mediated rewards on intrinsic motivation. *Journal of Personality and Social Psychology, 18* (1), 105-115.

Deci, E. L., Connell, J. E., & Ryan, R. M. (1989). Self-Determination in a work organization. *Journal of Applied Psychology, 74*, 580-590.

Deci, E. L., Schwartz, A. J., Sheinman, L., & Ryan, R. M. (1981). An instrument to assess adults' orientations toward control versus autonomy with children: Reflections on intrinsic motivation and perceived competence. *Journal of Educational Psychology, 73*, 642-650.

Dik, G., & Aarts, H. (2007). Behavioral cues to others' motivation and goal pursuits: The perception of effort facilitates goal inference and contagion. *Journal of Experimental Social Psychology, 43*, 727-737.

Dweck, C. S., & Leggett, E. L. (1988). A social-cognitive approach to motivation and personality.

Psychological Review, 95 (2), 256-273.

Friedman, R., Deci, E., Elliot, A., Moller, A., & Aarts, H. (2010). Motivational synchronicity: Priming motivational orientations with observations of others' behaviors. *Motivation and Emotion, 34,* 34-38.

福岡欣治・内山伊知郎・中村健壽（2004）．企業秘書における職務ストレッサーとソーシャル・サポート―ワーク・モチベーションに対する上司および同僚サポートの効果― 応用心理学研究, 29（2），71-79.

Gallup, Inc. (2017). The state of the global workplace
http://www.gallup.com/workplace/238079/state-global-workplace-2017.aspxformheader（2019 年 8 月 30 日閲覧）

Hackman, J. R., & Oldham, G. R. (1976). Motivation through the design of work: Test of a theory. *Organizational Behavior and Human Performance, 16* (2), 250-279.

Hall, D. T. (2004). The protean career: A quarter-century journey. *Journal of Vocational Behavior, 65* (1), 1-13.

Hassin, R. R., Aarts, H., & Ferguson, M. F. (2005). Automatic goal inferences. *Journal of Experimental Social Psychology, 41*, 129-114.

Hatfield, E., Cacioppo, J. T., & Rapson, R. L. (1992). Primitive emotional contagion. In M. S. Clark (Ed.), *Review of personality and social psychology*. Thousand Oaks, CA: Sage. pp.151-177.

Herzberg, F. (1966). *Work and the nature of man*. Cleveland: World Publishing.

Herzberg, F., Mausner, B., & Snyderman, B. (1959). *The motivation to work*. New York: Wiley.

飛田 努・松村勝弘・篠田朝也・田中 伸（2014）．日本企業の経営管理システムに関する実証研究 年報財務管理研究, 25, 1-17.

堀野 緑（1991）．達成動機と成功恐怖との関係 心理学研究, 62（4），255-259.

堀野 緑・森 和代（1991）．抑うつとソーシャルサポートとの関連に介在する達成動機の要因 教育心理学研究, 39（3），308-315.

堀内泰利・岡田昌毅（2009）．キャリア自律が組織コミットメントに与える影響 産業・組織心理学研究, 23（1），15-28.

Horner, M. S. (1969). Fail: Bright woman. *Psychology Today, 3,* 36-38.

伊神正貫・長岡貞男（2014）．科学研究プロジェクトの動機が研究マネジメント，チーム構成および研究成果に与える影響を探る―日米の科学者を対象とした大規模調査による実証研究― 日本知財学会誌, 10, 33-45.

Ilies, R., Wagner, D. T., & Morgeson, F. P. (2007). Explaining affective linkages in teams: Individual differences in susceptibility to contagion and individualism-collectivism. *Journal of Applied Psychology, 92*, 1140-1148.

門間晶子（2000）．保健婦のエンパワーメントの構造と規定要因の分析 日本看護科学会誌, 20（2），11-20.

角山 剛・松井賚夫・都築幸恵（2001）．個人の価値観と組織の価値観の一致：職務態度の予測変数およびパーソナリティ―職務業績関係の調整変数としての効果― 産業・組織心理学研究, 14（2），25-34.

Kanfer, R., & Kanfer, F. H. (1991). Goals and self-regulation: Applications of theory to work settings. In M. L. Maehr & P. R. Pintrich (Eds.), *Advances in Motivation and Achievement, 7,* 287-326. Greenwich, CT: JAI Press.

菊入みゆき・岡田昌毅（2014）．職場における同僚間の達成動機の伝播に関する研究 産業・組織心理学研究, 27（2），101-116.

厚生労働省（2018）．平成 29 年度雇用均等基本調査
　　https://www.mhlw.go.jp/toukei/list/dl/71-29r/02.pdf（2019 年 8 月 30 日閲覧）

Latham, G. P., & Pinder, C. C.（2005）．Work motivation theory and research at the dawn of the Twenty-First century. *Annual Review Psychology, 56*, 485-516.

Leander, N. P., Shah, J. Y., & Sanders, S. (2014). Indifferent reactions: Regulatory responses to the apathy of others. *Journal of Personality and Social Psychology, 107*, 229-247.

Locke, E. A. (1968). Towards a theory of task motivation and incentives. *Organizational Behavior and Human Performance, 3*, 157-189.

Locke, E. A., & Latham, G. P.（1991）Self-regulation through goal setting. *Organizational Behavior and Human Decision Processes, 50,* 212-224.

Loersch, C., Aarts, H., Payne, B. K., & Jefferis, V. E. (2008). The influence of social groups on goal contagion. *Journal of Experimental Social Psychology, 44*, 1555-1558.

正木郁太郎・村本由紀子（2018）．性別ダイバーシティの高い職場における職務特性の心理的影響―仕事の相互依存性と役割の曖昧性に着目して―　経営行動科学，30（3），133-149．

Maslow, A. H. (1954). *Motivation and personality*. New York: Harper & Row.

松永保子（2013）．中堅看護職の職業継続意思に関する研究―信頼できる上司および同僚からのソーシャル・サポートと達成動機との関連―　応用心理学研究，39（1），39-45．

McClelland, D. C., Atkinson, J. W., Clark, R. A., & Lowell, E. L. (1953). *The achievement motive*. New York: Appleton-Century-Crofts.

McGregor, D. (1960). *The human side of enterprise*. McGraw-Hill. 高橋達男（訳）（1970）．新版 企業の人間的側面　産能大学出版部

McIntosh, D. N., Druckman, D., & Zajonc, R. B. (1994). Socially induced affect. In D. Druckman & R. A. Bjork (Eds.), *Learning, remembering, believing: Enhancing human performance*. Washington, DC: National Academy Press. pp.251-276, pp.364-371.

森永雄太（2009）．仕事における動機づけの自己調整―キャリアステージ間の比較を通じて―　キャリアデザイン研究，5，23-36．

内閣府（2009）．平成 20 年度国民生活選好度調査
　　http://warp.da.ndl.go.jp/info:ndljp/pid/10361265/www5.cao.go.jp/seikatsu/senkoudo/h20/20senkou_09.pdf（2019 年 8 月 30 日閲覧）

Nicholls, J. G. (1984). Achievement motivation: Conceptions of ability, subjective experience, task choice, and performance. *Psychological Review, 91* (3), 328-346.

及川昌典（2005）．知能観が非意識的な目標追求に及ぼす影響　教育心理学研究，53（1），14-25．

岡本直子（1999）．親密な他者の存在と成功恐怖の関係について　教育心理学研究，47（2），199-208．

太田さつき・松本真作（2005）．大卒男子ホワイトカラーのワークコミットメント　心理学研究，76（5），453-460．

Owens, B. P., Baker, W. E., Sumpter, D. M., & Cameron, K. S. (2016). Relational energy at work: Implications for job engagement and job performance. *Journal of Applied Psychology, 101*(1), 35-49.

Pinder, C. C. (1998). *Work motivation in organizational behavior*. Upper Saddle River, NJ: Prentice Hall, 11-12.

Radel, R., Fournier, M., de Bressy, V., & d'Arripe-Longueville, F. (2014). You're too much for me: Contagion of motivation depends on perceiver-model distance. *Motivation and Emotion, 39*, 374-383.

Radel, R., Sarrazin, P., Legrain, P., & Wild, T. C. (2010). Social contagion of motivation between teacher and student: Analyzing underlying processes. *Journal of Educational Psychology, 102*, 577-587.

Ryan, R. M., & Deci, E. L. (2000). Self-determination theory and the facilitation of intrinsic motivation, social development, and well-being. *American Psychologist, 55*, 68-78.

境　俊子・冨樫千秋（2017）．中堅看護師の自己効力感に影響する要因　日本健康医学会雑誌，26（2），65-73.

佐藤　舞・王　雯珏・松本芳之（2015）．女子大学生がもつ就業動機の日中比較―成功回避動機・性役割態度との関連―　キャリア教育研究，34，1-10.

Savell, J. M., Teague, R. C., & Trueman, R. (1995). Job involvement contagion between army squad leaders and their squad members. *Military Psychology, 7*, 193-206.

Scarapicchia, T. M. F., Sabiston, C. M., Andersen, R. E., & Bengoechea, E. G. (2013). The motivational effects of social contagion on exercise participation in young female adults. *Journal of Sport & Exercise Psychology, 35*, 563-575.

Steers, R. M., Mowday, R. T., & Shapiro, D. L. (2004). The future of work motivation theory. *Academy of Management Review, 29* (3), 379-387.

Steers, R. M., & Porter, L. W. (1974). The role of task-goal attributes in employee performance. *Psychological Bulletin, 81*, 434-452.

Sy, T., Côté, S., & Saavedra, R. (2005). The contagious leader: Impact of the leader's mood on the mood of group members, group affective tone, and group processes. *Journal of Applied Psychology, 90*, 295-305.

高橋桂子（2007）．子どものいる女性労働者の「仕事のやりがい感」を規定する要因　経営行動科学，20（3），325-334.

Trépanier, S., Fernet, C., & Austin, S. (2012). Social and motivational antecedents of perceptions of transformational leadership: A self-determination theory perspective. *Canadian Journal of Behavioural Science, 44*, 272-277.

内田遼介・釘原直樹・東　亜弓・土屋裕睦（2017）．過去経験が集合的効力感に及ぼす影響―成員の道具性に着目した検討―　心理学研究，88（3），219-229.

van Hooff, M. L .M., & Geurts, S. A. E. (2015). Need satisfaction and employees' recovery state at work: A daily diary study. *Journal of Occupational Health Psychology, 20* (3), 377-387.

van Knippenberg, D., De Dreu, C. K. W., & Homan, A. C. (2004). Work group diversity and group performance: An integrative model and research agenda. *Journal of Applied Psychology, 9* (6), 1008-1022.

Vroom, V. H. (1964). *Work and motivation*. New York: Wiley.

Wild, T. C., Enzle, M. E., & Hawkins, W. L. (1992). Effects of perceived extrinsic versus intrinsic teacher motivation on student reactions to skill acquisition. *Personality and Social Psychology Bulletin, 18*, 245-251.

Wild, T. C., Enzle, M. E., Nix, G., & Deci, E. (1997). Perceiving others as intrinsically or extrinsically motivated: Effects on expectancy formation and task engagement. *Personality and Social Psychology Bulletin, 23*, 837-848.

山内香奈・菊地史倫（2016）．鉄道従業員向けアナウンス研修の転移促進手法に関する実験的検討　教育心理学研究，64（1），131-143.

吉田佳絵・高野研一（2018）．現代企業においてパフォーマンス向上に寄与する組織風土要因に関する研究　日本経営工学会論文誌，69（1），1-20.

Zaleska, K. J., & de Menezes, L. M. (2007). Human resources development practices and their association with employee attitudes: Between traditional and new careers. *Human Relations, 60* (7), 987-1018.

第 7 章

Anderson, N. R., Cunningham-Snell, N. A., & Haigh, J. (1996). Induction training as socialization: Current practice and attitudes to evaluation in British organizations. *International Journal of Selection and Assessment, 4*, 169-183.

Ashford, S. J., & Black, J. S. (1996). Proactivity during organizational entry: A role of desire for control. *Journal of Applied Psychology, 81*, 199-214.

Ashforth, B. E., Saks, A. M., & Lee, R. T. (1997). On the dimensionality of Jones' (1986) measures of organizational socialization tactics. *International Journal of Selection and Assessment, 5*, 200-214.

Ashforth, B. E., Sluss, D. M., & Harrison, S. H. (2007). Socialization in organizational contexts. In G. P. Hodgkinson & J. K. Ford (Eds.), *International review of industrial and organizational ssychology*. New York: Wiley & Sons. pp.1-70.

Ashforth, B. E., Sluss, D. M., & Saks, A. M. (2007). Socialization tactics, proactive behavior, and newcomer learning: Integrating socialization models. *Journal of Vocational Behavior, 70*, 447-462.

Bauer, T. N., Bodner, T., Erdogan, B., Truxillo, D. M., & Tucker, J. S. (2007). Newcomer adjustment during organizational socialization: A meta-analytic review of antecedents, outcomes, and methods. *Journal of Applied Psychology, 92*, 707-721.

Bauer, T. N., & Erdogan, B. (2011). Organizational socialization: The effective onboarding of new employees. *APA Handbook of Industrial and Organizational Psychology, 3*, 51-64.

Bauer, T. N., & Erdogan, B. (2012). Organizational socialization outcomes: Now and into the Future. In C. Wanberg (Ed.), *Organizational socialization*. Oxford, UK: Oxford University Press. pp. 97-112.

Bauer, T. N., Morrison, E. W., & Callister, R. R. (1998). Organizational socialization: A review and directions for future research. *Research in Personnel and Human Resources Management, 16*, 149-214.

Boswell, W. R., Shipp, A. J., Payne, S. C., & Culbertson, S. S. (2009). Changes in newcomer job satisfaction over time: examining the pattern of honeymoons and hangovers. *Journal of Applied Psychology, 94*, 844-858.

Cable, D. M., & Parsons, C. K. (2001). Socialization tactics and person-organization fit. *Personnel Psychology, 54*, 1-23.

Chao, G. T., O'Leary-Kelly, A. M., Wolf, S., Klein, H. J., & Gardner, P. D. (1994). Organizational socialization: its content and consequences. *Journal of Applied Psychology, 79*, 730-743.

Cooper-Thomas, H. D., & Anderson, N. (2002). Newcomer adjustment: The relationship between organizational socialization tactics, information acquisition and attitudes. *Journal of Occupational and Organizational Psychology, 75*, 423-437.

Cooper-Thomas, H. D., Paterson, N. L., Stadler, M. J., & Saks, A. M. (2014). The relative importance of proactive behaviors and outcomes for predicting newcomer learning, well-being, and work engagement. *Journal of Vocational Behavior, 84*, 318-331.

Delobbe, N., Cooper-Thomas, H. D., & De Hoe, R. (2016). A new look at the psychological contract during organizational socialization: The role of newcomers' obligations at entry. *Journal of Organizational Behavior, 37*, 845-867.

Ellis, A. M., Nifadkar, S. S., Bauer, T. N., & Erdogan, B. (2017). Newcomer adjustment: Examining the role of managers' perception of newcomer proactive behavior during organizational socialization. *Journal of Applied Psychology, 102*, 993-1001.

Gruman, J. A., Saks, A. M., & Zweig, D. I. (2006). Organizational socialization tactics and newcomer proactive behaviors: An integrative study. *Journal of Vocational Behavior, 69*, 90-104.

Harris, T. B., Li, N., Boswell, W. R., Zhang, X. A., & Xie, Z. (2014). Getting what's new from newcomers: Empowering leadership, creativity, and adjustment in the socialization context. *Personnel Psychology, 67*, 567-604.

Haueter, J. A., Macan, T. H., & Winter, J. (2003). Measurement of newcomer socialization: Construct validation of a multidimensional scale. *Journal of Vocational Behavior, 63*, 20-39.

Holland, J. L. (1985). *Manual for the vocational preference inventory*. Odessa, FL: Psychological Assessment Resources.

Jokisaari, M. (2013). The role of leader-member and social network relations in newcomers' role performance. *Journal of Vocational Behavior, 82*, 96-104.

Jokisaari, M., & Nurmi, J. E. (2009). Change in newcomers' supervisor support and socialization outcomes after organizational entry. *Academy of Management Journal, 52*, 527-544.

Jones, G. R. (1986). Socialization tactics, self-efficacy, and newcomers' adjustments to organizations. *Academy of Management Journal, 29*, 262-279.

Kammeyer-Mueller, J. D., Livingston, B. A., & Liao, H. (2011). Perceived similarity, proactive adjustment, and organizational socialization. *Journal of Vocational Behavior, 78*, 225-236.

Kammeyer-Mueller, J. D., Wanberg, C. R., Rubenstein, A., & Song, Z. (2013). Support, undermining, and newcomer socialization: Fitting in during the first 90 days. *Academy of Management Journal, 56*, 1104-1124.

Kim, T., Cable, D. M., & Kim, S. (2005). Socialization tactics, employee proactivity, and person-organization fit. *Journal of Applied Psychology, 90*, 232-241.

Klein, H. J., & Weaver, N. A. (2000). The effectiveness of an organizational-level orientation training program in the socialization of new hires. *Personnel Psychology, 53*, 47-66.

Lapointe, E., Vandenberghe, C., & Boudrias, J. (2014). Organizational socialization tactics and newcomer adjustment: The mediating role of role clarity and affect-based trust relationships. *Journal of Occupational and Organizational Psychology, 87*, 599-624.

Lester, R. E. (1987). Organizational culture, uncertainty reduction, and the socialization of new organizational members. In S. Thomas (Ed.), *Culture and communication: Methodology, behavior, artifacts, and institutions*. Norwood, NJ: Ablex. pp.105-113.

Li, N. T., Harris, B., Boswell, W. R., & Xie, Z. (2011). The role of organizational insiders' developmental feedback and proactive personality on newcomers' performance: An interactionist perspective. *Journal of Applied Psychology, 96*, 1317-1327.

Morrison, E. (1993). Longitudinal study of the effects of information seeking on newcomer socialization. *Journal of Applied Psychology, 78*, 173-183.

Nifadkar, S. S., & Bauer, T. N. (2016). Breach of belongingness: Newcomer relationship conflict, information, and task-related outcomes during organizational socialization. *Journal of Applied Psychology, 101*, 1-13.

Richard, O. C., Avery, D. R., Luksyte, A., Boncoeur, O. D., & Spitzmueller, C. (2019). Improving organizational newcomers' creative job performance through creative process engagement: The moderating role of a synergy diversity climate. *Personnel Psychology, 72*, 421-444.

Saks, A. M., & Ashforth, B. E. (2002). Is job search related to employment quality? It all depends on fit. *Journal of Applied Psychology, 87*, 646-654.

Saks, A. M., Gruman, J. A., & Cooper-Thomas, H. (2011). The neglected role of proactive behavior and outcomes in newcomer socialization. *Journal of Vocational Behavior, 79*, 36-46.

Saks, A. M., Uggerslev, K. L., & Fassina, N. E. (2007). Socialization tactics and newcomer adjustment: A meta-analytic review and test of a model. *Journal of Vocational Behavior, 70*, 413-446.

Sluss, D. M., & Thompson, B. S. (2012). Socializing the newcomer: The mediating role of leader-member exchange. *Organizational Behavior and Human Decision Processes, 119*, 114-125.

Song, Y., Liu, Y., Shi, J., & Wang, M. (2017). Use of proactive socialization tactics and socialization outcomes: A latent growth modeling approach to understanding newcomer socialization process. *Academy of Management Discoveries, 3*, 42-63.

Takeuchi, N., & Takeuchi, T. (2009). A longitudinal investigation on the factors affecting newcomers' adjustment: Evidence from Japanese Organizations. *International Journal of Human Resource Management, 20*, 928-952.

Takeuchi, T., Takeuchi, N., & Jung, Y. (2016). Linking pre-entry job search and post-entry socialization among newcomers. *Paper Presented at the 76th Annual Meeting of the Academy of Management.*

竹内倫和（2004）．新規学卒就職者の組織適応と態度変容　岩内亮一・梶原　豊（編）現代の人的資源管理　学文社　pp.167-183.

竹内倫和（2016）．新規学卒就職者の組織社会化に対する企業研修の効果―3時点時系列データを用いた検討―　日本応用心理学会第83回大会発表論文集　p.124.

竹内倫和・高橋正泰（2010）．新卒採用者の入社前の職務探索行動と組織社会化に関する縦断的研究―職業的アイデンティティの役割―　*Informatics, 3,* 47-58.

竹内倫和・竹内規彦（2009）．新規参入者の組織社会化メカニズムに関する実証的検討―入社前・入社後の組織適応要因―　日本経営学会誌，23，37-49.

竹内倫和・竹内規彦（2011）．新規参入者の組織社会化過程における上司・同僚との社会的交換関係の役割―縦断的調査データによる分析―　組織科学，44，132-145.

竹内倫和・竹内規彦（2013）．新規学卒者の職務成果に対する組織社会化学習内容及び上司・同僚サポート知覚の影響　産業・組織心理学会第29回大会発表論文集　pp.250-253.

竹内倫和・竹内規彦（2015）．企業の導入研修と新規学卒者の組織社会化に関する実証的検討　日本労務学会第45回全国大会研究報告論集　pp.446-453.

Tan, K. W., Au, A. K., Cooper-Thomas, H. D., & Aw, S. S. (2016). The effect of learning goal orientation and communal goal strivings on newcomer proactive behaviours and learning. *Journal of Occupational and Organizational Psychology, 89*, 420-445.

Vandenberghe, C., Panaccio, A., Bentein, K., Mignonac, K., & Roussel, P. (2011). Assessing longitudinal change of and dynamic relationships among role stresors, job attitudes, turnover intention, and well-being in neophyte newcomers. *Journal of Organizational Behavior, 32*, 652-671.

Van Maanen, J., & Schein, E. H. (1979). Toward a theory of organizational socialization. In B. M. Staw (Ed.), *Research in organizational behavior, Vol.1.* Geenwich. CT: JAI Press. pp. 209-264.

Wanberg, C. R., & Kammeyer-Mueller, J. D. (2000). Predictors and outcomes of proactivity in the socialization process. *Journal of Applied Psychology, 85*, 373-385.

Wang, D., Hom, P. W., & Allen, D. G. (2017). Coping with newcomer "Hangover": How socialization tactics affect declining job satisfaction during early employment. *Journal of Vocational Behavior, 100*, 196-210.

Wanous, J. P., Poland, T. D., Premack, S. L., & Davis, K. S. (1992). The effects of met expectations on newcomer attitudes and behaviors: A review and meta-analysis. *Journal of Applied Psycholoby, 77*, 288-297.

Zheng, D., Wu, H., Eisenberger, R., Shore, L. M., Tetrick, L. E., & Buffardi, L. C. (2016). Newcomer leader-member exchange: The contribution of anticipated organizational support. *Journal of Occupational and Organizational Psychology, 89*, 834-855.

■ 第8章

秋山弘子・JST 社会技術開発センター（2015）．高齢社会のアクションリサーチ―新たなコミュニティ創りをめざして― 東京大学出版会

Beer, M., & Huse, E. F. (1972). A systems approach to organization development. *The Journal of Applied Behavioral Science, 8* (1), 79-101.

Burke, W. W. (1994). Diagnostic models for organization development. *Diagnosis for Organizational Change: Methods and Models*, 53-84.

Burnes, B. (2007). Kurt Lewin and the Harwood studies: The foundations of OD. *The Journal of Applied Behavioral Science, 43* (2), 213-231.

Burnes, B. (2009). Reflections: Ethics and organizational change-Time for a return to Lewinian values. *Journal of Change Management, 9* (4), 359-381.

Burnes, B., & Cooke, B. (2012). The past, present and future of organization development: Taking the long view. *Human relations, 65* (11), 1395-1429.

Bushe, G. R., & Marshak, R. J. (2009). Revisioning organization development: Diagnostic and dialogic premises and patterns of practice. *The Journal of Applied Behavioral Science, 45* (3), 348-368.

Bushe, G. R., & Marshak, R. J. (2015). *Dialogic organization development: The theory and practice of transformational change*. Berrett-Koehler Publishers. 中村和彦（訳）（2018）．対話型組織開発―その理論的系譜と実践― 英治出版

Cartwright, D. (1951). Achieving change in people: Some applications of group dynamics theory. *Human Relations, 4* (4), 381-392.

Coch, L., & French Jr, J. R. (1948). Overcoming resistance to change. *Human Relations, 1* (4), 512-532.

Coghlan, D. (2011). Action research: Exploring perspectives on a philosophy of practical knowing. *Academy of Management Annals, 5* (1), 53-87.

Coghlan, D., & Brannick, T. (2014). *Doing action research in your own organization*. Sage.

Conger, J. A. (2000). Effective change begins at the top. *Breaking the Code of Change, 99*-112.

Cooke, B. (2007). The Kurt Lewin-Goodwin Watson FBI/CIA files: A 60th anniversary there-and-then of the here-and-now. *Human Relations, 60* (3), 435-462.

Cooperrider, D. L. (1990). Positive image, positive action: The affirmative basis of organizing. In S. Srivastva, D. L.Cooperrider et al. (Eds.), *Appreciative Management and Leadership*. San Francisco, CA: Jossey -Bass. pp.99-125.

Cooperrider, D. L., & Srivastva, S. (1987). Appreciative inquiry in organizational life. *Research in Organizational Change and Development, 1* (1), 129-169.

Cummings, T. G. (1978). Self-regulating work groups: A socio-technical synthesis. *Academy of management Review, 3* (3), 625-634.

Cummings, T. G., & Worley, C. G. (2009). *Organization development and change* (9th ed.). Cengage learning.

Dixon, N. M. (1998). *Dialogue at work*. Lemos & Crane.

Dunphy, D. (1996). Organizational change in corporate settings. *Human Relations, 49* (5), 541-552.

Eden, D. (1986). Perspectives: Team development: Quasi-experimental confirmation among combat companies. *Group & Organization Studies, 11* (3), 133-146.

Ford, J. D., & Ford, L. W. (1995). The role of conversations in producing intentional change in organizations. *Academy of Management Review, 20* (3), 541-570.

Ford, J. D., Ford, L. W., & D'Amelio, A. (2008). Resistance to change: The rest of the story. *Academy of Management Review, 33* (2), 362-377.

Freedman, A. M. (1999). The history of organization development and the NTL institute: What we have learned, forgotten, and rewritten. *The Psychologist-Manager Journal, 3* (2), 125.

French, W. L., & Bell, C. H. (1984). *Organization development: Behavioral science interventions for organization improvement* (3rd ed.). Englewood Cliffs, NJ: Prentice-Hall.

French, W. L., & Bell, C. H. (1999). *Organization development: Behavioral science interventions for organization improvement* (6th ed.). Upper Saddle River, NJ.: Prentice Hall.

Friendly, A. (1966). Where bosses let their hair down. *The Washington Post*, 27.

Greiner, L. E., & Cummings, T. G. (2004). Wanted: OD more alive than dead! *The Journal of Applied Behavioral Science, 40* (4), 374-391.

Hackman, J. R., & Oldham, G. R. (1980). *Work redesign*. Reading, MA: Addison-Wesley.

Highhouse, S. (2002). A history of the T-group and its early applications in management development. *Group Dynamics: Theory, Research, and Practice, 6* (4), 277.

Jex, S. M., & Britt, T. W. (2008). Organizational change and development. In *Organizational Psychology: A Scientist-Practitioner Approach* (2.Ausg.). Hoboken, New Jersey, Vereinigte Staaten: John Wiley & Sons.

Katz, D., & Kahn, R. L. (1966). *The psychology of organizations*. New York: HR Folks International.

Kelman, H. (1969). Manipulation of human behavior: An ethical dilemma for the social scientist. In W. Bennis, K. Benne & R. Chin (Eds.), *The planning of change* (2d ed.). New York: Holt, Rinehart, & Winston. p.584.

Kirkpatrick, D. L. (1985). *How to manage change effectively.* Jossey-Bass.

Klein, S. M., Kraut, A. I., & Wolfson, A. (1971). Employee reactions to attitude survey feedback: A study of the impact of structure and process. *Administrative Science Quarterly, 16*, 497-514.

Lacey, M. Y. (1995). Internal consulting: Perspectives on the process of planned change. *Journal of Organizational Change Management, 8* (3), 75-84.

Lambrechts, F., Grieten, S., Bouwen, R., & Corthouts, F. (2009). Process consultation revisited: Taking a relational practice perspective. *The Journal of Applied Behavioral Science, 45* (1), 39-58.

Lawrence, P. R., & Lorsch, J. W. (1967). Differentiation and integration in complex organizations. *Administrative Science Quarterly, 12* (1), 1-47.

Lewin, K. (1939). Field theory and experiment in social psychology: Concepts and methods. *American Journal of Sociology, 44* (6), 868-896.

Lewin, K. (1947). Group decision and social change. *Readings in Social Psychology, 3* (1), 197-211.

Lewin, K. (1951). *Field theory in social science*. New York: Harper & Row.

Locke, E., & Latham, G. (1994). Goal-setting theory: Organizational Behavior 1. *Essential Theories of Motivation and Leadership*, 159-183.

Martins, L. L. (2011). Chapter20　Organizational change and development. In S. Zedeck (Ed.), *APA handbook of industrial and organizational psychology, Nol. 3*. pp.691-728.

Mosley, D. C. (1987). System Four revisited: Some new insights. *Organization Development Journal, 5* (1), 19-24.

Nadler, D. A. (1979). The effects of feedback on task group behavior: A review of the experimental research. *Organizational Behavior and Human Performance, 23* (3), 309-338.

中原　淳・中村和彦（2018）．組織開発の探究―理論に学び，実践に活かす―　ダイヤモンド社

Nevis, E. C., Hanafin, J., & Rainey, M. A. (2014). Working with Individuals in Organizations. *The NTL Handbook of Organization Development and Change*, 429-443.

Nutt, P. C. (1986). Tactics of implementation. *Academy of Management Journal, 29* (2), 230-261.

Oswick, C. (2009). Revisioning or re-versioning? A commentary on diagnostic and dialogic forms of organization development. *The Journal of Applied Behavioral Science, 45* (3), 369-374.

Pettigrew, A. M. (1987). Context and action in the transformation of the firm. *Journal of Management Studies, 24* (6), 649-670.

Porras, J. I., & Robertson, P. J. (1992). *Organizational development: Theory, practice, and research.* Consulting Psychologists Press.

Purser, R. E., & Petranker, J. (2005). Unfreezing the future: Exploring the dynamic of time in organizational change. *The Journal of Applied Behavioral Science, 41* (2), 182-203.

Reason, P., & Torbert, W. (2001). The action turn: Toward a transformational social science. *Concepts and Transformation, 6* (1), 1-37.

リクルートワークス研究所（2016）．組織開発の底地力　Works 135 号

Robertson, P. J., Roberts, D. R., & Porras, J. I. (1992). A meta-analytic review of the impact of planned organizational change intervenrions. *Academy of management Pproceedings. Vol.1992*, No.1. Briarcliff Manor, NY 10510: Academy of Management. pp.201-205.

Ruona, W. E., & Gibson, S. K. (2004). The making of twenty-first-century HR: An analysis of the convergence of HRM, HRD, and OD. *Human Resource Management, 43* (1), 49-66.

Seashore, S. E. (1987). *Surveys in organizations. Handbook of organizational behavior*. Englewood Cliffs, NJ: Prentice Hall.

Seashore, S. E., & Bowers, D. G. (1970). Durability of organizational change. *American Psychologist, 25* (3), 227.

Schein, E. H. (1988). *Process consultation-volume1: Its role in organization development* (2nd ed.). Readings, MA: Addison Wesley.

Schein, E. H. (1995). Process consultation, action research and clinical inquiry: Are they the same? *Journal of Managerial Psychology, 10* (6), 14-19.

Tichy, H. (1993). Revolutionize your company. *Fortune,*114-118.

Trist, E. L., & Bamforth, K. W. (1951). Some social and psychological consequences of the longwall method of coal-getting: An examination of the psychological situation and defences of a work group in relation to the social structure and technological content of the work system. *Human relations, 4* (1), 3-38.

Van Nistelrooij, A., & Sminia, H. (2010). Organization development: What's actually happening? *Journal of Change Management, 10* (4), 407-420.

von Bertalanffy, L. (1969). *General system theory: Foundations, development, applications.* New York: George Brazillier. 長野　敬・太田邦昌（訳）（1973）．一般システム理論―その基礎・発展・応用― みすず書房

White, L. P., & Rhodeback, M. J. (1992). Ethical dilemmas in organization development: A cross-cultural analysis. *Journal of Business Ethics, 11* (9), 663-670.

Worley, C. G., Rothwell, W. J., & Sullivan, R. (2005). Organization development competencies (Version

21). In D. W. Cole (Ed.), *The nternational registry of organization development professionals and organization development handbook*. Chesterland, OH: The Organization Development Institute. pp.43-46.

Worley, C., & Varney, G. (1998). A search for a common body of knowledge for master's level organization development and change programs. *Academy of Management ODC Newsletter*, 1-4.

矢守克也（2010）．アクションリサーチ―実践する人間科学―　新曜社

Yeager, D. S., & Walton, G. M. (2011). Social-psychological interventions in education: They're not magic. *Review of Educational Research, 81* (2), 267-301.

索　引

人　名

▶あ

アシュフォース（Ashforth, B. E.）　158, 163
アシュフォード（Ashford, S. J.）　164
アボリオ（Avolio, B. J.）　112
アレ（Allais, P. M.）　72
アルダファー（Alderfer, C. P.）　126
淡川　威　30
アンブローズ（Ambrose, M. L.）　124

▶う

ヴァン・マーネン（Van Maanen, J.）　157
ウィーバー（Weaver, N. A.）　161
ウール＝ビエン（Uhl-Bien, M.）　110
ウォーリー（Worley, C. G.）　190
ヴルーム（Vroom, V. H.）　128

▶え

エアハート（Ehrhart, M. G.）　115
エーナーセン（Einarsen, S.）　117
エプスタイン（Epstein, S.）　94
エルドガン（Erdogan, B.）　170

▶お

オウェンズ（Owens, B. P.）　143
大西勝二　61
大渕憲一　64
オールダム（Oldham, G. R.）　128

岡田昌毅　144
岡本真一郎　52
小口孝司　62

▶か

カークパトリック（Kirkpatrick, D. L.）　197
ガーゲン（Gergen, K. J.）　181
ガーシック（Gersick, C. J.）　22
カーネマン（Kahneman, D.）　76
カーバー（Carver, C. S.）　7
カーン（Kahn, R. L.）　57
角山　剛　8, 10
カシオッポ（Cacioopo, J. T.）　91
カッツ（Katz, D.）　22, 57, 64
カミングス（Cummings, T. G.）　190
カムメイヤーミューラー（Kammeyer-Mueller, J. D.）　167
カリク（Kulik, C. T.）　124

▶き

ギース（Gaeth, G. J.）　84
菊入みゆき　144
キプンス（Kipnis, D.）　120
キム（Kim, T.）　172

▶く

クーゼス（Kouzes, J. M.）　109
クライン（Klein, H. J.）　161
グリーンリーフ（Greenleaf, R. K.）　114

227

グルマン（Gruman, J. A.） 172
グレーン（Graen, G. B.） 110

▶け
ケーブル（Cable, D. M.） 158
ゲルファンド（Gelfand, M. J.） 6
ケロウェー（Kelloway, E. K.） 113

▶こ
高口　央 101
コーガー（Conger, J. A.） 101
小嶋かおり 63
小野公一 11

▶さ
サイモン（Simon, H. A.） 73, 74
佐々木宏之 97
佐相邦英 30
ザッカロ（Zaccaro, S. J.） 107
サックス（Saks, A. M.） 158, 163
サラス（Salas, E.） 19
ザレスカ（Zaleska, K. J.） 133

▶し
シーショウ（Seashore, S. E.） 192
シェイヤー（Scheier, M. F.） 7
ジェンセン（Jensen, M. C.） 21
シコリー（Sicoly, F.） 78
シャイン（Schein, E. H.） 157, 181
ジャッジ（Judge, T. A.） 113
シュリースハイム（Schriesheim, C. A.） 105
ジョージ（George, M. J.） 1
ジョーンズ（Jones, G. R.） 1
ジョーンズ（Jones, W. A.） 12
ジョキサーリ（Jokisaari, M.） 168, 174

▶す
スクリエシューム（Schriesheim, C. A.） 121
スコーブローク（Schaubroeck, J.） 114
鈴木淳子 3
スタイナー（Steiner, T. D.） 23
スティアーズ（Steers, R. M.） 129
ストッディル（Stogdill, R. M.） 100, 106
スラス（Sluss, D. M.） 169

▶せ
ゼニコウ（Xenikou, A.） 9
セリグマン（Seligman, M. E. P.） 7

▶た
大坊郁夫 10, 55
竹内倫和 154, 161, 163, 168
竹内規彦 168
タックマン（Tuckman, B. W.） 21, 63
田中堅一郎 5
田原直美 32, 59

▶ち
チェン（Chen, S.） 92
チャイケン（Chaiken, S.） 92
チャオ（Chao, G. T.） 170
ヂャン（Zheng, D.） 168

▶て
ディーナー（Diener, E.） 10
ディクソン（Dickson, W. J.） 19
ティシー（Tichy, H.） 197
ディン（Dinh, J. E.） 102
デシ（Deci, E. L.） 127
テッパー（Tepper, B. J.） 115, 118
テニー（Tenney, E. R.） 11

索 引

▶と
ドゥエック（Dweck, C. S.）　130
トヴェルスキー（Tversky, A.）　76
ドゥメネゼス（de Menezes, L. M.）　133
トーマス（Thomas, K. W.）　61
トレヴーノ（Trevino, L. K.）　117
トレパニア（Trépanier, S.）　137
トンプソン（Thompon, B. S.）　169

▶な
内藤まゆみ　95
成毛信男　50
縄田健悟　31

▶ぬ
ヌルミ（Nurmi, J. E.）　174

▶ね
ネビス（Nevis, E. C.）　189

▶は
バーク（Burke, W. W.）　185
パーサ（Parsa, F.）　12
ハーズバーグ（Herzberg, F.）　127
パーソンズ（Parsons, C. K.）　158
バウアー（Bauer, T. N.）　151, 170
ハウェル（Howell, J. M.）　105, 117
ハウェンスタイン（Hauenstein, A.）　108
ハウス（House, R. J.）　105, 117
バス（Bass, B. M.）　111
ハスラム（Haslam, S. A.）　109
ハックマン（Hackman, J. R.）　24, 128
パディラ（Padilla, A. ）　119
林　洋一郎　97
バンデューラ（Bandura, A.）　13

▶ひ
ピアース（Pearce, C. L.）　101
ピッコロ（Piccolo, R. F.）　113
日向野智子　62
ヒンキン（Hinkin, T. R.）　105, 121
ピンダー（Pinder, C. C.）　124

▶ふ
フォテイ（Foti, R. J.）　108
フォルジャー（Folger, R.）　80
フォン・ノイマン（von Neumann, J.）　72
藤森立男　66
ブッシュ（Bushe, G. R.）　192
ブラウン（Brown, M. E.）　117
ブラック（Black, J. S.）　164
古川久敬　23, 64
ブレーク（Blake, R. R.）　64
フローリッヒ（Froelich, K. S.）　15

▶へ
ペティ（Petty, R. E.）　91

▶ほ
ホイター（Haueter, J. A.）　170
ホーガン（Hogan, R.）　117
ポーター（Porter, L. W.）　129
ホール（Hall, E. T.）　5
ホール（Hall, M. R.）　5
ポスナー（Posner, B. Z.）　109
ホフステード（Hofstede, G.）　5
ホフマン（Hoffman, B. J.）　106
ポラス（Porras, J. I.）　177, 186

▶ま
マークス（Marks, M. A.）　25, 26
マーシャク（Marshak, R. J.）　192

229

マイナー（Miner, J. B.）　4
マクアリスター（McAllister, D. J.）　109,
　114
マクレガー（McGregor, D.）　126
マズロー（Maslow, A. H.）　126
マックレランド（McClelland, D. C.）　130

▶み
三沢　良　31

▶む
ムートン（Mouton, J. S.）　64

▶め
メイヨー（Mayo, E.）　3

▶も
モリソン（Morrison, E.）　169
モルゲンシュテルン（Morgenstern, O.）　72

▶や
山口裕幸　20, 68

▶ら
ライデン（Liden, R. C.）　24, 115
ラポインテ（Lapointe, E.）　168
ランクフォード（Lankford, W. M.）　12

▶り
リピット（Lippitt, R.）　116

▶る
ルソー（Rousseau, V.）　26

▶れ
レイサム（Latham, G. P.）　36, 124
レヴィン（Lewin, K.）　iii, 116, 178
レジェット（Leggett, E. L.）　130
レスター（Lester, R. E.）　156
レスリスバーガー（Roethlisberger, F. J.）　3,
　19
レビン（Levin, I. P.）　80, 84

▶ろ
ロス（Ross, M.）　78
ロック（Locke, E. A.）　36, 129
ロバートソン（Robertson, P. J.）　177, 186
ロビンス（Robbins, S. P.）　56

▶わ行
ワナウス（Wanous, J. P.）　155

索　引

事　項

▶あ
アクションリサーチ　183
アプリシエイティブ・インクワイアリー　181
アンダーマイニング効果　128

▶い
意思決定（decision making）　71

▶う
ウェアラブル・センサ　32

▶え
遠因特性　107

▶お
オーセンティック・リーダーシップ　102

▶か
加算効果（additive hypothesis）　93
加重関数　82
課題の相互依存性　35
課題の統制可能性　34
価値関数　82
過程アプローチ　152
過程理論　125
関係葛藤　64
感情伝播　140

▶き
帰属スタイル　7
期待効用　72

▶き
期待理論　128
基本的帰属の錯誤（fundamental attribution error）　78
キャリアコミットメント　134
凝集性（cohesiveness）　19
共有型リーダーシップ　101
共有メンタルモデル（shared mental model）　28
近因特性　107

▶く
グループ・ダイナミックス　179
クルー・リソース・マネジメント（CRM）　39
クロス・トレーニング　40

▶け
係留と調整のヒューリスティック（anchoring and adjustment heuristic）　78
言語的コミュニケーション（verbal communication）　47
現実的職務予告（RJP）　155
減弱効果（attenuation hypothesis）　93
限定合理性　73

▶こ
公式集団（formal group）　18
行動観察　29
行動観察尺度（BOS）　29
行動基準評定尺度（BARS）　30
行動チェックリスト　29
効用（utility）　72
合理－経験的目録（REI）　94
交流型リーダーシップ（transactional leadership）　112
コーチング　189
個人－環境適合（person-environment fit）理

231

論　162
固定和知覚　63
コミットメント効果　156

▶さ
サーバント・リーダーシップ　102, 114
「最適化」原理　74

▶し
自己完結的コミュニケーション
　　（consummatory communication）　55
自己効力感（self-efficacy）　131
自己志向的カリスマ　117
システマティック処理　92
システム1　89
システム2　89
システム理論　191
シミュレーション・ヒューリスティック
　　（simulation heuristic）　79
社会化主体（socialization agents）　152, 166
社会・技術システム論　180
社会志向的カリスマ　117
社会的アイデンティティ　109
社会構成主義　181
社会的手抜き（social loafing）　24
社会的認知理論（social cognitive theory）
　　13
集合的効力感　132
就職活動　162
集団規範（group norm）　19
集団の硬直化　22
集団発達の5段階モデル　21
主観的ウェル・ビーイング（SWB）　10
準拠認知理論（referent cognitive theory）
　　80
上司・同僚サポート　166
上司－部下間の交換関係（LMX: Leader-
　　Member Exchange）　24

情緒的信頼（affect-based trust）　110, 168
職場集団（work group）　17
職務葛藤　64
職務特性理論　128
職務の再デザイン　188
自律管理型チーム　38
心理的安全性（psychological safety）　27

▶す
垂直方向の分業　56
垂直的リーダーシップ　101
水平方向の分業　56
スクリーニング効果　156
ストループ効果　89
3ステップモデル　182

▶せ
精査可能性モデル（ELM）　91
潜在成長モデル（latent growth model）
　　174
戦略的合意（strategic consensus）　28

▶そ
相互信頼感（mutual trust）　27
創発状態（emergent state）　25
ソシオメトリック・バッジ（sociometric
　　badtge）　32
組織行動（organizational behavior）　1, 3
組織コミットメント　134
組織市民行動（OCB）　5
組織社会化（organizational socialization）
　　151
組織社会化戦術　156
組織内葛藤　64
組織変容プロセス　185

索 引

▶た

対人葛藤（interpersonal conflict） 61

代表性ヒューリスティック（representative heuristic） 76

対話型組織開発 181, 192

タスクワーク（taskwork） 25

達成動機 130

達成動機理論 130

達成目標理論 130

タビストック人間関係研究所 179

断続平衡モデル（punctuated equilibrium model） 22

▶ち

チーム効力感（team efficacy） 27

チーム状況認識（team situation awareness） 28

チーム・デザイン 38

チーム・デブリーフィング（team debriefing） 41

チーム・トレーニング 39

チーム認知（team cognition） 28

チームの効果性 24

チーム・ビルディング 38, 190

チームプロセス（team process） 26

チーム－メンバー交換関係（TMX） 168

チームワーク 25

注意なき熟考効果 96

▶て

テレワーク 67

▶と

動機づけ－衛生要因理論 127

道具的コミュニケーション（instrumental communication） 55

道徳的束縛からの解放メカニズム（moral disengagement mechanism） 14

導入研修 160

透明性の錯覚（illusion of transparency） 52

特性フレーミング 84

独立性の公理 73

トランザクティブ・メモリ・システム（transactive memory system） 28

▶な

ナイーブ・シニシズム傾向 63

内発的モチベーション（内発的動機づけ） 127

内容アプローチ 152

内容理論 125

▶に

二重過程モデル 75, 88

認知的倹約家（cognitive miser） 92

認知的信頼（cognition-based trust） 109

認知－経験的自己理論（CEST） 93

▶ね

ネオ・カリスマ理論 102

ネガティビティ・バイアス（negativity bias） 88

ネガティブ・フレーミング 84

▶は

パーソナリティのビッグファイブ 108

ハーディネス 59

バウンダリレス・キャリア 133

破壊的リーダーシップ 102, 116

パラ言語 46

パラレルチーム 20

反実仮想（counterfactual thinking） 79

233

▶ひ

非影響的測定法（unobtrusive measures） 31
非言語的コミュニケーション（nonverbal communication） 47
非公式集団（informal group） 18
ビジネス顕微鏡 32
一皮むける経験 102
ヒューリスティック 75
ヒューリスティック・システム・モデル（HSM） 92
ヒューリスティック処理 92
非リーダーシップ 104

▶ふ

不確実性低減理論（uncertainty reduction theory） 156
侮辱的管理（abusive supervision） 116
フルレンジ・リーダーシップ（full range leadership） 112
フレーミング効果（framing effect） 75, 80
フレーミングの誘意性に合致したシフト（valence-consistent shift） 85
プロアクティビティ（proactivity） 164
プロジェクトチーム 20
プロスペクト理論 82
プロセスコンサルテーション 181, 190
プロセス・ロス（process loss） 23
プロティアン・キャリア 133
分有型リーダーシップ 101

▶へ

変革型リーダーシップ（transformational leadership） 111
変化への抵抗の克服 197

▶ほ

ホーソン実験 3

▶ま

マネジメントチーム 20
「満足化」原理 74

▶み

ミュラー・リヤー錯視 90

▶め

メディア 47

▶も

目標管理制度（MBO） 130
目標設定理論 36, 129
目標伝播 139
目標フレーミング効果 87
モチベーションの伝播 138

▶ゆ

有害な三角形（toxic triangle） 119

▶よ

欲求階層理論 126

▶ら

楽観主義（optimism） 6

▶り

リアリティ・ショック 154
リーダー開発 102

▶ポ

ポジティブ心理学 6
ポジティブ・フレーミング 84

リーダー行動記述調査票（LBDQ）　111
リーダーシップ開発　102
リーダー－メンバー交換関係（LMX: Leader-Member Exchange）　110, 168
利用可能性ヒューリスティック（availability heuristic）　77
リレーショナルエナジー（relational energy）　143
リンダ問題　76
倫理的ジレンマ　11
倫理的正当化（moral justification）　14
倫理的リーダーシップ　102

▶わ

ワークチーム　20
ワクチン効果　156

▶欧文

BARS（Behaviorally Anchored Rating Scale）　30
BOS（Behavioral Observation Scale）　29
CEST（Cognitive-Experiential Self-Theory）　93
CRM（Crew Resource Management）　39
ELM（Elaborated Likelihood Model）　91
ERG 理論　126
HSM（Heuristic System Model）　92
I-P-O モデル　25
LBDQ（Leader Behavior Description Questionnaire）　111
LMX（Leader-Member Exchange）　24, 110, 168
MBO（Management By Objectives）　130, 188
NTL（National Training Laboratories）　178
OCB（Organizational Citizenship Behavior）　5
OJT（On-the-Job Training）　57

PM 理論　111
REI（Rational-Experiential Inventory）　94
RJP（Realistic Job Previews）　155
SWB（Subjective Well-Being）　10
T グループ　178
TMX（Team-Member Exchange）　168
VUCA　174
X-Y 理論　126

執筆者一覧

＊は編者

金井篤子 （名古屋大学大学院教育発達科学研究科）
………刊行の言葉

角山　剛＊（東京未来大学モチベーション行動科学部）
………第 1 章

三沢　良 （岡山大学学術研究院教育学域）
………第 2 章

日向野智子（東京未来大学こども心理学部）
………第 3 章

林　洋一郎（慶應義塾大学大学院経営管理研究科）
………第 4 章

池田　浩 （九州大学大学院人間環境学研究院）
………第 5 章

菊入みゆき（明星大学経済学部）
………第 6 章

竹内倫和 （学習院大学経済学部）
………第 7 章

今城志保 （株式会社リクルートマネジメントソリューションズ組織行動研究所）
………第 8 章

編者紹介

角山　剛（かくやま・たかし）

1951 年：新潟県に生まれる

1983 年：立教大学大学院社会学研究科博士後期課程単位取得満了

現　在：東京未来大学学長・モチベーション行動科学部教授

〈主著・論文〉

　産業・組織心理学（共著）　朝倉書店　2006 年

　産業・組織心理学ハンドブック（編集代表・共著）　丸善　2009 年

　産業・組織　新曜社　2011 年

　最新 心理学事典（産業領域編著）　平凡社　2013 年

　産業・組織心理学 改訂版（共著）　福村出版　2017 年

―――― 産業・組織心理学講座　第 3 巻 ――――

組織行動の心理学

組織と人の相互作用を科学する

2019 年 11 月 20 日　初版第 1 刷発行	定価はカバーに表示
2022 年 7 月 20 日　初版第 2 刷発行	してあります。

企画者　　産業・組織心理学会
編　者　　角 山　　剛
発行所　　㈱北 大 路 書 房
　　　　　〒603-8303　京都市北区紫野十二坊町12-8
　　　　　電　話　(075) 4 3 1 - 0 3 6 1 ㈹
　　　　　Ｆ Ａ Ｘ　(075) 4 3 1 - 9 3 9 3
　　　　　振　替　0 1 0 5 0 - 4 - 2 0 8 3

編集・製作　本づくり工房　T.M.H.
装　幀　　　野田和浩
印刷・製本　亜細亜印刷（株）

ISBN 978-4-7628-3086-0　C3311　Printed in Japan© 2019
検印省略　落丁・乱丁本はお取替えいたします。

・ JCOPY 〈㈳出版者著作権管理機構 委託出版物〉
本書の無断複写は著作権法上での例外を除き禁じられています。
複写される場合は，そのつど事前に，㈳出版者著作権管理機構
（電話 03-5244-5088,FAX 03-5244-5089,e-mail: info@jcopy.or.jp）
の許諾を得てください。

産業・組織心理学会設立35周年記念出版
産業・組織心理学講座［全5巻］

- ■ 企　　画…………産業・組織心理学会
- ■ 編集委員長……金井篤子
- ■ 編集委員………細田　聡・岡田昌毅・申　紅仙・小野公一・角山　剛・芳賀　繁・永野光朗

第1巻は，すべての心理職が習得すべき産業・組織心理学の知見をコンパクトに解説した標準テキスト。第2巻から第5巻は，それぞれ「人事部門」「組織行動部門」「作業部門」「消費者行動部門」の研究分野をより深く専門的に扱う。研究者と実務家の双方にとっての必携書。

──第1巻──
産業・組織心理学を学ぶ
心理職のためのエッセンシャルズ
金井篤子 編

──第2巻──
人を活かす心理学
仕事・職場の豊かな働き方を探る
小野公一 編

──第3巻──
組織行動の心理学
組織と人の相互作用を科学する
角山　剛 編

──第4巻──
よりよい仕事のための心理学
安全で効率的な作業と心身の健康
芳賀　繁 編

──第5巻──
消費者行動の心理学
消費者と企業のよりよい関係性
永野光朗 編

各巻Ａ5判・約240頁～280頁
定価：第1巻本体2400円＋税／第2巻～第5巻本体3100円＋税